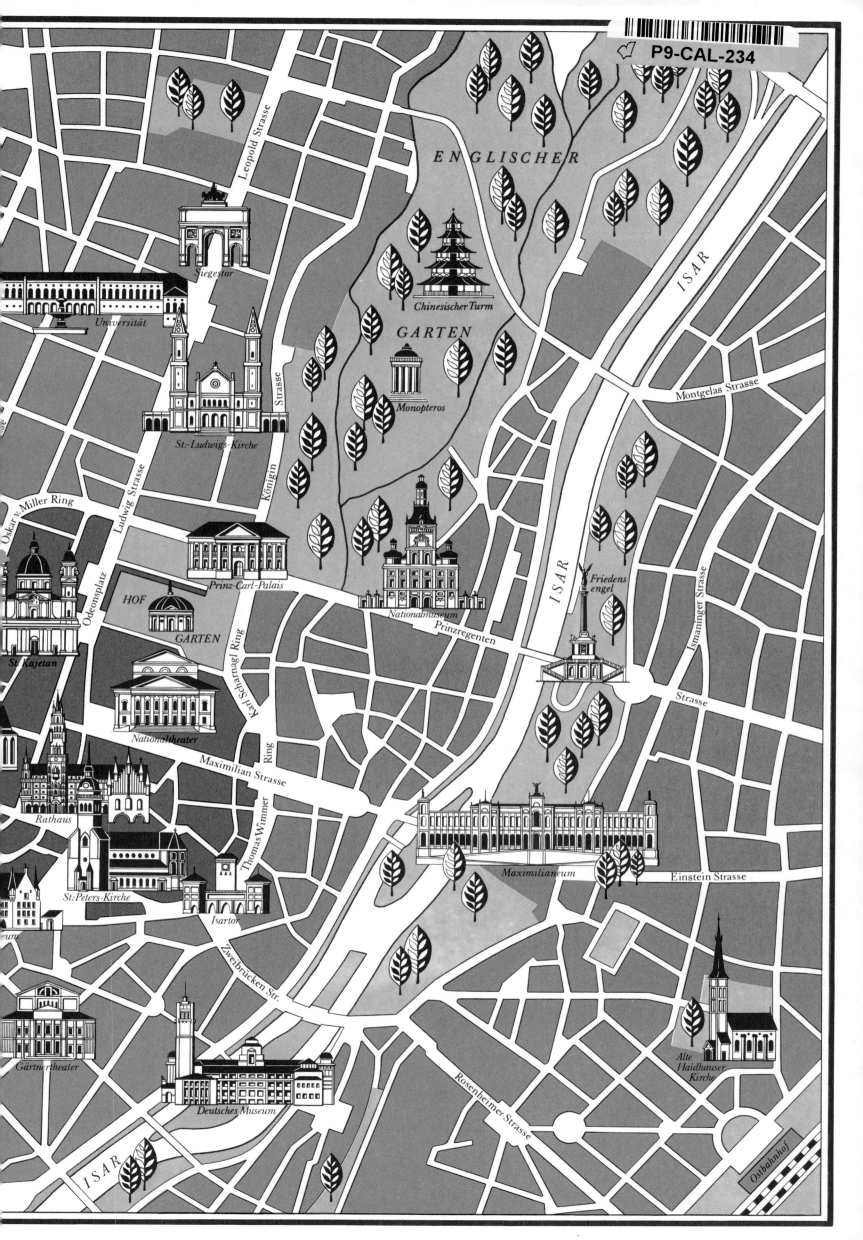

P9-CAL-234

München

München

Fotos von Erika Drave
Text von Gebhard Streicher
mit Bildlegenden in Deutsch,
Englisch und Französisch

Süddeutscher Verlag

Mit 112 Farbaufnahmen von Erika Drave
Schutzumschlag: Rudolf Miggisch
Vorderseite: Die Frauenkirche
Rückseite: Fasching auf dem Viktualienmarkt
Vorsatzkarte: Christl Aumann
Übersetzungen der Bildlegenden:
                 Patricia Goehl (englisch)
                 Janine Impertro (französisch)

Gestaltung der Bild-Text-Folgen von Gebhard Streicher
Die Fotos des Nymphenburger Parks fertigte Frau Drave
im Auftrag der Redaktion »Mein schöner Garten«,
Offenburg, an.

ISBN 3-7991-5957-6

1982 · 25. Tausend

© 1977 Süddeutscher Verlag GmbH, München. Alle Rechte vorbehalten.
Printed in Germany.
Reproduktion: Repro Zwölf, Wien
Druck: Karl Wenschow GmbH, München
Bindearbeit: R. Oldenbourg, München

Inhalt

Bildverzeichnis

8

Eugen Roth · Ein Blick auf München

Das ganze München

Wenn mich einer nach dem Geheimnis dieser Stadt fragen wollte, was denn im Besonderen ihre Schönheit ausmache, so würde ich ihm antworten, das *ganze* München sei es, seine gewachsene Einheit, das Zusammenklingen von Volk und Landschaft zu steingewordener Geschichte, die Vereinigung von höfischem, kirchlichem und bürgerlichem Bauwillen. Und darin, darüber immer noch ein Hauch von Freiheit, eine Welle von Behagen, von der Kunst, zu leben und leben zu lassen.

Freilich, allzu wörtlich will das nicht genommen sein: jede Großstadt, davon ist auch München nicht verschont, besteht überwiegend aus belanglosen Häuserreihen, beliebig vertauschbaren Neubauten; und der Anteil dessen, was den Ruhm einer Stadt ausmacht, wird immer kleiner, und so sehr sich auch gerade München bemühen mag, eine »Weltstadt mit Herz« zu bleiben und keine Allerweltsstadt zu werden, es kann nicht verhindern, daß sein Bauch rascher wächst als sein Kopf oder eben dieses »goldne« Herz. Wir müssen uns nur vergegenwärtigen, daß die Halbmillionenstadt um die Jahrhundertwende die meisten ihrer Kulturbauten schon besaß und daß Krieg und Nachkrieg manchen Verlust an heimatlicher Schönheit bewirkt haben.

Wenn wir von Fehlleistungen absehen, müssen wir zugeben, daß die Verpflichtung, Wohnraum und, mehr noch, Verkehrsraum zu schaffen, in unserer nüchternen Zeit den Vorrang haben muß – soweit von Rang überhaupt noch die Rede sein darf. Gewiß könnte mancher Nörgler fragen, was denn überhaupt, außer Zweckbauten, in den anderthalb Jahrzehnten des Wirtschaftswunders noch hinzugekommen ist. Ihn dürften wir auf die beispiellosen Anstrengungen hinweisen, die der Wiederaufbau der Residenz, des Nationaltheaters, der Pinakothek, des Deutschen Museums gefordert hat.

Und nun sind ganze Städte rings um das alte München gewachsen, in der Mitte wohnt, wer gestern noch glaubte, am Stadtrand zu hausen. Und doch wollen alle »in die Stadt«, wie bereits unsere Großeltern sagten, zehn Häuser weit vor den Toren, wenn sie etwas besorgen oder sich vergnügen wollten. »Die Stadt« – das ist immer noch der Umgriff der alten Mauern mit dem Schwerpunkt des Marienplatzes und des Marktes. Daß es ganze Viertel gibt, in die man Jahre lang nicht kommt, ist wohl eine Fügung aller Großstädte.

Und schon wachsen neue Aufgaben heran, die abermals das gottselige, das gemütliche, das kunstsinnige München zu verdrängen drohen: der Traum, ein unverstörtes Bild zu bringen, so wie es vom Erbauer gedacht war, die majestätisch hinwallende Ludwigstraße, den schweigenden Königsplatz, das liebliche Stachusrondell – der ist längst ausgeträumt. Ist doch, in den wilden Wogen des Verkehrs, kaum die stille Betrachtung eines Bauwerks, vom günstigsten Standpunkt aus, erlaubt!

Da haben wir, werden manche Leser sagen, wieder den echten alten Münchner, er kann halt das Granteln nicht lassen! Aber nein – das alles ist ja nur am Rande vermerkt, um einiges vorwegzunehmen, was nicht ganz verschwiegen werden darf: daß München kein so unzerreißbares Kinderbilderbuch ist, wie es uns beflissene Lobsprecher gern glauben machen möchten.

Wahr ist freilich, daß München immer noch leuchtet, gemessen an anderen Städten, von denen ich gewiß keine kränken will. Hat doch das ganze Abendland, die ganze Welt ihren Tribut zahlen müssen an jenen Lauf der Zeiten, der uns immer ein Geheimnis bleiben wird. Es kommt nicht von ungefähr, daß diese Stadt an der Isar das begehrteste Reiseziel ist, daß so viele Menschen hier bleiben möchten, und wäre es nur am Rande dieser glückhaften Siedlung, um sich aus dem immer noch für unerschöpflich geglaubten Born der Lebensfreude erquicken zu lassen, um den freien Atem zu spüren, der von den Bergen weht und aus den grünklaren Wellen des Flusses emporsteigt.

Auf dem Turm

Da ich's also nicht rückgängig machen kann (und noch weniger will!), daß ich ein alter Münchner bin, will ich gern meine oft zornige Liebe sänftigen und wieder einmal, wie so oft, mit meinem bescheidenen Wissen den Fremdenführer machen und, etwa so wie ein Großvater dem zuge-reisten Enkel, die Schönheiten zeigen, sie herausheben aus dem Alltäglichen; auf einen guten, föhnklaren Tag will ich hoffen, an dem, über Wälder und Seen hinweg, der Alpenwall aufsteigt im Süden; denn – der Leser errät es schon: ob er nun zum Sehen geboren ist, jedenfalls zum Schauen sei er bestellt – auf einen Turm will ich ihn führen (wie es Goethe schon geraten hat), ihm mit einem großen Rundblick das ganze München zeigen, um ihn dann in die Straßen und auf die Plätze zu entlassen, wo er selber seine Pfade finden soll, mögen es die noch grünen der Erinnerung sein oder neue Wege der Offenbarung.

Drei Türme der Altstadt stehen zur Wahl: der Alte Peter, der südliche Frauenturm und der Turm des Neuen Rathauses; zu dem wollen wir uns entschließen, weil wir von ihm aus den großartig-sten Blick auf die Frauenkirche haben. Der freilich sollten wir, als dem Herzpunkt der Stadt, zu allererst eine kurze Reverenz erweisen: an den rötlichgrauen, altbairisch starken Ziegelwänden emporblicken, aus deren Luken sich die Falken in die blaue Luft werfen; und die Hand an den kühlen Nagelfluh des Sockels legen, in der Andacht, den beseelten Leib Münchens zu berühren, und im Dank, daß dieses abendländische Wahrzeichen noch steht. Denn schon lag, 1944, das ehrwürdige, grünpatinierte Kupfer der weltberühmten welschen Hauben weit verstreut von den Sturmstößen der Bomben auf dem Pflaster des Domplatzes, schon klafften die Dächer, todes-wund . . .

Lassen wir uns also nun vom Aufzug hinauftragen zur Plattform des Rathausturms, damit wir, nach den vier Himmelsrichtungen, die Stadt und ihren Umkreis betrachten, ihre mehr als acht-hundertjährige Geschichte aus ihrer gewachsenen Verbundenheit wenigstens für eine halbe Stunde wieder in ihre Schichten auflockern und das Bild der Gotik, der Renaissance, des Barock und der Klassik herausschälen, wie es einmal war und wie es heute noch, die Figur bestimmend, in Einsprengseln zwischen den verwandelten und doch in ihren Zügen unwandelbaren Gassen sich darstellt.

Von Geschichte freilich wollen die heutigen Menschen nicht viel wissen, der Gegenwart, der stürmisch anlaufenden Zukunft sind sie zugewandt, eine unbewältigte Vergangenheit scheuen sie, und manchem bleiben die Steine stumm, die so viel erzählen können. Aber wer das München von heute begreifen will, der muß auch das von gestern kennen; denn die Jahrhunderte sind hier lebendig verbunden, bald in stillerm Ablauf der Zeiten, bald – und das in München besonders – in stürmischen Erneuerungen, die oft genug gerade dann einsetzten, wenn ein Niedergang bevorzustehen schien.

Und diese Entwicklung: München gestern, heute und morgen können wir durch nichts klarer erkennen, als eben durch unsern Blick vom Turm. Zuerst freilich werden wir – auch wenn wir keineswegs zum erstenmal von solcher Zinne herabschauten auf das Häusermeer, auf den Fluß, in die weite Ebene und gegen die Berge – diesem mächtigen Anprall nicht gewachsen sein. Nach allen vier Winden werden wir ausschauen, bis sich unserm beglückt spähenden Auge Einzelheiten aus der verwirrenden Vielfalt herausheben, bis wir beginnen, in uns selbst Ordnung zu schaffen, das rasch Erkannte vom Rätselhaften zu scheiden, bis wir endlich begreifen, dies sei nun das ganze München, die Millionenstadt, unabsehbar sich verlierend in der Ferne und doch in ihrer gewachsenen Mitte so bestürzend nah und, wenn wir nur einigermaßen mit ihrer Geschichte vertraut sind, o leicht zu bestimmen in ihrem Aufbau.

Die Keimzelle

Ein römisches oder auch nur romanisches München gibt es nicht; fast alle süddeutschen Großstädte sind – oft um Jahrhunderte – älter als München. Die Römer hatten, eine Stunde isaraufwärts, Kastell und Flußübergang – der Historiker kann also mit der Hohenstauferzeit anfangen. Die *mittelalterliche Stadt* liegt zu unsern Füßen, gipfelt im Süden im Petersturm und wird im Westen von den mächtigen Türmen und dem gewaltigen Dach der Frauenkirche überragt. Die ursprüngliche Siedlung »bei den Mönchen« können wir uns gar nicht klein genug vorstellen; was Heinrich der Löwe 1158 an Stelle der zwei Jahre zuvor abgerissenen Föhringer Brücke des Freisinger Bischofs gegründet hatte und was 1180 die Wittelsbacher übernahmen, war eigentlich nur der Umgriff des »Petersbergls«, schon das Tal lag außerhalb des Talbrucktors; es war freilich von Anfang an der beneidenswert geräumige Parkplatz der bäuerlichen Marktbesucher und der Salzfahrer: die große Ost-West-Straße war es ja, die unserer Stadt die ursprünglichen Akzente gab, die sie so rasch aufblühen ließ, daß es bereits den nächsten Geschlechtern »schier maßlos«, wie ein Wunder schien; hundert Jahre nach der Gründung schon platzte dieses München aus allen Nähten. Allzu leichtfertig freilich ziehen wir zusammen, was weit auseinander liegt: die Baugeschichte der mittelalterlichen Stadt, die sich da unter uns halb eröffnet, halb verbirgt, zieht sich über Jahrhunderte hin, vom Altheimer Eck und dem Alten Hof der Herzöge, dann von Kaiser Ludwig dem Bayern, seit 1300, mit der neuen Ummauerung (von der noch das Isartor *unberührt* steht, 1337) bis zum ganz späten Mittelalter, wo Jörg Ganghofer, der große und letzte Baumeister der Bürgerschaft, die Frauenkirche schuf und den Tanzsaal des Rathauses (mit den Morisken des Erasmus Grasser), eine noble und doch beinah bäuerlich wuchtige Gotik, etwa um die Zeit, da Kolumbus Amerika entdeckte und einer neuen Welt die Tore aufgetan wurden.

Blüte der Bürgerstadt

Die Geschichte, auch nur die engste Bau- und Kunstgeschichte Münchens zu schreiben, kann nicht unsere Aufgabe sein; Bücher über Bücher sind darüber erschienen, von hervorragenden Kennern wie Fridolin Solleder, Michael Schattenhofer, Norbert Lieb, Heinrich Kreisel, Karl Spengler, um nur ein paar davon zu nennen. Erwähnt seien bloß die Wirren nach Kaiser Ludwigs Tod; das fünfzehnte Jahrhundert war dann die Blütezeit des Bürgertums, München war, trotz Augsburg und Nürnberg, ein Umschlagplatz ersten Ranges; die reichen Geschlechter handelten: weniger mit Salz als mit Wein, Tuch, Venedigerwaren (Gewürz, Seide, Glas), daneben auch mit heimischen Erzeugnissen, besonders Getreide. Das Handwerk deckte nur den Eigenbedarf, die Weltgeltung des Kunsthandwerks (damals der Kunst noch enger verschwistert) setzte erst hundert Jahre später ein.

Wie gerne würden wir das Bild der spätmittelalterlichen (in ihrer Bedeutung lang unterschätzten) Großstadt an Hand des gründlichen Buchs von Fridolin Solleder ausmalen, von den prächtig bemalten Häusern der Kauf- und Bankherren, von ihren Festen und ihrer Kunstpflege, bis hinunter zur Düsternis übler Gassen, darin die Stadtbüttel und die amtlich bestellten »Ratzenklauber« als Vorfahren der Polizei und der Müllabfuhr alle Hände voll zu tun hatten.

Ergänzen wir den Bericht wieder durch die Anschauung, vom Turm aus: wenig steht noch vom gotischen München: Sankt Peter, Frauenkirche, Altes Rathaus, Alter Hof, griechische Kirche, Kreuzkirche, Reste von Toren, vom Augustinerstock; ein paar Häuser, für die leider der alte Witz von dem Messer gilt, das auch aus dem zwölften Jahrhundert stammt – der Griff wurde im neunzehnten, die Klinge im zwanzigsten Jahrhundert erneuert; die barocke Verwandlung allein der gotischen Gotteshäuser, wie etwa der Heiliggeistkirche direkt vor uns, würde eine eigene Untersuchung verlangen. Aber die Straßenzüge, wunderbar geschwungen, gehen nach wie vor, Schlagadern des Lebens, vom Herzen der Stadt, dem Marktplatz, aus, mag auch kaum mehr ein Stein an seiner ursprünglichen Stelle stehen. Eine Bemerkung nebenbei: Erst 1525 wurden den Frauentürmen die Hauben aufgesetzt, als ein Notdach gedacht, und doch ein Glücksfall, der Münchens unverwechselbaren Begriff prägte.

Die Residenzstadt

Bis etwa 1500 (der gestrenge Historiker verzeihe alle unsere Vereinfachungen!) war München nur eine Teilresidenz. Nach dem Landshuter Erbfolgekrieg wurde es der alleinige Sitz der Wittelsbacher; Ingolstadts, Landshuts und Straubings Hofhaltung vereinigten sich in München. Zuerst langsam, dann rascher vollzog sich die Wandlung von der Bürger- in die Herzogs- und Kurfürstenstadt; um 1620 war Maximilian I. schlechthin der Herr.

Wir wollen jetzt, von unserer Zinne aus, im Geiste das nämliche tun, was unsere Vorväter schon mit dem berühmten Sandtnerschen Stadtmodell (im Nationalmuseum) getan haben: wir setzen die beiden gewaltigsten Bauten der *Renaissance,* die Michaelskirche samt Jesuitenkolleg und die frühen Blöcke der Residenz in die gotische Stadt ein: man denke, daß dreißig und mehr Anwesen verschwanden, um an der Kaufingerstraße bis hinter zur Maxburg der riesigen Anlage Platz zu schaffen – was für eine wimmelnde Baustelle mag das gewesen sein mit all ihren Pferdegespannen, Maurern, Ziegelträgern und Mörtelweibern, wie mögen damals schon die alten Münchner geschaut und disputiert haben! Grundstücksmäßig lagen die Dinge bei der Residenz einfacher: die »neue Veste« wurde nördlich der Altstadt in freies Gelände gerückt.

Dem Betrachter vom Turm aus möchten wir gerne auch zeigen, was nicht mehr zu sehen ist: Kloster an Kloster im »deutschen Rom«, weitläufige Anlagen mit Gärten, Friedhöfen, Landwirtschaft – wir kämen aber, über Jahrhunderte weg, zu tief in die Historie, und der Gast möge sich begnügen, an den Namen berühmter Bierwirtschaften wenigstens die alten Klosterbraustätten noch abzulesen.

Ganz mit Geschichte verschonen können wir unsere Türmer ohnehin nicht: Wilhelm IV. († 1550) sammelte die ersten Bilder der Donauschule für die spätere Pinakothek; auf Albrecht V., seinen Sohn († 1579), gehen die Anfänge der Staatsbibliothek, der Münzen- und Antikensammlung zurück. München wurde durch Orlando di Lasso (und andre) die Weltmitte der Musik – und die Münchner rebellierten nicht anders als dreihundert Jahre später gegen Richard Wagner!

Der bayrische Baumeister Egkl schuf dem Herzog Albrecht die Kunstkammer, mit dem gedrungenen »Turnierhof«, der freilich keiner war – heute ist es die Münze, als ältester Renaissancebau mit einem Stern im Baedeker. Mit Jacob Strada zusammen baute Egkl 1571 das Tonnengewölbe des Antiquariums, der Keimzelle der Museen, gegenwärtig der Schauplatz großer Staatsempfänge: aber viele Kerzen müssen brennen, reich müssen die Tafeln geschmückt sein, wenn der Herzöge »bairische Pracht« wieder lebendig werden soll.

Nebenbei gesagt: auf die Zerstörungen, vor allem des Zweiten Weltkriegs, und den Wiederaufbau können wir uns im einzelnen nicht einlassen, das wäre ein Buch für sich!

Mit Wilhelm V. († 1626) und Maximilian I. († 1651) kamen die Niederländer und Italiener – aber nicht nur die Baumeister (Sustris), Maler und Musiker, sondern mehr noch die Kaufleute; und bis weit in die Gegenwart spüren wir ihren Einfluß. Daß aber auch, von Norden her, die neue Lehre in München eindrang, darf nicht unerwähnt bleiben; gerade die reichen Bürger hingen ihr an, die Stadt klagte dem Herzog ihre Finanznot: »nur Handwerker und arme Leute begehrten noch das Bürgerrecht« – aber der fromme Wilhelm, selbst überschuldet, blieb hart, die Michaelskirche und die Jesuiten waren seine Antwort. Von dem katholisch gefestigten München (erst 1800 erwarb ein protestantischer Weinwirt das Bürgerrecht) können wir uns kaum noch einen Begriff machen: Tausende von Mitwirkenden bei den geistlichen Spielen und Umzügen, Zehntausende als Zuschauer!

Unter Maximilian I., der den ganzen Dreißigjährigen Krieg siegreich überwand, wurde die Residenz, das »triumphierende Wundergebäu«, zum Mittelpunkt des altgläubigen Abendlands. Er war ein großartiger, aber auch gestrenger Herr, bis zur Unterdrückung aller Lebenslust, auch wenn er 1607 die Weißbierbrauerei aufs Platzl stellte – das eigentliche Hofbräuhaus war beim heutigen Zerwirkgewölbe. Daß der Schwedenkönig Gustav Adolf 1632 die Residenzstadt, den »goldnen Sattel auf dürrer Mähre«, gern nach Stockholm gerollt hätte, hat jeder Schulbub hier gelernt. Aber daß die Bronzegüsse des Weilheimers Hans Krumper (Patrona Bavariae an der Residenz) wie des Hubert Gerhard (Bavaria im Hofgarten; Mariensäule) Weltrang haben, wissen noch nicht alle. Allein die vier Putten auf dem Marienplatz wären eine Reise nach München wert!

Glanz und Elend

Noch steht uns die große Zeit Münchens, Schicht um Schicht, vom Turm aus gesehen, erst bevor: die Stadt des *Barock und des Rokoko,* die nun ihr Zaubernetz auch weit über Altbaiern hinaus warf. Eine nur schwer deutbare Zeit höchsten Glanzes und tiefsten Elends zugleich: 1680 hatte München wieder 22000 Seelen, wie vor dem großen Krieg. Der Hof war verschuldet, die Stadtkasse bis auf ein paar Gulden versiegt, höchstens die Kirche hatte noch Vermögen. Und doch wandelte sich jetzt erst, im achtzehnten Jahrhundert, die gotische Stadt von Grund auf; »München leuchtete«, wie nicht erst Thomas Mann dritthalb Jahrhunderte später sagte, sondern wie's Jakob Balde, der große Jesuit, schon damals gedichtet hat.

Viel Glanz ist geblieben, das Elend vergessen; gewiß, Münchens Geschichte ist stiller verlaufen, kein Sacco di Roma, keine Pariser Bartholomäusnacht, kein Bastillesturm, keine Londoner Pulververschwörung; aber (um nur einmal in die Historie zu greifen), wo heute im Süden die Hochhäuser stehen, trieben Weihnachten 1705 Kroaten und Panduren die Oberländer Bauern übers winterliche Feld, um sie am Sendlinger Kirchlein hinzuschlachten. Und auf dem Marienplatz da unten fielen die Köpfe der besten Bürger.

Und in dieser Zeit, zwischen spanischem und österreichischem Erbfolgekrieg, in wiederholter Gefahr, daß Bayern gegen die Niederlande verschachert würde, in Jahren der Flucht des Hofes (1705) und des trügerischen Kaiserglanzes (Karl Albrecht wurde 1742 gekrönt, in Frankfurt, während die Österreicher in seiner Hauptstadt einrückten!) – in dieser Zeit entstehen die festlichsten, die heitersten und zugleich machtvollsten Bauten in der Stadt und die Schlösser Nymphenburg und Schleißheim in den Jagdgefilden der Fürsten, die, wenn wir so wollen, Mäzene, Hochstapler und Landbedrücker in einem waren, uns Enkeln nur noch eins: großartige Vertreter des achtzehnten Jahrhunderts, Bauherren von höchstem Rang. Die kennerischen Historiker werden freilich ihr Haupt verhüllen, wenn wir die ganze Reihe der Kurfürsten, die das barocke München prägten, so kurz abtun. Des großen Maximilian Sohn, Ferdinand Maria (gest. 1679), oder vielmehr seine Frau Henriette Adelheid legte den Grundstein zur Theatinerkirche und zum Schloß Nymphenburg. 1674 brannte die halbe Residenz nieder, der Gram über diesen Verlust brachte beiden einen frühen Tod. Max Emanuel (gest. 1726), der Türkensieger, als »blauer Kurfürst« glorreich, »brockte sein Bayern den Niederländern ein« – aber trotz Finanzzerrüttung entstanden Schleißheim (mit der Gemäldesammlung) sowie die Nymphenburger Baden- und Pagodenburg. Karl Albrecht, der unglückliche Kaiser (gest. 1745), übernahm von seinem Vater den berühmten Cuvilliés, den Erzzauberer des Rokoko, das unter dem letzten altbayrischen Kurfürsten, dem vielgeliebten Max III. Josef (gest. 1777), im heute noch lebendigen Nymphenburger Porzellan seine Nachblüte fand. Bustellis reizende Figürchen, im Nationalmuseum zu bewundern, sind die letzte Verklärung einer märchenhaften Zeit.

Barelli, Zuccalli, Cuvilliés – welche Meister! Nur schwer kann sich der zweckverhaftete moderne Mensch die großartige Freiheit solcher Männer noch vorstellen, die nur der Kunst im höchsten Sinn verpflichtet waren. Sie bauten an der Residenz, sie bauten, fast hundert Jahre lang, an Münchens schönstem Gotteshaus, der Theatinerkirche, keinem Bürgerdom, keiner Glaubensfestung, sondern einer Hofkirche, einem Werk steingewordener Musik, fast lustig und übermütig: da steht sie vor uns, farbenfroh, verknorpelt in immer neuen Überschlagungen der Türme, beruhigt durch die groß atmende Kuppel!

Wir wüßten schon, was wir noch alles rühmen sollten, aber die Kaskaden des Barock (fangen wir um Himmels willen den Streit hier nicht an, was noch barock ist und was schon rokoko!) überstürzen auch uns: Josef Effner, der Dachauer Gärtnerssohn (Reiche Zimmer der Residenz; Nymphenburg, Schleißheim), Viscardi (Bürgersaal mit Ignaz Günthers holdem Schutzengel; Dreifaltigkeitskirche), Michael Fischer (St. Anna und St. Michael in Berg am Laim) und die Brüder Asam, deren größte Werke an der Donau stehen (Weltenburg, Rohr, Aldersbach, Osterhofen), die aber in bürgerlichem Künstlerstolz ihr Wohnhaus mit der St.-Nepomuks-Kirche in die Sendlinger Straße stellten – Namen über Namen! Die Krone aber gebührt doch Franz Cuvilliés, der in der Amalienburg das edelste Rokoko der Welt schuf (1739) und sein Werk mit dem Residenztheater beschloß (1753) – zugleich ein Abschied vom Glanz des Rokoko, denn bald schon nannte das Hofbauamt diese Pracht ein »verkinsteltes Gebäu« und hatte nicht übel Lust, es abreißen zu lassen.

Verlust und Neugewinn

Abreißen – ein düsteres Kapitel – freilich, was wir nicht mehr sehen, sollte uns, so meinen wir, nicht mehr weh tun; und doch sei es geklagt, daß selbst der große Klenze die Pläne seiner Vorgänger im Dachauer Moos versenken ließ, daß in die Bavaria edelste Bronzen der Renaissance eingeschmolzen sind und daß die Spitzhacke, so um 1800 wie um 1900, die herrlichsten Bauten vernichtete, besonders die Adelspaläste und Schlößchen – nur bescheidene Reste stehen noch in der Pranner- (Erzbischöfliches Palais) und Damenstiftstraße, während etwa der Promenadeplatz völlig verödet ist.

Mit dem Einreißen begann die *klassische* Zeit; immer noch muß der Turmspäher mit freiwillig eingeschränktem Blick die enge »Altstadt« umwandern: wohl sind die Siedlungen längst über die Festungswälle gequollen, und die Dörfer ringsum, die alle viel älter sind als München, fangen an, als Vorstädte sich mit den Stadträndern nachbarlich anzufreunden. Aber noch beginnt die Landstraße am Schwabinger Tor, gleich bei der Theatinerkirche, und gegen Osten ist München noch nicht bis zum Fluß vorgestoßen. »Isar-Athen« war noch kein Begriff.

Max Josef, als Kurfürst der vierte, als König (von Napoleons Gnaden) der erste, war 1799 nach München gekommen, ganz unerwarteter Thronfolger des verhaßten Carl Theodor, ein pfälzischer Kleinfürst und französischer Oberst – aber unterschätzen wir den gemütvollen, sogleich allbeliebten »Maxl« nicht allzusehr zugunsten des berühmten Sohnes Ludwig! Bedeutende Männer ließ er für sich handeln: Den Grafen Montgelas, man mag ihn lieben oder nicht, ein Staatsmann war er. Uns geht nur an, daß er, im Zug der Zeit, die Klöster aufhob, was auch im Stadtbild manche Veränderung brachte. Der Englische Garten, schon 1789 vom Grafen Rumford angelegt, wurde ein Menschenalter hindurch von Ludwig von Sckell ausgestaltet. Der große Architekt Carl von Fischer stellte an seinen Nordwestrand das herrliche Prinz-Carl-Palais, der Meister erbaute seit 1811 auch das Hoftheater (1823 abgebrannt, durch Klenze wiederhergestellt) und entwarf den Karolinenplatz. Mit Sckell zusammen schuf er einen Generalplan für die stürmisch wachsende Hauptstadt des neuen Königreichs – und wer, wie wir hier oben, besonders gegen Norden und Westen schaut, der muß den früh Gestorbenen und oft Verkannten heute noch segnen. Wären nur seine späteren Nachfahren so weitblickend geblieben, manche Dummheit wäre vermieden worden.

Das Wachstum Münchens im neunzehnten Jahrhundert ist ungeheuer: Ums Zwölffache, von 40 000 auf 500 000! Man stelle sich vor, es wäre so weitergegangen (von einer Steigerung nicht zu reden!), wir hätten heute – mir schwindelt, und im Rechnen bin ich ohnehin schwach . . .

Jedenfalls: Um 1800 baute Lechner das Karlstorrondell, die Sonnenstraße wurde die erste und leider einzige vernünftige Ringstraße – um wieviel leichter hätten wir's heute, wenn die Stadtplanung mit der Stadterweiterung Schritt gehalten hätte.

Ludwig, der große Bauherr

Ludwig I. hat sein vielzitiertes Wort erfüllt, er wolle »aus München eine Stadt machen, die Teutschland so zur Ehre gereichen soll, daß keiner Teutschland kennt, wenn er nicht München gesehen hat«. Und so wird jeder, der mit uns vom Turm geblickt hat, dem Spott Heinrich Heines widersprechen, der meinte, München sei ein Dorf, in dem Paläste stehen. Wahrlich, eine Stadt ist München schon gewesen, ehe der große König sein Werk begann; und daß sein altbairischer, ja bäuerlicher Einschlag selbst heute noch zu dem nicht immer freundlich gemeinten Witzwort vom »Millionendorf« verführt, soll uns eine Ehre sein und eine Hoffnung, daß diese Stadt noch lange gesund bleibt in ihrem innersten Kern.

In mächtiger Breite – für den Verkehr von damals, ja bis zur Jahrhundertwende, ein Ziel schlechter Scherze! – rollte die Ludwigstraße zum Siegestor, darüber hinaus in die Pappelallee der Schwabinger Landstraße; an ihren Anfang wurden die Feldherrnhalle und der Odeonsplatz gestellt, an ihre Flanken die Staatsbibliothek und die Ludwigskirche; ihren ausgebuchteten Abschluß bildete die Universität, die 1826 von Landshut nach München verlegt worden war. Leo von Klenze, Friedrich Gärtner, Ludwig Schwanthaler (Bavaria, 1850 von Ferdinand von Miller in Erz gegossen) und der Maler Cornelius waren die wichtigsten Helfer des Königs, der freilich mehr war als ein Auftraggeber; als genauer »Oberpalier« galt er den Bauleuten.

Schon als »narrischer« Kronprinz hatte er 1816 die Glyptothek durch Klenze errichten lassen, mit den Propyläen, die erst 1862 vollendet wurden, schloß er den herrlichen Platz ab, denn »auch vom Throne herabgestiegen« blieb er der große Mäzen der Stadt. Die Alte Pinakothek (Klenze, 1836) ist wieder erstanden, aufs freie Feld hatte sie der König gestellt und, gottlob, auch heute noch liegt sie rasenumsäumt – wie wir ja überhaupt, bei unserm Blick vom Turm, immer wieder beglückt sind von den Wellen von Grün, die bis dicht an den Altstadtkern schlagen oder selbst in Keilen in ihn eindringen: Aus der Höhe sehen wir in manchen Garten, der sich dem Straßengänger verschließt.

Karger als das nächstbeste Faltblatt, dem eiligen Fremden in die Hand gedrückt, muß unsere Aufzählung der Bauten des neunzehnten Jahrhunderts bleiben – ja, wir können sie gar nicht alle nennen oder gar den verschwundenen (Matthäuskirche, Synagoge, Neue Pinakothek etwa) ein Wort der Erinnerung schenken.

Max II., der die »Nordlichter« rief, Dichter und Gelehrte, soll auch als Bauherr nicht länger unterschätzt werden. Die Maximilianstraße, die er durch Bürklein erstellen ließ, war den Zeitgenossen ein Greuel – der berühmte Jacob Burckhardt hat sie wüst beschimpft – uns ist es eine Lust, an ihren neugotischen Bauten entlang, unter den grünen, lachsrot bekerzten Kastanien hinauszuwandern zur schönsten Brücke, an die glasklare Isar – welche zweite Großstadt hat ein solches Wasser, mit dem Föhn zusammen ein Geschenk der Berge?

Den Bergen blieb der »Märchenkönig« Ludwig II. verhaftet, das ihm verhaßte München hat, vielleicht zum Glück, von seiner Baubegeisterung so gut wie keine Spuren aufzuweisen. Gottfried Sempers schöner Plan zu einem Festspielhaus auf der Gasteighöhe wurde nicht verwirklicht, nicht ohne Schuld Richard Wagners. Dafür grüßt uns jetzt der Friedensengel von der wipfelumrauschten Rampe überm Fluß.

Noch sieht der Turmbesteiger fast unangetastet die Prinzregentenstraße nach Westen zur Isar ziehen, von Norden her vom Englischen Garten wie von Meereswogen bespült. Der Prinzregent ist es denn auch, unter dessen menschlicher Führung München noch einmal, wie im Abendschimmer vor den Stürmen der großen Kriege, geleuchtet hat. Den Namen einer Kunststadt hat es gewissermaßen »offiziell« damals angenommen; die Kunstausstellungen im (1931 abgebrannten) Glaspalast wurden weltberühmt; im Glanz der »Malerfürsten« freilich barg sich schon der Keim des Niedergangs.

Wir, einzig auf die Deutung des Stadtbilds erpicht, wollen jedoch nur schauen: das National-

1
Barocke Burgfriedenssäule im Englischen Garten
Baroque boundary stone in the English Garden
La stèle baroque de la Trève politique dans le jardin Anglais

2
München – Stadt vor den Bergen
Munich – city in front of the mountains
Munich, ville devant les montagnes

museum, gegen die Isar zu, ist das vorletzte Wunder Münchens (bitte, unbedingt auch hineingehen!), Oskar von Millers Deutsches Museum auf der Kohleninsel das letzte; und eines der größten. Beide Bauten (und viele andere, wie das Künstlerhaus) stammen von Gabriel von Seidl, mit ihm sind Theodor Fischer (Polizei) und Friedrich Thiersch (Justizpaläste) vorzüglich zu nennen. Adolf von Hildebrand danken wir die schönsten Brunnen – der Wittelsbacher (1895) am Lenbachplatz rauscht uns noch immer das Märchen vom glücklichen München ins Ohr: in frühester Frühlingsfrühe, in spätester Sommernacht müssen wir durch dieses München zwischen Residenz, Königsplatz und Frauenkirche wandern, vor Sonnenaufgang, in mondbeglänzter Zaubernacht enthüllt es seine Schönheit, die unsern Vätern noch etwas Alltägliches war . . .

Glücklich dürfen wir uns preisen, daß wir von den schwersten Mißgriffen der Baukunst um die Jahrhundertwende verschont geblieben sind. Über Hauberrissers Neues Rathaus läßt sich streiten, die Fremden lieben es sogar; über die Bauten des Dritten Reiches zu hadern (Königsplatz, Haus der Kunst) ist hier nicht der Ort – übersehen lassen sie sich nicht; wirklich unverzeihlich ist nur der auf engstem Raum wiederaufgebaute Bahnhof, ein Pfahl im Fleisch der Stadt.

Beileibe nicht alles haben wir gesehen, wenn wir jetzt, vom langen Schauen müde, uns abwenden; wir haben in einem kühnen, gewiß nicht durchaus geglückten Versuch das historische München in seine Bestandteile zerlegt, jetzt sehen wir es wieder zusammen, auch mit seinen jüngsten Zweckbauten, Hochhäusern, Fernheizwerken, Straßenzügen, wie jede andere Stadt sie auch hat erdulden müssen. Mächtige Krane und ausgedehnte Baustellen festzustellen, bleibt uns nicht erspart, das sind Wunden, die sich wieder schließen werden, hoffentlich verheilen sie gut. Wie glückhaft ältestes und modernstes München sich verbinden können, zeigt das historische Stadtmuseum am Jakobsplatz; wer einen kleinen Nachhilfeunterricht zu unserer Vogelschau sucht, der gehe gleich hinein!

Und so seien denn alle entlassen, hinunter und hinein in die lebendige Stadt, in die vornehmen Straßen mit ihren weltberühmten Ladengeschäften, auf den blumenbunten, Leib und Gemüt nährenden Viktualienmarkt, in das fröhliche Gewühl des Hofbräuhauses oder in die schattigen Bierkeller, wo eine zünftige Brotzeit uns der Frage enthebt, ob man in München gut oder schlecht ißt. Der eine mag in die grüne Stille des Englischen Gartens flüchten oder in die Traumwelt von Nymphenburg und Schleißheim; der andere wird die Winkel und Gassen aufsuchen, in die er soeben von oben hineingespäht hat; ein dritter wird vielleicht, aller historischen Belehrung überdrüssig, sich dem brausenden Leben des modernen Schwabing an die Brust werfen – das *alte* Schwabing freilich wird er so schnell nicht finden.

Münchens Glück liegt in der Hoffnung, daß auch das Rettende wächst, wo Gefahr ist. Die Bilder, die wir zeigen, sind Gegenwart, gewiß – aber ist nicht alles schon Vergangenheit im Augenblick, wo es festgehalten scheint? Noch messen wir, über Jahrhunderte hinweg, mit – sagen wir's kühn – bürgerlichen Maßstäben. Menschliches Werden und Sein ist noch erhalten, im gebauten wie im lebenden München. Möchten auch unsere Kinder und Kindeskinder in Glück und Verpflichtung noch um eine Mitte sich scharen dürfen, die des Namens »Weltstadt mit Herz« würdig ist.

3
Sendlinger Tor – Blick auf München von Süden
Sendlinger Tor – looking toward Munich from the south
Sendlinger Tor – vue du sud sur Munich

Viermal die Münchner Stadt

Mitten in der industrialisierten Millionenstadt München, deren Einwohnerzahl seit 1800 um das Dreißigfache gestiegen ist, liegt noch wie ein Spiegel ihrer Vergangenheit - ein Spiegel, der freilich auch blinde Stellen hat - die alte Münchner Stadt, wie sie sich in 650 Jahren bis zur Geschichtswende um 1800 entfaltet hatte. Bis heute noch stehen drei Tore dieses altstädtischen Kernes, und Türme und Dächer darüber geben ein Bild der Stadt, wie es sich um das Achsenkreuz seiner Grundzüge in die vier Himmelsrichtungen erhebt.

Zu der berühmten Wiedergabe der Altmünchner Stadt gegen Westen um 1500 in einem Holzschnitt Michael Wolgemuts schrieb Hartmann Schedel in seiner Weltchronik, die dieses Bild enthält: »Wiewohl diese Stadt für neu erachtet wird, so übertrifft sie doch die anderen Städte an edlen und öffentlichen Bauten.«

Nach mehr als 300jährigem Bestehen wird diese Stadt um 1500 »für neu erachtet«. Geschichtlich ist das richtig. Denn München gehört als »Gründungsstadt« nicht in den Kreis der »Mutterstädte« Bayerns, die, meist Bischofsitze geworden, bis in die Römerzeit zurückreichen. Es klingt aber wie eine frühe Wesensbestimmung der Zukunftsoffenheit dieser Stadt, wenn Schedel bereits um 1500 von ihrem unbestrittenen Vorrang vor den Altstädten spricht. Eine Stadtansicht seiner Zeit hat er historisch ausgelegt und daraus den Stadtcharakter gedeutet. Wenn man München heute aus den vier Himmelsrichtungen betrachtet, warum sollte das nicht auch heute Gültiges über den Charakter Münchens aussagen können?

München gegen Norden gesehen - das ist der Blick auf die Stadt, der über das Sendlinger Tor hinwegschweift. Vom bayerischen Oberland und vom Gebirge her, aus Südtirol und Italien kam in den älteren Zeiten der Verkehr, der durch das Tor in die Sendlinger Straße rollte, die Hauptader der südlichen Altstadt, und der bis zur Wein- und Theatinerstraße die ganze Süd-Nord-Achse der Stadt mit seinem Leben erfüllte. Es ist die Richtung jener Münchner Kaufleute, die bis ins 17. Jahrhundert mit dem Weinhandel fast ebensoviel Geld in die Stadt brachten wie die »Salzsender«, Münchens Urhandelszunft, und es ist die Richtung vieler Bildungsreisender und Künstler, die in Italien Schulung und Prägung suchten. In hohem Maß hat sich ja München die Zukunft stets offen zu halten gewußt, indem es fremde Einflüsse und neue Ideen einströmen ließ. Fragt man nach diesem weltoffenen München, so erhält man die treffendste Antwort bei Wilhelm Hausenstein, der es so schildet: »Mit drei Worten: München bedeutet ›Zusammenkunft‹. Dies festzustellen heißt keineswegs, daß München an sich ›nichts‹ sei. Die Kraft, anzuziehen, dies ist als Sinn einer Stadt wahrlich nicht wenig! Es ist ein wirkliches Wesen.«

München gegen Süden gesehen - scheint da nicht »sichtbar« zu werden, was seit 150 Jahren den modernen Begriff »München, Stadt der Kunst und der Künstler« bestimmt? Das alte Schwabinger Tor von 1302 gibt es hier nicht mehr. Wo es bis 1817 gestanden hatte, öffnet sich die Süd-Nord-Achse der Altstadt in ein Straßenmonument, das als Stiftungsbau der Kunststadt gilt, die Ludwigstraße. Eine symbolische Torarchitektur trennt sie von ihrer Fortsetzung in den »grünen Klassizismus« der Leopoldstraße hinein, das Siegestor, das seit Schwabings klassischer Künstlerzeit

4
Das Siegestor – ein neues Schwabinger Tor
The Siegestor – a new Schwabinger gate
Le Siegestor – un nouveau Schwabinger Tor

5
Karlstor-Rondell – Überbleibsel des ›Stachus‹
Karlstor-Rondell – the remains of ›Stachus‹
Le rond-point du Karlstor – reste du ›Stachus‹

um 1900 zu einer Art zweitem Schwabinger Tor geworden ist. Die Leopoldstraße hat sich zum Boulevard eines neuen Schwabing stilisiert, das noch immer vom Ruf der Jahrhundertwende zu zehren versucht, Vorort der Künstler zu sein. Zum Steinmonument eines neuen München als Kunststadt aber, zur Ludwigstraße, paßt ein Verspaar Ludwig I., der gerne als Poet dilettierte: »Münchens Kunstausstellungen suche du nie in den Sälen / der Ausstellung selbst, schaue du München Dir an.« Wo viele Künstler leben, wird auch viel über Kunst geredet – allzuviel, wie nicht nur die Münchner oft meinten. Als Karl Valentin einmal als großer Künstler gefeiert werden sollte, sagte er: »Was die Leut allerweil für Tanz machen mit dera Kunst! Wenn ma wos ko, is's koa Kunst nimma, und wenn ma's net ko, is's erst recht koa Kunst net.«
München gegen Osten gesehen – diese Ansicht stellt das Karlstor in den Blick, aus dem heraus München sozusagen den ersten Schritt in die Zeit der technischen Zivilisation des 19. und 20. Jahrhunderts tat. Denn an dieser Stelle ließ Kurfürst Karl Theodor 1792 zum erstenmal einen Weg durch die mittelalterlichen und barocken Festungswerke freiräumen: »München kann fernerhin keine Festung mehr sein.« Die von München lange ersehnte Befreiung aus der »steinernen Haft« nahm 17 Jahre in Anspruch. Was schon 1812 geplant war, ein Altstadtring, wurde hier 1964 bis 1970 im fragwürdigen Sinne einer autogerechteren Stadt Wirklichkeit. Aber im gleichen Zuge entstand hinter dem Karlstor auch die Fußgängerzone zum Marienplatz mit unterirdischen Verkehrsmitteln. Bei berühmten Ansichten, die in dieser beruhigten Zone wieder wie neu ins Bewußtsein treten, wird das Erlebnis von Münchens Kraft zur Wahrung seines traditionellen Stadtcharakters glückliche Selbstvergewisserung der Münchner. Friedrich Sieburgs Sätze, in der frühen Nachkriegszeit niedergeschrieben, lesen sich nach dem Olympiajahr 1972, das einen gefährlichen Höhepunkt in der Technisierung der Stadtstruktur gebracht hatte, wie eine Prognose: »Einst wurde München geliebt, weil es, trotz großer Dimensionen, eine landstädtische Traulichkeit bot, in die man sich vor der anonymen Härte anderer Großstädte flüchten konnte. Heute lieben wir es, weil es völlig Stadt geblieben ist. Es hat der ungeheuren Stanzmaschine, mit der die industrielle Gesellschaft ihr Leben formt, besser widerstanden als irgendeine deutsche Stadt.«

München gegen Westen gesehen – das ruft im Anblick des Isartors die Erinnerung an den stadtbegründenden Salzhandel hervor, dessen Fuhrverkehr von der Isar durch das Tor ins Tal rollte, wo die Ladung drei Tage lang zum Verkauf angeboten werden mußte. So entwickelte sich das Tal zu einem Vorraum des Marienplatzes, wo Bäcker, Brauer und Wirte zu Brotzeit und Herberge einluden, und kleine Handwerker ihr Geschäft betrieben. Auch das Heilig-Geist-Spital befand sich weit mehr als 500 Jahre hier unten im Tal. Im Umkreis der kleinen Leute vom Tal hat sich ein weiterer Grundzug Münchner Stadtlebens entwickelt: die natürliche Menschlichkeit in Umgang und Ton miteinander. »Die Münchener Eigenart lag darin, daß hier eines Menschen Reichtum und Stellung ihm keinen Vorzug vor den anderen verschafften. Jeder lebte, wie er wollte, nach seinem Gefallen und Geldbeutel. Eine Regel: »Man« tut dies oder das – gab es nicht.« So Helene Raff, eine Kulturhistorikerin Münchens von feiner Witterung.

6
Isartor – Wehrbau aus Münchens Kaiserzeit
Isartor – bulwark from the time of Munich's emperors
L'Isartor – rempart de l'époque impériale à Munich

7
Patrona Bavariae – Münchens Mariensäule
Patrona Bavariae – Munich's Mariensäule
Patrona Bavariae – La ›Mariensäule‹ de Munich

Marienplatz

Von der Isar zum Marienplatz führt der geschichtliche Weg zum Ursprung der Münchner Stadt. Für Gründung und Entwicklung Münchens war dieser Ost-West-Weg die entscheidende Vorbedingung. Marienplatz und Kaufingerstraße, der älteste Platz dieser Stadt, der den Isarweg am Talburgtor (heute Rathausturm) empfing, und Münchens älteste Gasse, die ihn nach Westen fortsetzte, sind auch die frühesten Spuren der Gründungsgeschichte auf Münchner Boden. Sie markieren die wirtschaftliche und politische Lebensader der Stadt. Bereits 1175 ist dieser Bereich ummauert, hundert Jahre später die Ost-West-Achse um einen ersten Abschnitt im Tal gegen die Isar zu und um die Neuhauser Straße im Westen erweitert. 1315 umgürtet die zweite Befestigung dann auch diese neue Ausdehnung der Ost-West-Strecke. Bis 1337 wird sie schließlich noch bis zum Isartor um ein weiteres Stück »Tal« verlängert, um nun bis 1800 in dieser »endgültigen« Erstreckung Münchens Hauptstraße zu bilden.

Der Ost-West-Weg war Vorbedingung für Münchens Entstehung gewesen. Doch hatte auch diese Vorbedingung erst durch eine geschichtliche Tat geschaffen werden müssen. Denn Münchens Ursiedlung auf dem Petersbergl mit dem Namen »ze den munichen«, »bei den Mönchen«, die Besitztum des Reichsklosters Tegernsee oder der Prämonstratenser Schäftlarns und zweihundert Jahre älter als die früheste Erwähnung des Marktes München von 1158 war, hätte aus sich heraus keine vergleichbare Zukunft gehabt. Die nicht ungünstige Ortslage mußte erst durch den Machtanspruch des Herzogs und durch weitschauende wirtschaftspolitische Planung zur Städtegründung genutzt werden. Heinrich der Löwe, jugendlicher Herzog von Sachsen und Bayern, leistete München diesen Dienst, dessen erster Akt allerdings mit einer Gewalttat begann.

Der Herzog vernichtete einige Kilometer isarabwärts in Oberföhring Markt, Münze und Brücke seines Onkels, des Freisingers Bischofs Otto I., um sie auf der Höhe der Mönchssiedlung neu zu errichten. Markt- und Münzrecht, die Einkünfte aus dem Handelsverkehr hatte er damit vom bischöflichen auf sein herzogliches Territorium verlegt, einen Anschein von Recht mit dem versuchten Nachweis gesichert, daß der Bischof seine Privilegien durch Urkunden nicht lückenlos belegen konnte. Das genaue Datum der gewaltsamen Tat, die der Gründung vorausging, ist nicht überliefert. Es liegt zwischen September 1156, als Heinrich Herzog von Bayern wurde, und dem 14. Juni 1158, als Kaiser Friedrich Barbarossa den Gewaltakt nachträglich billigte und die Folgen regelte. Diese Urkunde, in Augsburg unterschrieben, gilt als die Gründungsurkunde Münchens.

Das gewaltsame Unternehmen mußte sich lohnen, weil der alte, rege benützte Handelsweg, auf dem das lebensnotwendige Salz aus Hallein nach Westen geführt wurde, nun eine herzogliche Zollstation zu durchqueren hatte; weil die am Salzhandel wohlhabend werdende Bürgerschaft später auch den immer bedeutsamer werdenden Süd-Nord-Verkehr durch die Stadt lenken konnte;

28

und weil mit der Marktgründung schließlich auch ein politischer Stützpunkt für die herzogliche Hausmacht geschaffen wurde.

Marienplatz und Kaufingerstraße, Tal und Neuhauser Straße, die historisch gewordenen Abschnitte der Ost-West-Achse, hängen mit der Gründungsgeschichte Münchens zusammen. Die spätere Kunststadt München hat als Handelsstadt begonnen. Heute, da sie drittgrößte Industriestadt der Bundesrepublik ist, hat ihre Lebensader durch die Umwandlung in einen Fußgängerbereich seit 1971 eine auf den Menschen bezogene Art zurückerhalten, die sie jahrhundertelang auszeichnete und die ihr zeitweise abhanden gekommen war.

Die Lebensmitte der Stadt, der Marienplatz, der bis 1854 einfach Platz, Schrannen- oder Marktplatz hieß, bot in alten Tagen zumeist das Bild eines bunten Markttreibens. Beim Alten Rathaus hatte sich der Kräutlmarkt niedergelassen, am Fischbrunnen der Fischmarkt. Unter den Arkaden der Bürgerhäuser, die seit 1908 durch das Neue Rathaus ersetzt sind, hatten die Bäcker ihre Stände; an der Ecke zur Weinstraße florierte das Weingeschäft. Und bis vor wenig mehr als hundert Jahren konnte man noch Getreidesäcke auf dem Marienplatz gestapelt sehen. Aber dieses Lebenszentrum war nicht nur Gewerbeplatz. Hier fanden auch Feste, Turniere, Fürstenhochzeiten, Prozessionen, gelegentlich sogar hochpolitische Hinrichtungsszenen statt. Kurfürst Maximilian I. erhob den Platz auch zum Lebenszentrum des Landes Bayern, als er 1638 die Mariensäule errichten ließ, in einem religiös übergeordneten Sinne, den München und Bayern bis heute nicht preisgegeben haben.

Der Name Kaufingerstraße erinnert an ein altes Münchner Kaufherren- und Ratsgeschlecht und damit an die frühe Weltläufigkeit der damals noch kleinen Landstadt. Bereits hundert Jahre nach der Gründung konnten Münchner Kaufleute den reichsstädtischen Regensburgern von Ungarn bis zum Niederrhein und von Flandern bis Italien Konkurrenz machen. Die Wohnhäuser dieser führenden Münchner Familien standen einst am Marienplatz und in der Kaufingerstraße.

Wie der Marienplatz Schauplatz für die täglichen Geschäfte und die großen Staatsaktionen gewesen ist, so zeigt sich an der Neuhauser Straße, wie eng benachbart in München bodenständige Lebensart und überlokale Kunstbemühung nebeneinander hausen. Auf die beiden Straßenseiten verteilen sich im Norden in ganz Europa berühmte Kirchenbauten, im Süden Geschäftshäuser und geruhsame Brauereigasthöfe. Die Neuhauser Straße beginnt beim Augustinerblock; hier hatte sich bis 1807 noch der schöne Turm erhoben, der in seinen Grundmauern auf das Westtor der Heinrichsstadt des 12. Jahrhunderts zurückging. Das Schiff der Augustinerkirche (heute Jagdmuseum) hatte der Neuhauser Straße einst als erstes Bauwerk außerhalb der ältesten Befestigung von 1175 die Richtung gewiesen (1291-1294). Dreihundert Jahre später entstanden dann Kolleg und Kirche St. Michael für die Jesuiten. Der mächtige Komplex weicht von der Baulinie zurück, um durch einen Kopfbau wieder an die Straße zurückzukehren. So bildete sich ein wirkungsvoller Seitenplatz, auf dem seit 1962 der Richard-Strauß-Brunnen steht; im frühen 17. Jahrhundert waren hier oft die Bretter des Himmel und Hölle in Bewegung setzenden Jesuitentheaters aufgeschlagen. Im Blick zum Marienplatz rücken diese kirchlichen Baukomplexe zu einem der berühmtesten Architekturbilder deutscher Städte zusammen. Gekrönt wird der Anblick von den Frauentürmen.

14
Das Glockenspiel im Neuen Rathausturm
The Glockenspiel in the New Rathaus tower
Le carillon de la tour du ›Neues Rathaus‹

15
Die ›Frauentürme‹ – Wahrzeichen Münchens wie der ›Alte Peter‹
The ›Frauentürme‹ (Lady Towers) – like ›Alter Peter‹ a symbol of Munich
Les ›Frauentürme‹ – emblème de Munich au même titre que l'›Alte Peter‹

Münchens Urpfarreien

Zum Wahrzeichen der Münchner Stadt ist nicht das Alte Rathaus geworden, sein Festsaal von 1474, oder sein Turm von 1493, auch nicht das Isartor von 1337, das gleichfalls zum Stadtsymbol getaugt hätte – war es doch der Einlaß für die Salzfuhren, denen der Marktplatz München seit 1156 den Aufstieg zur Stadt verdankte. Auch ist es nicht nur *ein* Wahrzeichen, das für München zeugt. Seit Jahrhunderten wetteifern *zwei* Denkmäler um diesen Rang, die beide jedoch nicht stadtbürgerlichen, sondern geistlichen Ursprungs sind: der Turm der Peterskirche, den die Münchner ›Alter Peter‹ nennen, und das Gespann der Frauentürme, deren venezianisch-morgenländische Kuppeln in München ›welsche Hauben‹ hießen.

Diese zwei Wahrzeichen Münchens sind Denkmäler seiner ältesten Pfarreien. Urpfarreien darf man sie nennen, da sie länger als ein halbes Jahrtausend, bis 1807, die beiden einzigen Pfarreien der Stadt blieben. Doch liegen die geschichtlichen Begründungen für die Ehrentitel ›Wahrzeichen‹ und ›Urpfarreien‹ noch tiefer. In der Peterskirche bewahrt München ebenso deutlich wie im Stadtnamen, der sich aus der Bezeichnung »ze den munichen«, das heißt »bei den Mönchen« herleitet, die Erinnerung an seine Herkunft aus einer Ortschaft, die dem Benediktinerkloster Tegernsee oder dem Prämonstratenserkloster Schäftlarn gehörte. Grabungen anläßlich des Wiederaufbaus der Peterskirche nach dem Krieg haben 1952 die volkstümlich-›sagenhafte‹ Rede vom Alten Peter bestätigt. Fundamente traten zutage, die auf eine romanische Klosterkirche von bayerischem Typus schließen ließen. Dieser Gründungsbau dürfte rund hundert Jahre älter sein als Markt und Stadt. Er ist offensichtlich ein Überrest jener vormünchnerischen Ansiedlung »bei den Mönchen«. Als München dann 1239 durch ein Siegel erstmals in Erscheinung trat, war das Wissen von der mönchischen Vorgeschichte, die 1952 als Bodenfund zutage kam, auch bildlich beurkundet: das Siegel führte im Ausschnitt eines Stadttors als sprechendes Zeichen einen Mönchskopf.

Die Geschichte der Pfarrei zu Unserer lieben Frau reicht zwar nicht in die Zeit vor der Gründung Münchens zurück, doch beginnt sie immerhin bald danach: noch für das 12. Jahrhundert ist an der nordwestlichen Stadtmauer eine Marienkapelle bezeugt; und seit 1271 steht hier die zweite Pfarrkirche der Stadt, nachdem schon ab 1230 eine romanische Basilika mit Doppeltürmen die Kapelle abgelöst hatte (Grabungen 1946–1953). Aber Kirche einer ›Urpfarrei‹ wie St. Peter wird die Marienkirche erst durch den Neubau seit 1468, jetzt jedoch in dem Sinne, daß sich die Bürgerschaft in einem öffentlichen Monumentalbau selbst ein Zeichen ihrer religiös durchformten politischen Gemeinschaft setzte, wie sie in St. Peter von Anfang an das Zeichen ihrer Herkunft sah. Diese neue Kirche »zu Unserer lieben Frau«, ein Riesenbauwerk, das 20 000 Gläubigen Raum bieten konnte, obwohl im Weihejahr 1294 München insgesamt erst 13 500 Einwohner zählte, »war eine Bürgerkirche, nicht durch den Bischof veranlaßt, nicht durch die Herzöge«. Sie erreichte Größe und Würde eines Doms in einer Zeit, in der noch niemand daran dachte, daß der Bischof von Freising hier einmal als Erzbischof von München und Freising residieren würde.

Die beiden Hauptkirchen Münchens nehmen im Bering der Gründungsstadt, die nach Heinrich dem Löwen ›Heinrichsstadt‹ heißt, stadtbaulich charakteristische Plätze ein. Im ältesten Bering

16
Die Frauenkirche – spätgotische Halle für 20 000 Seelen
The Frauenkirche – late-Gothic hall for 20,000 souls
La Frauenkirche – salle de style gothique tardif pour 20 000 âmes

17
St. Peter – gotischer Raum im barocken Gewand
St. Peter – a Gothic building in Baroque attire
St. Peter – salle gothique revêtue de baroque

bildete die Stadt ihren Grundriß von der geradlinigen Uferkante des Petersbergls landeinwärts als halbes Oval aus, was noch heute am Straßenverlauf zu erkennen ist. Ein Straßenkreuz teilt dieses Oval in vier Stadtviertel, in deren südöstlichem und nordwestlichem sich die Kirchen diagonal gegenüberliegen, ein wenig abgerückt von der Ost-West-Achse, die durch Jahrhunderte die Grenze zwischen den Urpfarreien zog, auch dann noch, als ihr Straßenzug nach Osten ins Tal verlängert wurde, wo sie das Tal Petri vom Tal Mariä schied.

Wie der › Alte Peter‹ in der Folge mehr zu einem inneren Wahrzeichen für die traditionelle Lebenskraft der Stadt geworden ist – während die überkuppelten Türme der Frauenkirche mehr und mehr das Wahrzeichen Münchens nach draußen hin darstellten, für das altbayrische Stammland und für die weite Welt – so verbildlicht auch die Peterskirche in ihrem durch lange Zeiten geformten Außenbau und der reichen Innenausstattung in besonderer Weise den Weg einer Münchner Kunst- und Frömmigkeitsgeschichte vom 13. bis ins 19. Jahrhundert. Demgegenüber wirkt die Frauenkirche, gerade auch wieder seit der letzten Umgestaltung von 1972, als der in Ausmaß und Kraft einheitlicher Durchformung große architektonische Wurf des Stadtmaurermeisters Jörg von Halsbach (1410–1488). Die hochoriginelle spätgotische Hallenkirche steht mit ihren zwei mächtigen Türmen beherrschend im Stadtbild.

Das Langhaus der Peterskirche und der Rest ihrer Zweiturmfassade geht auf den gotischen Neubau zurück, der 1278 bis 1293 die seit 1180 energisch erweiterte romanische Basilika ersetzte. Nach dem großen Stadtbrand von 1327, der außer dem Chor auch die Zweiturmfassade zerstört hatte, wurde bis 1386 der charakteristische Mittelturm zwischen den übriggebliebenen Turmstümpfen hochgeführt. Die zwei Spitzhelme, die ihn damals bekrönten, wichen 1607 bis 1621 einem frühbarocken Turmhelm. 1630 bis 1636 folgte der Neubau des frühbarocken, burgartigen Chors. Dieser Chorraum birgt seit 1732 den spätbarocken Thronaltar, dem die spätgotische Petersfigur Erasmus Grassers von 1517 eingefügt ist.

Der Hallenbau der Frauenkirche, unter mächtigem Giebeldach in großer Länge hingelagert, zeigt im Backsteinwerk seines Außenbaues einen Mauermantel, dessen beinahe einzigen Schmuck ringsum die gleichmäßige Reihe der hohen Fenster bildet. Dieser Zartheit scheinen im Inneren die massigen, kantigen Achteckpfeiler der dreischiffigen Halle zu widersprechen, die das Mittelschiff optisch heraussondern, indem sie sich für den Blick scheinbar zur Wand schließen. Durch ihre Abkantung ins Achteck spielt aber das Licht auf den Pfeilern in mannigfachen Abstufungen, ohne daß seine Quellen sichtbar würden. In diesem Effekt des scheinbaren Selbstleuchtens der beim Durchblick auf den Chor zur Wand zusammentretenden Pfeiler muß die hochoriginale Sonderleistung des Jörg von Halsbach innerhalb süddeutscher Spätgotik gesehen werden.

Für die das Wahrzeichen bestimmenden Turmkuppeln, die aus unbekanntem Grund erst 1525 auf die bereits 1492 vollendeten Türme aufgesetzt wurden, konnte 1973 wahrscheinlich gemacht werden, daß sie durch Bernhard von Breydenbachs »Reise ins Heilige Land« angeregt wurden. Das Werk, das von 1486 an große Verbreitung fand, zeigte in Holzschnitten überkuppelte Gebäude Jerusalems und Venedigs und hat wohl in München die Umplanung von spitzen Helmen zu › welschen Hauben‹ veranlaßt.

18
St. Peter – Münchens Urkirche
St. Peter – Munich's first church
St. Peter – église la plus ancienne de Munich

19
Altmünchner Spezialität – der Viktualienmarkt
A ›speciality‹ of Old Munich – the Viktualienmarkt
Spécialité de l'ancien Munich – le marché aux victuailles

Münchens Lebensqualitäten

Wozu die vielen Beinamen Münchens auch gut sein mochten, das modische ›Weltstadt mit Herz‹, das veraltete ›Millionendorf‹, das heute kaum mehr geraunte ›heimliche Hauptstadt‹, und zuletzt noch das gerne wieder vergessene ›Geliebte Europas‹, keiner der Namen ging auf die Grundschicht zurück, so scheint es, aus der heraus München eine Großstadt mit anheimelnd menschlichen, schon fast sprichwörtlichen Lebensqualitäten hat bleiben können – trotz des allzu raschen und daher nicht selten überanstrengten Aufstiegs nach 1945 zu einer der westdeutschen Industriemetropolen, zur Olympiastadt von 1972, und vielleicht auch zu einer ›europäischen Weltstadt‹.
Die Grundschicht, aus der sich diese Stadt ihre unverwechselbare Lebensatmosphäre bewahrt hat, könnte man gut ›Münchner Natürlichkeit‹ nennen. Sie wird von einem originellen Stadtvolk getragen – nicht bloß von einer städtischen Bevölkerung – und von einem Selbstbewußtstein aus angestammter bayerischer Liberalität heraus, die ungestört leben läßt, sofern man selbst in Ruhe gelassen wird und sofern ›die Kirche beim Dorf bleibt‹ – oder eben bei der Stadt. Die echten Münchner sind immer Städter gewesen, die das Land liebten, das bayerische Bauernland und das Gebirge, und die sich nicht als ›etwas Besseres‹ vorkommen, weil sie in der Stadt leben.
Es gibt urmünchnerische Lebensklänge von volkstümlich-landstädtischer Art, die selbst durch die Überfremdung der Stadt in den letzten 20 Jahren nicht verstimmt werden konnten; umgekehrt: sie haben es vermocht, die vielen Zugereisten einzustimmen in die Münchner Lebensart der Natürlichkeit. Dazu gehören selbstverständlich das Oktoberfest, das heute wie ehedem noch Stadt und Land an einen Biertisch bringt, und die Auer Dulten. Doch sind es auch noch einfachere Dinge des alltäglichen Lebens, die die Münchner Atmosphäre der Natürlichkeit im Umgang miteinander prägen und der sozialen Ungemütlichkeit von Berufs- und Einkommensgrenzen entgegenwirken, als ob sie Wahrzeichen des Münchner Lebens wären: zum Beispiel Bummel und Einkauf auf dem Viktualienmarkt oder das Glas Bier, das man mit einem ›Herrn Nachbarn‹ oder einer ›Frau Nachbarin‹ in einer Wirtsstube trinkt oder draußen in den schattigen Biergärten und auf den Bierkellern, den Kastaniengärten über den ehemaligen Lagerkellern der Brauereien. In der Fastenzeit vor Ostern und wieder im Mai kann sich dieses Biertrinken miteinander dann zu Starkbierfesten und ›g'standnen‹ Bockproben steigern, bei denen, wie auf dem Nockherberg, auch die letzten ›G'stanzln‹ Münchens, politische und unpolitische Spottverse, erklingen. Und der Besuch des Viktualienmarktes am Faschingsdienstag, wenn die Marktfrauen tanzen und wenn sie im Gewühl der Münchner manchmal noch ihre Ladentische in kleine Volkssängerbühnen verwandeln, auf denen sie sich als Alleinunterhalterinnen in allen Spielarten des Stadtdialekts und mit allerlei Lebensweisheiten aufspielen, kann zu dem natürlichen Erlebnis führen, daß auch die große Stadt München mit ihren allzu ›leuchtenden‹ Beinamen nur eine Stadt auf dem Rücken des Bayerischen Oberlandes ist – und das kräftigt die Münchner Natürlichkeit wieder, wenn sie schon an Überfremdung und Getriebe zu kränkeln begonnen haben sollte. Darum richtet man alljährlich auch den Maibaum auf dem Viktualienmarkt auf, um sich nicht ganz aus dem angestammten Milieu

20
Faschingsdienstag auf dem Viktualienmarkt
Shrove Tuesday at the Viktualienmarkt
Mardi gras sur le marché aux victuailles

21
Münchner Biergarten
A Munich Beer-garden
›Biergarten‹ munichois (brasserie en plein air)

vertrieben zu fühlen. Die kleinen Standbilder der Volkssänger und Komiker Karl Valentin, Lisl Karlstadt und Weiß Ferdl, und demnächst vielleicht auch des Roider Jackl, stehen aus dem gleichen Grund auf dem Viktualienmarkt: damit sich die Münchner daran vergewissern können, daß sie in keiner Allerweltsstadt leben.

Das Markttreiben auf dem Viktualienmarkt fand jedoch nicht immer schon auf dem Platz unter dem Alten Peter und hinter der Heilig-Geist-Spitalkirche statt. ›Erst‹ 1807 wanderte der tägliche Markt, der bis dahin ununterbrochen auf dem Marienplatz abgehalten wurde, auf das Areal des 1208 gegründeten Spitals ab, das damals vor das Sendlingertor hinausverlegt wurde. Der Grün- und Eiermarkt richtete sich als erster auf dem neuen Viktualienmarkt ein. Aber erst 1885 waren die letzten Gebäudereste des Spitals, das zuletzt noch als Getreidehalle gedient hatte, abgebrochen. Jetzt konnte sich der Viktualienmarkt in der Form niederlassen, wie er heute noch, endlich als Fußgängerzone, erhalten ist. Und wenn sonst häufig das bunte Sonderleben vertrocknet, wenn altangestammte Märkte ihren Platz räumen müssen, der Viktualienmarkt ist eine Ausnahme geblieben, ein Beispiel für das zähe Überdauern einer volkstümlichen Einrichtung, die von der modernen Stadt eigentlich längst überflüssig gemacht sein könnte. Im Gegenteil: Der Viktualienmarkt hat sich zu einer alltäglichen Festveranstaltung entwickelt, auf dem die Naturprodukte, ob Obst, Eier, Schmalz oder Käse, Wild, Fisch und Honig, wie barocke Stilleben inszeniert sind.

Gehört der Viktualienmarkt zu München von Anfang an, ja ist er mit Münchens Zentrum, dem Marienplatz, so eng verwachsen, daß er nicht untergehen konnte, so ist das Bier als Lebenselixier der Münchner und als Quelle sozialer Gemütlichkeit nicht ebenso tiefverwurzelt im Münchner Leben. Wenn auch der große Staatsrechtler Wiguleus von Kreittmayr das Bier schon um 1750 Münchens ›fünftes Element‹ nannte: in den ersten Jahrhunderten waren die Münchner doch keine Bier-, sondern Weintrinker. Welche Bedeutung der Wein hatte, daran erinnert noch heute die Weinstraße, die am Marienplatz ansetzt: der Weinmarkt gehörte einst zum festen Bestandteil des Viktualienmarktes auf dem Marienplatz. Und Wohlstand kam nach München nicht nur durch den Salzhandel, sondern ebenso durch den Weinhandel. Von 1284 bis 1305 etwa zählten die Münchner Weinhändler zu den Großabnehmern der Südtiroler Weine. Der Siegeszug des Bieres geht freilich auf eine bayerische Neuerung und ein bayerisches Gesetz zurück, die Weltgeltung bekommen sollten: auf die ›untergärige‹ Brauweise, die kühle Gärung, die das Bier haltbarer und bekömmlicher machte, und auf das ›Reinheitsgebot‹ von 1516, das in Bayern statt anderer Getreidesorten nur mehr Gerste und statt anderer Bitterkräuter nur mehr Hopfen als Rohmaterialien für den Biersud zuließ.

Die ersten gewerblichen Brauhäuser entstanden in München im frühen 15. Jahrhundert. Ein paar Jahrzehnte älter sind einige Klosterbrauereien. Um 1800, kurz bevor die Enwicklung zu den technisch fortschrittlichen Münchner Großbrauereien führte, die bis heute Münchens Ruf als Bierstadt begründen, sotten 55 Brauhäuser für die Münchner das Bier ein. Als 1830 im Königlichen Hofbräuhaus, das zwei Jahrzehnte später verstaatlicht wurde, ein Brauereiausschank mit »gesundem und wohlfeilem« Bier für »die arbeitende Klasse und das Militär« eröffnet wurde, war dies der Anfang des Dauerereignisses, das heute ›Hofbräuhausschwemme‹ heißt.

22
Vierspänniges Oktoberfest-Bierfuhrwerk am ›Platzl‹
Octoberfest beer-wagon drawn by four horses on the ›Platzl‹
Au ›Platzl‹ – voiture à quatre chevaux pour transporter la bière
  pendant la foire d'octobre

23
Der Mönch im Siegel – Hinweis auf Münchens Vorgeschichte
The monk in the seal – a reference to Munich's past history
Le moine sur le sceau – allusion aux antécédants de Munich

Der Mönch in Siegel und Wappen

Münchens Stadtsymbol, der Mönch, ist ein ›redendes Zeichen‹; es deutet den Ortsnamen aus, der sich aus der Bezeichnung »ze den munichen«, das heißt »bei den Mönchen«, entwickelt hat. Als Herkunftssymbol greift es auf die Zeit vor der Stadtgründung von 1158 zurück.

Als dem welfischen Herzog Heinrich dem Löwen am 14. Juni 1185 auf einem Reichstag zu Augsburg durch Friedrich Barbarossa die Gründung Münchens bestätigt wurde, sollte es noch runde 80 Jahre dauern, bis die Bürgergemeinde der Stadt erstmals geschichtlich handelnd auftrat und ein eigenes Siegel neben dasjenige des Stadtrichters an eine Urkunde heftete. Dieses älteste bruchstückhafte Münchner Stadtsiegel stammt aus dem Jahre 1239. Es zeigt wie das zweite Stadtsiegel von 1268 bis 1302 ein zinnenbekröntes offenes Stadttor mit zwei flankierenden Türmen als Symbol der Ummauerung und damit des städtischen Charakters Münchens. Im Ausschnitt des Stadttors erscheint das Relief eines Mönchskopfes im Profil. Das Bild wird bis zu den Schultern wiedergegeben und läßt die Gugel, die Mönchskapuze, deutlich erkennen.

Über dem wehrhaften Stadttor ist in beiden Siegeln ein Adler abgebildet, den erst im 4. und 5. Siegel von 1313 und 1323 bis 1356 der Löwe, das Wappentier der wittelsbachischen Herzöge, ablöst. In den Löwensiegeln wird der Mönch im Stadttor in ganzer Gestalt dargestellt. Er hält in der Linken ein Buch und die Rechte ist zu einer Segens- oder Schwurgeste erhoben. Die Darstellung des Mönchs in ganzer Gestalt tritt jedoch schon im 3. Stadtsiegel von 1304 auf, das Tor, Türme, Adler oder Löwen wegläßt, dafür den Mönch nun als heraldische Figur auf einen gotischen Dreiecksschild setzt. Damit ist eine wesentliche Änderung eingetreten: das Siegel stellt nun ein Wappensiegel dar, das zugleich zur Beglaubigung von Rechtsgeschäften dient. Auch ist der Mönch jetzt zur Wappenfigur der Bürgergemeinde geworden, zu ihrem Hoheitszeichen und zum Feldzeichen des Bürgeraufgebots. Auf einem Wandgemälde von Gabriel Angler in der Hoflacher Kapelle bei Fürstenfeldbruck wird die jugendliche Mönchsfigur auf dem Banner des Münchner Heerhaufens um 1450 zum erstenmal dargestellt. Das eindringlichste Bild der Wappenfigur des Mönches gab München sein bedeutendster spätgotischer Bildhauer, Erasmus Grasser, 1477 im Saal des Alten Rathauses. Die Form des Siegels von 1304 blieb bis 1642 fast unverändert bestehen.

Darstellungen des Mönches wurden alsbald immer beliebter, und 1726 endlich taucht in einer Rechnung des Bürgers und Malers Lorenz Hueber an die Stadtkämmerei zum erstenmal jene Bezeichnung auf, die inzwischen das Mönchsbild fast verdrängt hat: der Maler spricht von der Ausführung »eines schildts mit dem Münhner khindtl«. Von der ursprünglichen Koseform zum sentimentalen Kitsch des mittleren 19. Jahrhunderts war noch ein weiter Weg, wie ein Vergleich mit dem Bild auf der Burgfriedenssäule im Englischen Garten von 1724 lehren kann. 1808 wurde das Mönchsbild als Herkunftssymbol der Stadt abgeschafft, weil es als »unschicklich für die heutigen Zeiten« (nach der Säkularisation) galt. Nach anhaltendem Bürgerwiderstand verlieh aber Ludwig I. 1835 der Stadt wieder das herkömmliche Wappen. Als sich der Stadtrat 1949 ein neues Wappen und Siegel mit dem Mönchsbild entwerfen ließ, protestierten die Münchner abermals, allerdings diesmal für das Münchner Kindl und gegen den Mönch.

24
Ehemaliges städtisches Zeughaus – seit 1873 Stadtmuseum
Former city arsenal – City Museum since 1873
Ancien arsenal municipal – musée municipal depuis 1873

25
Bürgerliches Wohnzimmer um 1850 im Münchner Stadtmuseum
Middle-class living-room of 1850 in the Munich City Museum
Salon bourgeois vers 1850 au musée municipal

Münchner Kulturzentrum Stadtmuseum

Mit dem Jahre 1956, als Max Heiß das ›Historische Museum der Stadt München‹ übernahm – das er als ›Münchner Stadtmuseum‹ leitete ist eine traditionsbewußte Institution des Münchner Kulturlebens in schöpferische Bewegung gekommen. Erst zwei Jahre zuvor hatte man das Museum nach erheblichen Kriegsschäden wieder eröffnen können, und zwar mit der Zimmerfolge im spätgotischen Zeughaus, die den Titel ›Münchner Wohnkultur von 1700 bis 1900‹ trägt. Die Konzeption geht noch auf Denkschriften der 20er Jahre zur Umwandlung des Historischen Museums alten Typs in ein Münchner Heimatmuseum zurück. Dieses neue Historische Museum war nach Erweiterungsbauten von Grässl und Leitenstorfer 1931 eröffnet worden.

Man war sich bald im klaren, daß nach dem Krieg auf diesen ersten Gestaltwandel des Museums ein zweiter folgen müsse, der sich auf ein publikumsorientiertes ›Aktuelles Museum‹ zuzubewegen habe. 1959 bis 1964 schuf Gustav Gsaenger um einen stattlichen Innenhof neue Museumsbauten, die den Aktivitäten eines Münchner Kulturzentrums Raum geben. Innere Entfaltung und räumliche Erweiterung sind noch im Gange. Das Jahr 1977 markierte auch in der Bautätigkeit für das Stadtmuseum die Tendenzwende, die für die letzte Phase des Wiederaufbaues von München bezeichnend ist: die Wende zur Wiedergewinnung alter Architekturbilder. Am Jakobsplatz wurde im äußeren Umriß des Alten Marstallgebäudes von 1410 an gleicher Stelle ein neuer Trakt für den Veranstaltungssaal, die museumspädagogischen Räume und die Studiensammlungen eröffnet. Und gleichzeitig konnte die Leitung des Museums unter Martha Dreesbach in das wiederinstandgesetzte Künstlerhaus Ignaz Günthers einziehen, das dem Stadtmuseum gegenüberliegt.

Das Stadtmuseum, das sich zu einer Art Volksmuseum entwickelt hat, in das auch Leute den Weg finden, die »im allgemeinen nicht zum Stammpublikum von Museen zählen«, versucht durch ständig wechselnde Ausstellungen aus seinen Beständen Themen der Münchner Stadtgeschichte fesselnd darzubieten und in Sonderausstellungen auch »aktive Lebensäußerungen des heutigen München« zu dokumentieren. Die Sammlungsgebiete des Museums sind Heim und Wohnung, Volkskunst, Tracht und Mode, Spielzeug, angewandte Kunst, Werbegraphik und Plakatkunst.

Eine Besonderheit zeichnet das Münchner Stadtmuseum noch aus. Dem Haus sind Sammlungen von eigener Ausstrahlungskraft angegliedert worden: die Musikinstrumentensammlung, die 1940 aus dem Besitz Georg Neuners an die Stadt kam; die Puppentheatersammlung, heute die größte ihrer Art in der Welt, deren Anfänge auf eine Ausstellung unter Krafft 1937 zurückgehen; seit 1961 das Foto- und Filmmuseum sowie das Deutsche Brauerei-Museum seit 1968.

Den Kernbau des Stadtmuseums bildet das 1431 errichtete und 1491 bis 1493 durch einen Neubau von Lukas Rottaler ersetzte Städtische Zeughaus, dessen dreischiffige Pfeilerhalle im Erdgeschoß der einzige erhalten gebliebene spätgotische Profanraum Münchens ist. Hier fanden auch die Moriskentänzer Erasmus Grassers ihre Aufstellung, die die Münchner Bürgerschaft 1480 für den Tanzsaal des Alten Rathauses bei dem jugendlichen Meister in Auftrag gegeben hatte. Mit diesem ersten größeren Werk konnte dieser seinen Ruhm begründen. Als volkstümlichster Kunstbesitz des Stadtmuseums sind sie zum Wahrzeichen eines festfreudigen München geworden.

26
Aus der Puppentheatersammlung des Stadtmuseums
From the puppet-theatre collection in the City Museum
La collection de théâtres de marionettes au musée municipal

27
Maximiliansbrücke über die Isar
Maximilian's Bridge over the Isar
La Maximilianbrücke sur l'Isar

München – Stadt an der Isar

Das Verhältnis einer Stadt zu ihrem Fluß ist Teil ihrer Geschichte und ihres Wesens.
Münchens Gründungsgeschichte und Lage an einem reißenden Alpenfluß haben für lange Zeit die Beziehungen zur Isar bestimmt: es blieb für fast 700 Jahre eine Ansiedlung mit Distanz zum Fluß, angelegt auf der linksseitigen Niederterrasse gegenüber dem östlichen Hochufer. Zwei Bedingungen waren lebenswichtig für den Ort: der Brückenschlag über die Isar (erstmals vermutlich schon 1035, 123 Jahre vor der ›Gründung Münchens‹) und zugleich ein Sicherheitsabstand der Siedlung zur Naturgewalt des wilden Gebirgswassers, das nur wenige Kilometer flußaufwärts aus einem schluchtähnlichen Moränendurchbruch herausströmt. So wird das spannungsvolle Verhältnis der Stadt zu ihrem Fluß verständlich: noch im späten 19. Jarhundert kam es immer wieder zu Brückeneinstürzen bei Hochwasser der ungezügelten Isar.
Der Einschnitt eines Hohlweges im östlichen Hochufer ermöglichte anfangs auf der Höhe der Ludwigsbrücke dem Warenverkehr, der aus dem Südosten des Landes kam, die Zufahrt zum Fluß. Überdies erleichterte an dieser Stelle eine Isarinsel den Brückenschlag. Damit ist jene Ost-West-Verbindung angedeutet, die auf die Stadt zuführte und die seit 1156 ihre Gründung (1158) veranlaßte. Dabei brachten die Salztransporte aus Hallein die stetigen und damit wichtigsten Zolleinnahmen.
Aber die Stadt selbst näherte sich ihrem Fluß nur zögernd. Vorerst empfing sie die Handelszüge am Talburgtor auf der Niederterrasse des Petersbergls, also außerhalb der Reichweite des von Überschwemmungen bedrohten Flußlandes. Später schickte sie dann dem ankommenden Verkehr stückweise den Straßenzug des ›Tals‹, das sich als ein spitzer Dorn im Grundriß der alten Stadt ausbildete, auf halbem Weg entgegen. Trotz althergebrachter Flößerei bildete die Isar aber keine wirtschaftliche Lebensader für München wie etwa die Donau für Regensburg. Viel eher war sie die Widersacherin größeren Wachstums, das zu überbrückende Hindernis. Bezeichnend für die Münchner Situation war lange allein der Kreuzungspunkt von Brücke und Alpenfluß. Der keltische Name ›Isar‹ ist sprachlich zusammengesetzt und bedeutet ›reißendes Wasser‹.
Seit der Flußregulierung von 1880 gibt es nun aber doch auch ein Stück Isar und Isarlandschaft

28
Der ›Friedensengel‹ – szenischer Blickpunkt über der Isar
The ›Friedensengel‹ (Angel of Peace) – scenic viewpoint above the Isar
Le ›Friedensengel‹ – point de vue scénique au-dessus de l'Isar

29
An der Isar
By the Isar
Sur le bord de l'Isar

in der Stadt. Keine Weltstadt kann sich eines solch »natureingebundenen Flusses in ihrem Weichbild« rühmen. In München schuf man den Isarlauf zu einer ›Prachtstraße‹ um, ein Ereignis der Stadtbaukunst des späteren 19. Jahrhunderts.

Der quellkalte grüne Fluß aus dem Karwendelgebirge strudelt nun gefaßt zwischen hohen Kaimauern dahin. Den Temperamentvollen gebändigt zu sehen, ergibt einen reizvollen Kontrast und mischt sich effektvoll mit einem zweiten, wenn Kunstbauten urbanen Charakters die Flußlandschaft schmücken. Idealistische Monumente und Bildungsarchitekturen, der Friedensengel (1898), das Maximilianeum (1875), das Deutsche Museum (1925), werden in die reizvolle Hochuferlandschaft einbezogen. Sieben künstlerisch gestaltete Brücken überspannen den Flußlauf, von denen die Maximilians- und die Prinzregentenbrücke zudem zwei königliche Prachtstraßen zum anderen Ufer hinüberführen. Eine inspirierte Stadtbaukunst läßt die Landschaft, die mit dem Fluß in die Stadt kommt, nicht absterben, sondern bringt sie zu spätromantischer Wirkung.

Erst jetzt, seit man die historisierenden Stile des endenden 19. Jahrhunderts wieder künstlerisch zu würdigen vermag, erschließt sich auch deren Reiz. Und mit besserer Begründung als anderswo kann man in München an die Wiederentdeckung des Historismus und des Jugendstils in den Architekturensembles gehen, weil hier wie unter einem ungeschriebenen Münchner Kunstgesetz sich Schöpferisches hervortat: wie bei dem Baukomplex des Müllerschen Volksbades von Karl Hocheder (1896–1901) an der Ludwigsbrücke oder beim Sammlungsbau des Deutschen Museums von Gabriel von Seidl (1908 begonnen).

Im Gefolge der Isarregulierung kam es seit den 1890er Jahren auf dem stadtseitigen Isarufer zu einer geschlossenen Bebauung, die auf so qualitätvollem Niveau erfolgte, daß hier von der südlichsten Isarvorstadt bis auf die Höhe Bogenhausens im Norden eine Prachtstraße des Wohnens am Isarkai entstand, eine Zone, die den bis dahin städtebaulich und sozial etwas vernachlässigten Osten der Stadt stark aufwertete. Die Architekturgeschichte des Münchner Historismus und Jugendstils läßt sich unschwer an den kilometerlangen Wohnhausfronten ablesen. Durch zwei monumentale Kirchenbauten, die den Historismus romanischer und gotischer Architekturmotive frei und schöpferisch weiterentwickeln, wird die Silhouette eindrucksvoll bereichert: durch St. Maximilian (1895 bis 1908 von Heinrich Schmidt erbaut), und durch St. Lukas bei der Maximiliansbrücke (errichtet 1893 bis 1896 von Albert Schmidt).

Die ganze Isarstrecke wird von einer Baumallee begleitet. Zwischen Ludwigs- und Max-Joseph-Brücke steigert sich die urbane Situation zu einer ästhetischen Dichte, wie sie in München sonst nur die königlichen Prachtstraßen besitzen: den großzügig dimensionierten Mietshäusern liegen jenseits des Flusses die im Stil des englischen Landschaftsgartens gestalteten Isaranlagen gegenüber, die das Hochufer in einen weitläufigen Park verwandelt haben. Sie entstanden schon 1856 bis 1860 unter Karl Effner sowie unter städtischer Leitung, das nördlichste Stück dann unter Wilhelm Zimmermann ab 1890.

Wie kunstvolle Spangen knüpfen die sieben Hauptbrücken Münchens Ufer aneinander und schenken dem Isargelände urbane Festlichkeit. In Architektur, Schmuck und Plastik weisen sie schon aus dem Historismus hinaus ins 20. Jahrhundert.

30
Einblick in die Ludwigstraße durch das Siegestor
View into Ludwigstraße through the Siegestor
Vue sur la Ludwigstraße à travers le Siegestor

Die Ludwigstraße – ein Staatsakt

Von anderer Statur als die Briennerstraße ist der zweite ›Königsweg‹, den München gewann, oft gerühmt, nicht selten mißverstanden: die Ludwigstraße. Von der Loggia der Feldherrnhalle bis zum Architekturdenkmal des Siegestores durchmißt sie eine Strecke von mehr als einem Kilometer. Die beiden Straßenzüge sind die ersten von schließlich vier Stadterweiterungs-Achsen, die als Königswege im münchnerischen Sinne bezeichnet werden können. Zwischen 1808 und 1890, zeitlich in fast nahtloser Folge und jedesmal mit erneut anspruchsvoll symbolisierender Architektur, wurden sie vom Rand der Altmünchner Stadt hinausgeführt in neue Bereiche eines ideal gedachten München des 19. Jahrhunderts.

Auf das klassizistisch-romantische Paar der Brienner- und Ludwigstraße – in der Außenerscheinung ein recht ungleiches Paar – folgten im Ausbau des neuen München zwei Achsen, die zur Isar und über den Fluß führen, Maximilian- und Prinzregentenstraße. In ihnen stehen sich der lokale, gotisierende ›Maximilianstil‹ und eine ebenfalls lokale und wieder auch schöpferische Stilvariante des am Jahrhundertende vorherrschenden europäischen Wahlhistorismus gegenüber.

Als aber die Ludwigstraße ab 1817 in Gestalt zu bringen war, gab es historische Stile in diesem Sinne noch nicht zur Auswahl, auch noch nicht in der qualitätvollen Form einer Ordnung nach Bauaufgaben wie im späteren Jahrhundert. Denn der Klassizismus, insbesondere der Münchner der ersten Königsstraßen unter Ludwig I., verstand Rückwendung zur originalen Antike und zur italienischen Renaissance als Akt einer prinzipiellen, nicht etwa schon einer historischen Neubesinnung. Und auf Neubeginn kam es Ludwig, der selbst ein begeisterter Philhellene und Sammler antiker Kunst war, an. Erbauten die Architekten Klenze, Gärtner, Ziebland also Kopien florentinischer Palazzi oder antiker Tempel auf Münchner Boden? Diese Auffassung hielt sich zäh. Jedoch ist die Streitfrage erledigt: Wir stehen in Münchens klassizistischer Region vor Originalbauten einer klassisch-romantischen Bildungsidealität.

Daß aber Bauen und Bildung im München König Ludwigs I. so direkt miteinander verquickt werden konnten, macht die Einmaligkeit und das Glück dieser idealischen Schwerpunktzonen aus: Glück und Einmaligkeit des Königsplatzes im Zug der Briennerstraße wie der Gesamtanlage der Ludwigstraße. Hier ließ der König sein Programm durch hochgebildete Architekten verwirklichen, stets engagiert mitwirkend, niemals nur gewähren lassend. Fragwürdigkeiten dieser Anlagen aus heutiger Sicht, wie etwa die als elitär empfundene Absonderung der Kunst aus dem urbanen

31
Münchens schönster Platz ohne Namen
Munich's most beautiful place without a name
La plus belle place de Munich sans nom

32
Die Ludwigstraße, ein baulicher Staatsakt
Ludwigstraße: an architectural State gesture
La Ludwigstraße – un acte de puissance publique et architectonique

Lebenszusammenhang, dürften nach den jüngsten Erfahrungen mit zivilisatorisch motivierten Stadtzerstörungen doch wieder eher der Glücksbilanz zuzuweisen sein.

Noch unberührt von diesem romantischen Klassizismus der Ludwigstraße, der es mit der Idealität vielleicht allzu wörtlich genommen hat, war das ursprüngliche Konzept der Briennerstraße von Fischer und Sckell gewesen. Sie hatte durch die Sensibilität des frühverstorbenen Karl von Fischer, der französisch beeinflußt war, weniger ›Bildungsnatur‹ erhalten als rationale Schlankheit und feinen Rhythmus durch sie unterbrechende Plätze in geometrischen Grundformen, sowie weniger geschlossene Strenge als vielmehr eine offene Form in lockerer Bauweise, die von der Sckellschen Durchgrünung des Straßenzugs unterstützt wurde. Diese Grundstruktur ist bis zum Königsplatz noch heute spürbar.

Härter geballt in der Energie und von gänzlich anderer Auffassung des Räumlichen ist hingegen die Ludwigstraße. Die neuartige Monumentalität, die hier gemeint ist, wird unermattet durchgehalten. Stark in sich abgeschlossen, gibt sich der Straßenzug fast wie ein verselbständigtes Stadtbauwerk. Bildungsidealität, die in Bauten und Stadtviertel umgesetzt wurde, ist hier ergänzt durch Staatsidealität. Des Königs Straße kommt einem städtebaulichen Staatsakt nahe, durch den verdeutlicht werden soll, wie der neue Königsstaat des vergrößerten Bayern inhaltlich aufzufüllen sei, nachdem durch Säkularisation, Mediatisierung, Konstitution eine weitgehend veränderte historische Lage nach der Auflösung des Alten Reichs geschaffen war.

Die Ludwigstraße folgt keinem Vorbild. Ihre Gesamterscheinung blieb einmalig in Europa. Keine höfische Prunkstraße durfte sie werden, vielmehr die Straße eines Staates, auf den auch der König, in allerdings privilegierter Stellung, verpflichtet war. König Ludwig I. verhielt sich patrimonial. Was er aber vom Staat verlangte, forderte er auch sich selbst ab. Auf dem Fundament der Kultur war dieser Staat errichtet, den Montgelas zuvor versachlicht und organisiert hatte. In der Ludwigstraße konnte erstmals das, was nun ›Kulturpolitik‹ genannt wurde, auch an den Bauaufgaben abgelesen werden: Universität, Staatsbibliothek, Odeon-Konzertsaal. Dieses wandstrenge Straßenmonument legt sich, scheinbar entlastet von der säkularen Stadterweiterungs-Funktion, dem Rastergrundriß der damals erst geplanten Maxvorstadt gegen Osten vor, als ein Raum, der ihre quereinlaufenden Straßen zwar aufnahm, aber nicht weitergehen ließ. Denn seine Lagerung ›verläuft‹ nord-südlich oder umgekehrt. Im baulichen Ausgangspunkt beim ehemaligen Schwabinger Tor, am Zusammenlauf von Residenz- und Theatinerstraße, sind Brienner- und Ludwigstraße vereint, von hier aus streben sie rechtwinklig auseinander nach Westen, nach Norden, in der Richtung so getrennt wie im Konzept.

Die Ludwigstraße besitzt ein hochklassizistisches Entrée im axial angelagerten Odeonsplatz, der trotz seiner Seitenlage in der langgestreckten Straßenkomposition aufzugehen scheint; und überdies besitzt die Ludwigstraße einen Vorplatz zum Entrée, der in seiner Herausgelöstheit aus der ludovizianischen Strenge stadteinwärts eine der formenreichsten Veduten Münchens bildet, jenen beispiellos unschematischen Anbindungsbereich an die Altstadt vor den Stufen der Feldherrnhalle zwischen Residenz und Theatinerkirche, die beide schon im 17. und 18. Jahrhundert den europäischen Bauruhm Münchens verkündet hatten.

33
Bronzedenkmal für König Max I. Joseph
Bronze monument to King Max I Joseph
Monument de bronze pour le roi Max I. Joseph

Die Wittelsbacher in München

In ununterbrochener Folge herrschte das Geschlecht der Wittelsbacher nahezu 750 Jahre in Bayern, und länger als 650 Jahre residierten wittelsbachische Herzöge, Kurfürsten und Könige in München. Die Wittelsbacher haben München nicht gegründet, aber spätestens seit 1255 saßen sie in der Stadt, seit dem Zeitpunkt nämlich, da Herzog Ludwig der Strenge den Alten Hof erbaute und damit eine der Residenzen seines Teilherzogtums Oberbayern, das ihm nach der Landesteilung 1253 zugefallen war, nach München verlegte.

Seitdem war München Residenzstadt; und seitdem gesellte sich zur bürgerlichen und kirchlichen eine weitere Kraft in der Gestaltung des Gemeinwesens: die fürstliche, die in den neueren Jahrhunderten in München führend werden sollte. Die Wittelsbacher regierten bis auf wenige Ausnahmen niemals gegen, immer für und mit München. Und ihr Wirken in der Stadt nahm nicht überhand, stets herrschte ein gewisser Ausgleich unter den formenden Kräften. Dies ist eine der Grundlagen für die freizügige Entwicklung Münchens, die zu jener Kunst des Nebeneinanders führte, deretwegen die Atmosphäre der Stadt berühmt geworden ist.

Im Mittelalter konnte man die Herzöge beim Zechen mit den Bürgern oder beim Tanz im Rathaussaal antreffen; und im achtzehnten Jahrhundert durfte es sich Kurfürst Max III. Joseph, der >Vielgeliebte<, ohne Hohn sogar erlauben, von einem Bürger dessen Sonntagsstaat auszubitten, weil er einmal zur Faschingszeit als Bürger verkleidet auftreten wollte. Im 19. Jahrhundert tauchte >Vater< Max im Gewühl des Viktualienmarktes auf, spazierte König Ludwig I. als Privatmann durch die Stadt, besuchte Prinzregent Luitpold die Ateliers der Maler.

Bedeutsam für München ist es geworden, daß die Wittelsbacher die Kunst nicht bloß pflegten, weil sie den schönen Rahmen der Macht bildete. Die Herren aus dem Haus Wittelsbach vernachlässigten diese besondere Funktion der Kunst beileibe nicht, aber durch Generationen hin waren sie Kenner, Liebhaber und Mäzene aller Künste um dieser selbst willen.

Von Herzog Sigismund, der im bürgerlichen Spätmittelalter die Schloßkapelle der Blutenburg (1488) erbaute, über Albrecht V. (1550–1579), den ersten Kunstsammler der Wittelsbacher, bis zu König Ludwig I. vollzieht sich der Aufstieg Münchens zu einer europäischen Kunststadt.

Denkmäler seiner Wittelsbacher erhielt München erst im 19. und 20. Jahrhundert. Drei Monumente erreichten den Rang von Kunstwerken: das Reiterstandbild Kurfürst Maximilians I., des größten Staatsmannes unter den bayerischen Fürsten (von Berthel Thorvaldsen 1839) auf dem Wittelsbacherplatz; das Erzbild des auf dem Thron sitzenden ersten Königs von Bayern, Max Josephs, des Verkünders der bayerischen Verfassung und Erbauers des Nationaltheaters (von Christian Rauch 1836) vor dem Königsbau der Residenz; und das Reiterdenkmal des Prinzregenten Luitpold, unter dessen liberaler Regierung die Kunststadt München um die Jahrhundertwende ihre freieste Entfaltung erlebte (von Adolf Hildebrand 1913) vor dem Bayerischen Nationalmuseum in der Prinzregentenstraße.

34
Im Hofgarten mit Blick zum Festsaalbau der Residenz
In the Hofgarten looking towards the banqueting-hall section
  of the Residence
Dans le Hofgarten – vue sur la salle de fêtes de la Résidence

35
Das Hofgartenparterre mit Tempel und Brunnen
The Hofgarten parterre with temple and fountain
Le parterre du Hofgarten avec temple et fontaine

Münchens Hofgarten

»An heiteren Tagen versammelt sich hier die ganze schöne Münchnerwelt.« Als ein Stadtführer über Münchens »vornehme Merkwürdigkeiten« dies 1788, ein Jahr vor Ausbruch der Französischen Revolution zum Hofgarten anmerkte, konnte es in seiner scheinbaren Selbstverständlichkeit für auswärtige Leser fast noch eine Neuigkeit sein. Hatten doch erst seit 1780 »alle Klassen von Menschen«, wie es dort hieß, in das höfische Garten-Geviert vor dem Schwabinger Tor »hereintreten dürfen«, um hier, damals unter Linden, »so ganz ungehindert freye Luft zu athmen«.

1911, am Ende der liberalen Prinzregentenzeit, wäre das anders gewesen, sofern man nun den gleichen Satz zu einem Bild Albert Weisgerbers veröffentlicht hätte, auf dem jene Münchnerwelt im Hofgarten wieder erschien, frühexpressionistisch porträtiert, und jetzt freilich unter Kastanien lustwandelnd, denen man die alten Linden zwei Jahrzehnte zuvor geopfert hatte. Denn die Teilnahme an bürgerlichen und auch an studentischen Vergnügungen im Hofgarten war nun längst zu einem der festen Bestandteile Münchner Lebensart fortentwickelt, deren Ruf schon im 19. Jahrhundert weithin bekannt geworden war. Aus solchem Lebensgefühl heraus empfand man damals Hofgarten und Odeonsplatz, den damals noch durchlebten, als Zwillingsplätze. Zusammen bildeten sie jene Region, auf die hin Thomas Mann 1902 schrieb: »München leuchtete . . .«.

Wie ein Vorzeichen kann es da erscheinen, daß der Hofgarten 1780 nicht auf direkten Druck aus der Öffentlichkeit hin für den freien Zutritt geöffnet wurde. Der Kurfürst »höchstselbst«, Karl Theodor, der erste Pfälzer auf dem altbayerischen Kurstuhl in München, gewährte ihn vielmehr aus dem Geist aufgeklärter Philanthropie.

Jedoch ist die Lage damals gar nicht so München- und menschenfreundlich gewesen, wie es am guten Beispiel des Hofgartens heute scheinen könnte, eher widersprüchlich: Der spätabsolutistische Herrscher »Kurpfalzbayerns«, der ein Jahr nach der Erbschaft des Territoriums widerwillig aus Mannheim zugezogen war, fand kein Verhältnis zu München und seinen Bürgern. Unter dem aufgeklärten Mäzen, der er in hervorragender Weise für Mannheim war, herrschte drückende Zensur über das geistige München.

Aber die Stadt gewann dennoch: Über den nördlichen Hofgartenarkaden ließ Karl Theodor eine Gemäldegalerie errichten, um wittelsbachischen Kunstbesitz aus verschiedenen Schlössern frei zugänglich zu machen. 1781 hat München damit sein erstes öffentliches Kunstmuseum bekommen; 1788 fand dann auch die erste Kunstausstellung Münchens statt – im Kopierzimmer dieses Museums.

Die heutige Anlage des Hofgartens ähnelt seiner ursprünglichen Gestalt wieder stärker, wenn auch die Formen des ehemaligen Renaissance-Gartens italienischer Prägung von 1613 bis 1617 nach dem Krieg nur vereinfacht wiederhergestellt wurden. Der Hofgartentempel mit der Bronze-Bavaria von Hubert Gerhard erhebt sich nun wieder aus dem geometrischen Wegenetz zwischen dekorativen Blumenrabatten.

36
Sinnbilder aus dem ›Herzkabinett‹ der Residenz
Allegories from the ›Herzkabinett‹ of the Residence
Allégories du ›Herzkabinett‹ de la Résidence

Die Residenz – ein Sitz der Künste und Wissenschaften

Fünfhundert Jahre und ein Menschenleben lang (nach 1385 bis 1918) war die Münchner Residenz der Wittelsbacher der Regierungssitz des Landes gewesen, das sich in dieser Zeit vom Teilherzogtum München-Oberbayern (von 1253 an) zum wiedervereinigten Herzogtum Altbayern (seit 1506), zum Kurfürstentum (ab 1623) und weiter zum Königreich (ab 1806) wandelte und vergrößerte. Ihre baulichen Anlagen entwickelten sich von der Nordostecke des bis 1842 mächtig anwachsenden Komplexes aus, und spiegeln nach äußerer Erscheinung und innerer Ausgestaltung den Wandlungsprozeß von einer spätmittelalterlichen Burg, der Neuveste, zum kurfürstlichen und schließlich königlichen Schloß. Überall ist dieses geschichtliche Wachstum an der niemals nur pittoresken Verschachtelung der Grundrisse und an den Fassaden nach außen zur Stadt und zu den sechs Innenhöfen noch mitzuerleben. Die letzte bauliche Veränderung des seit 1920 als Residenzmuseum öffentlich zugänglichen Bereichs brachte dann der denkmalpflegerisch einzigartige Wiederaufbau der Gebäudevielfalt, als 1958 das Alte Residenztheater (Cuvilliés-Theater) im Apothekenstock eingerichtet wurde; ein kleiner Foyer-Hof hinter dem Charlottenzimmer-Trakt des Brunnenhofes ist an die Stelle des noch aus der Spätzeit der Neuveste herrührenden Ballhauses getreten. Ruine geblieben ist bis heute die Allerheiligen-Hofkirche Klenzes an der Ostseite der Residenz. Die Münchner Residenz, die sich in vier Jahrhunderten zu einer »kleinen Stadt, einem in sich geschlossenen höfischen Gemeinwesen« entfaltet hatte, übertrifft die meisten Fürstensitze Europas an historischer und künstlerischer Bedeutung, da ihr Bestand weit über den Charakter eines repräsentativen Stadtschlosses hinausreicht. Sie war zu einem Dokument bayerischer Kulturgeschichte im europäischen Maßstab geworden; die Wittelsbacher hatten sie durch ihre Weltaufgeschlossenheit zu einem geistigen, gesellschaftlichen und kulturellen ›Mittelpunkt des ganzen Landes‹ und zu einem der Hauptzentren kunstgeschichtlicher Entwicklung im alten Europa ausgeweitet. Über dem Lob des Wittelsbachischen Mäzenatentums für die Kunst darf deren Interesse an den Wissenschaften nicht unerwähnt bleiben, das sich etwa durch Gründung der Universität (1472) oder der Akademie der Wissenschaften (1759) besonders geltend machte. So erscheint es historisch gut begründet, stellt aber auch einen bemerkenswerten Akt lebendiger Kontinuität dar, daß der Freistaat Bayern die Residenz nach dem Wiederaufbau »erneut zu einer Stätte der Musen und des Geistes« im Rahmen demokratischen Kulturlebens ausgestalten und nutzen ließ. Die Residenz beherbergt heute außer musealen Räumen und Sammlungen, durch die sie das ›größte Raumkunstmuseum der Welt‹ ist, die Bayerischen Akademien der Wissenschaften und der Schönen Künste, die Max-Planck-Gesellschaft, die Staatlichen Sammlungen Ägyptischer Kunst und alter Münzen und das Spanische Kulturinstitut. Musikpflege in der alten Residenz wird nun im Neuen

37
Das Antiquarium – Museumsbau der Renaissance
The Antiquarium – museum of the Renaissance
Antiquarium – musée de la Renaissance

38
Die ›Grüne Galerie‹ – kurfürstliche Gemäldesammlung und
Rokoko-Festraum
The ›Green Gallery‹ – Electoral art-collection and Rococo hall
La ›Galerie Verte‹ – collection de tableaux des princes électeurs
et salle de fêtes rococo

Herkulessaal des Festsaaltrakts, der zu einem Mittelpunkt des Musiklebens geworden ist, fortgeführt, Festtradition durch Staatsempfänge im Antiquarium.

Von der Neuveste, die 1750 ausbrannte und deren letzte Reste erst König Ludwig I. 1835 zugunsten des Festsaalbaues beseitigen ließ, ist nichts mehr übrig als eine Erinnerung an ihren Grundriß im Pflastermuster des Apothekenhofs und an den Christophturm in Fundamentresten unter dem Akademiepavillon. Trotzdem war schon um 1570 die Neuveste ein ›prächtiger Fürstensitz‹. Im Georgssaal von Ludwig Halder und Wilhelm Egkl hatte er seit 1540 einen dekorativen Raum für höfisches Fest und Theater besessen, der erst nach der Brandkatastrophe von 1750 durch Cuvilliés' Residenztheater ersetzt werden mußte.

Eine bauliche Ausrichtung der späteren Residenz auf die Neuveste ist sogar noch greifbarer vorhanden: in der schrägen Anordnung des Antiquariums am Brunnenhof, mit der auf die ursprüngliche Richtungsachse der Neuveste geantwortet wurde. Der Bau, unter Albrecht V. (1550-1579), dem Humanisten auf dem Thron, von Jacopo della Strada aus Mantua und Wilhelm Egkl 1569 bis 1571 errichtet, sollte zum Kristallisationspunkt der räumlichen Vielgestalt der Residenz werden. Er bedeutete ein kulturelles Programm: das Obergeschoß nahm in neuer Ordnung die Hofbibliothek auf, während das ›Gewölbe‹ des Erdgeschosses, das zum größten Renaissance-Raum nördlich der Alpen geraten sollte, die Antikensammlung Albrechts beherbergte, die hier erstmals unter museumstechnischen Gesichtspunkten aufgestellt wurde.

Wilhelm V. (1579-1597) läßt aber das Obergeschoß in fürstliche Wohnräume umwandeln und vollzieht damit den Umzug von der Neuveste; die Zimmerflucht hat Bestand, und 1746 bis 1748 werden hier noch für Max III. Joseph die Kurfürstenzimmer eingerichtet. Doch greift Wilhelm V. 1581 sogleich auch mit einer intimen Vierflügelanlage um den Grottenhof über das Antiquarium hinaus (vom Malerarchitekten Friedrich Sustris gestaltet), und damit wird die Lage der Residenzbauten nun stadtbezüglich am Verlauf der Residenzstraße ausgerichtet.

Die folgende Bauperiode unter Maximilian I. bringt im Vorgriff auf die politische Bedeutung Bayerns im 17. Jahrhundert ein vierflügeliges Renaissance-Schloß um den Kaiserhof (1611-1619), das mit den nicht abgebrochenen östlichen Bauten der Neuveste durch Gänge verbunden wird und dessen 33achsige Front zur Stadt hin zunächst die einzige Schauseite der Residenz bis zur Errichtung der Königsbauten im 19. Jahrhundert bleibt. Diese Königsbauten unter Ludwig I. geben der Residenz erst die endgültige Gestalt. 1826 bis 1835 errichtet Leo von Klenze gegen Süden den Königsbau am Max-Joseph-Platz, östlich entsteht gleichzeitig die Allerheiligen-Hofkirche, und 1832 bis 1842 wird der Residenzkomplex gegen den Hofgarten mit dem Festsaalbau abgeschlossen.

Das Äußere der Residenz ordnet sich nach künstlerischem Gewicht den inneren Um- und Ausbauten und den Ausstattungen der Räume unter. Raumkünstlerische Höhepunkte sind die Reiche Kapelle von Hans Krumper (1607), das Herzkabinett aus dem Hochbarock in den Päpstlichen Zimmern (mit Bildern von Stefano Catani, 1667), sowie die Reichen Zimmer und die Grüne Galerie, die nach dem Residenzbrand um 1729 von François Cuvilliés neugestaltet wurden und zusammen mit dem Cuvilliés-Theater zum »schönsten Rokoko der Welt« gerieten.

39
Kaiserhof der Residenz – erneuerte Architekturmalerei
The Emperor's Courtyard of the Residence – restoration of
  architectural decoration
Kaiserhof de la Résidence – peinture architecturale renouvelée

40
Opernfestspiele: der Giebelportikus des Nationaltheaters
Opera festival: the portico of the National Theatre
Festival à l'Opéra – Portique à fronton du théâtre National

Nationaltheater und Theater am Gärtnerplatz

Die Theatergeschichte Münchens ist reich und verwickelt. Vielleicht hängt das wirklich mit der vielberufenen altbayerischen Lust am ›Kommedispielen‹ zusammen, daß sie in München so gründungsreich und in allerhand Überschneidungen bis in die heutige Szene der vielen Privattheater verlief. 1750 war eine Art von Stichdatum; damals begann man das Faberbräu an der Sendlingergasse zu bespielen, und Cuvilliés erhielt den Auftrag für das (Alte) Residenztheater. Aber die Oper, höfisch von Geburt, ist in München noch hundert Jahre älter: Die erste ›comedia cantata‹ gab man in der Residenz 1651. Drei Jahre später wird wahrscheinlich das Opernhaus am Salvatorplatz eingeweiht worden sein, das mit der Residenz durch einen Gang verbunden war. Im Reich der großen Oper nimmt München heute nicht nur international einen Platz ersten Ranges ein, sondern es ist auch so, wie Curt Hohoff 1975 meinte: »Die Oper gehört, neben den Sammlungen und Ausstellungen, zum ›München-Gefühl‹ unserer Zeit.«
Wenn es in München mit manchem Recht auch nicht üblich wurde, neben dem National-theater, dem hohen Haus für Werke Mozarts, Wagners, Strauß', gleich im nächsten Atemzug das Theater am Gärtnerplatz zu nennen, das Haus der ›leichteren Muse‹, so sprechen dafür doch Gründe von einigem Gewicht. Die beiden Häuser sind vom ursprünglichen Impuls her königliche Theater – mit kräftiger Finanzbeteiligung der Bürgerschaft. Gemeinsam ist ihnen dreierlei: Ihre architektonischen Außenerscheinungen sollten städtebauliche Akzente in die planvollen Stadterweiterungen der Königszeit setzen; das Haus in der Isarvorstadt richtete sich im Typ seines Innenraums und in der Ausstattung nach dem großen Vorbild in der Residenz-nachbarschaft – nicht im Abklatsch, vielmehr wie sein Abglanz; endlich schien es jedesmal darum zu gehen, Musik- und Sprechtheater – lange Zeit alternierend im gleichen Haus aufgeführt zum Unterschied von heute – aus dem einseitigen höfischen und andererseits aus dem Rahmen des bescheidenen Vorstadttheaters zu lösen, um daraus Institutionen der bayerischen Nation beziehungsweise des bayerischen Volkes zu machen. Öffentliche Kulturverpflichtung des modernen Staates wollte man darin ausdrücken.
In dem halben Jahrhundert Abstand zwischen der Erbauung der beiden Häuser hatte sich die Verteilung ihrer Rollen geklärt. Denn neben der hohen Oper hatte es im Kunsttempel am Max-Joseph-Platz auch leichtere Kost zu genießen gegeben, bis herab zu den Tanzeinlagen einer Lola Montez (1846) oder jener Ringerszene, in der der Bräuknecht Meisinger Simmerl vom Faberbräu den französischen Athleten Dupuis, der zur Kraftprobe herausgefordert hatte, besiegte.

41
Opernpause im Blauen Foyer (Jonischer Saal)
Opera interval in the Blue Foyer (Ionic hall)
Entreacte à l'Opéra dans le foyer Bleu (salle dite Ionique)

42
Blick aus der Königsloge: Applaus für den Rosenkavalier
View from the King's box: ovation for the Rosenkavalier
Vue de la loge royale – applaudissements pour ›Le chevalier à la rose‹

Max I. Joseph wollte mit dem Hof- und Nationaltheater »nach dem Muster des theatre de l'Odeon in Paris . . . der bayerischen Nation ein neues und würdiges Denkmal hinterlassen«. Und König Ludwig II. hatte im Jahr seiner Thronbesteigung 1864 gleichzeitig Richard Wagner nach München geholt und verkündet: »Meiner Hauptstadt darf der Besitz eines würdigen Volkstheaters nicht länger vorenthalten werden«. Am 25. August 1864 wurde der Grundstein für das Gärtnerplatztheater gelegt. Damit war auch das als Ergänzung gedachte zweite Stichwort der Münchner Theaterpolitik gefallen: Volkstheater. Genau bis ins Gründungsjahr des Gärtnerplatztheaters hatte das Schweigersche Vorstadttheater in der Au existiert. Denn der für München typische erste Versuch, neben dem Kgl. Hof- und Nationaltheater ein Kgl. Volkstheater zu betreiben, wie auch ›das Gärtnerplatz‹ ab 1872 hieß, war nämlich vorerst gescheitert. Das gleichzeitig mit Karl von Fischers Nationaltheater 1811 entstandene Kgl. Theater am Isartor, von Joseph Emanuel Herigoyen, mußte schon 1825 wieder schließen.

Das architektonische Ereignis erster Ordnung in der Frühzeit des Königsstaates war der Bau des Nationaltheaters. Aus der Plankonkurrenz, an der er sich, von Montgelas eingeladen, 1802 als Zwanzigjähriger beteiligte, ging Karl von Fischer, der spätere Schöpfer der Briennerstraße, als Gewinner hervor. Sein Haus neben dem Alten Residenztheater (auf einem nach Abbruch des einst als ›Hofakademie‹ Kaiser Ludwigs des Bayern berühmten Franziskanerklosters frei gewordenen Grundstück) sollte auf Jahrzehnte Europas größter und technisch modernster Theaterbau bleiben. In ihm wurden die Leitideen der großen europäischen Fürstentheater fortentwickelt zum Modellbau der neuen sozialen Wirklichkeit in der konstitutionellen Monarchie. Am sichtbarsten ist dies verwirklicht in der Ringordnung des Zuschauerhauses in fünf freitragenden Rängen übereinander und der über dem Raumzylinder ausgespannten kreisrunden Flachkuppel, die wie ein luftgetragenes Zeltdach an nur zwölf Punkten vertäut erscheint. Im Grundriß ist dieser Ring einem Quadrat eingeschrieben; ein gleich großes gliedert sich als Grundfläche des Bühnenhauses an; Zuschauer- und Bühnenhaus zusammen sind außen als herausragendes ›Schiff‹ ablesbar.

Durch einen Portikus, dessen acht Säulen einen Giebel tragen, tritt man ins Vestibül, aus dem seitlich wie im Spiegelbild zwei geradläufige Marmortreppen, ›Himmelsleitern‹, über zwei Geschosse in die Jonischen Foyers führen. Über dem Vestibül liegt in der Mittelachse des Gebäudes der Königssaal, reich stuckiert in Weiß und Gold. Dieses berühmte Haus, Uraufführungsstätte so mancher Musikdramas von Richard Wagner, war im Krieg bis auf die Außenmauern zerstört worden. Es hatte so unverwechselbar das kulturelle Milieu Münchens geprägt, daß sich die Münchner in der Wiederaufbauzeit keinen modernen Theaterbau an seiner Stelle vorstellen wollten. 1963 wurde die Oper im alten Stil wiedereröffnet. Die Architekten Gerhard Graupner, Karl Fischer (der Zweite!) und Hans Heid vollbrachten mit diesem Bau die erste exemplarische Wiederherstellung einer historischen Bausubstanz aus dem 19. Jahrhundert. Aus diesen Erfahrungen profitierte man fünf Jahre später für die Restaurierung des Theaters am Gärtnerplatz, für das die ursprüngliche Farbigkeit des Raums und die ursprüngliche Groteskmalerei in der Flachkuppel zurückgewonnen werden konnten.

Musik in München

München trat im letzten Vierteljahrhundert in die Reihe der Weltstädte der Musik ein. Zur Pflege klassisch-romantischer Musik, die Münchens deutschen und europäischen Ruf seit Franz Lachner (1836) begründete, kam das Engagement für die Neue Musik. Der Münchner Komponist Karl Amadeus Hartmann (1905-1963) war es, der bereits 1945 die inzwischen zu internationalem Ruhm gelangte Konzertreihe der ›Musica Viva‹ begründete. Zudem wurde München unter Karl Richters Leitung zur Bachstadt Westdeutschlands.

Musikpflege reicht auch in München weit ins Mittelalter zurück. Der erste namentlich bekannte und bedeutende Musiker in München war der blinde Organist Konrad Paumann aus Nürnberg, den Albrecht III. (1438-1460) im Jahre 1450 zum Leiter der Hofkantorei und zum Orgeldienst in der alten Frauenkirche bestellte. Paumanns Grabstein im Dom (1475) zeigt ihn, der auch Lehrbücher des Orgelspiels schrieb, in lauschender Haltung am Spieltisch.

Im 16. Jahrhundert hob sich die Wittelsbachische Hofkapelle bereits über alle anderen Residenzmusiken Deutschlands hinaus. 1560 übernahm Orlando di Lasso (1532-1594) das Kapellmeisteramt in München. Mit diesem genialen Niederländer, dem größten Komponisten seiner Zeit neben Palestrina, erreichte Münchens Hofmusik erstmals europäischen Rang. Eine zweite hohe Blüte erlebte die Musik bei Hof von 1653 bis 1673 unter der Leitung von Johann Kaspar Kerll († 1693).

München hätte eine Mozartstadt werden können. Aber zweimal, 1775 und 1781, erhielt Wolfgang Amadeus Mozart statt einer Anstellung bei Hof nur jeweils den Auftrag, eine Oper für die Karnevalssaison zu schreiben: ›La Finta Giardiniera‹ und ›Idomeneo‹.

Jahrzehnte später wäre München beinahe zur Wagnerstadt geworden. 1864 berief der 18jährige König Ludwig II., zwei Monate nach seinem Regierungsantritt, Richard Wagner nach München. Die verschwenderische Unterstützung Wagners aber, die bis zu einem Drittel des königlichen Haushalts verschlang, führte schon 1865 zur Vertreibung Wagners aus dem Münchner Paradies. Doch erlebten viele seiner Opern hier ihre Uraufführung. Als 1865 der ›Tristan‹ ertönte, war dies ein Ereignis der europäischen Musikgeschichte.

Ein Jahr vor der Münchner Tristan-Uraufführung wurde in München Richard Strauß (1864-1949) geboren. Die Vaterstadt hätte eigentlich sogleich eine Richard-Strauß-Stadt werden können, doch gingen die Uraufführungen, außer ›Feuersnot‹ (1901), zunächst alle nach Dresden – bis 1936 (›Friedenstag‹). Seit es jedoch von 1951 an wieder Münchner Opernfestspiele gibt, ist München nun auch eine Strauß-Stadt. Seine Werke stützen seither als dritte Säule die Festspielprogramme, die erstmals 1893 mit einem Wagner-Zyklus bestritten und seit 1904 um Mozart-Zyklen erweitert wurden.

In Carl Orff, 1895 in München geboren, ist der Musikstadt eine Generation nach Richard Strauß ein zweiter Komponist von weltweiter Wirkung und von einer exemplarischen Bedeutung für die Neue Musik erwachsen. Seine unverwechselbare Tonsprache entwickelte Orff 1936 in den Carmina Burana. 1935 war das Orffsche Schulwerk erschienen, das seit der Neufassung 1954 internationale Anerkennung gefunden hat.

46
Forum der Maximilianstraße und Maximilianeum
The forum on Maximilianstraße and the Maximilianeum
Le forum de la Maximilianstraße et le Maximilianeum

47
In der Maximilianstraße mit Blick auf das Maximilianeum
In Maximilianstraße looking towards the Maximilianeum
Dans la Maximilianstraße – vue sur le Maximilianeum

Königsweg zur Isar: die Zeit der Maximilianstraße

Den Ausgangspunkt für Münchens ›Königswege‹ des 19. Jahrhunderts bildete dreimal die Residenz. Ihre Randlage war dafür entscheidender als ein vielleicht mitempfundener allegorischer Bezug. Als letzter ›Königsweg‹ mit solchem Beginn verließ die Maximilianstraße zur Isar deren Quartier. Man setzte sie schräg gegenüber dem Königsbau am Auslaß des Max-Joseph-Platzes an, ungefähr an der Stelle, wo früher vom Alten Hof zur Neuveste ein gedeckter Gang herübergeführt hatte, der den alten Marstall mit der Kunstkammer im Obergeschoß, die spätere Münze, einband. Zur Einstimmung in den neuen Straßenzug erhielt die Seitenfront des Münzgebäudes, die seit 1818 im Gegenüber zur mächtigen Flanke des Nationaltheaters lag, einen gotisierenden Arkadengang mit Ladengeschäften vorgeblendet.

Die klassizistische Ära Münchens neigte sich ihrem Ende zu. Der ›Königsweg‹ der Ludwigstraße nach Norden hin lag bereits vollendet vor Augen, während in der Briennerstraße nur noch das raumordnende Denkmaltor der Propyläen fehlte. Auch abseits davon war das Ende dieser Epoche zu spüren: so in Schwanthalers Bavaria, umschlossen von Klenzes Ruhmestempel »für ausgezeichnete Bayern« über der Oktoberfest-›Wies'n‹ auf der Theresienhöhe.

Als Maximilian II., seit der 48er Revolution nun Nachfolger seines abgedankten Vaters Ludwig I., 1851 einen Architekturwettbewerb ausschreiben ließ, durch den er, hauptsächlich für seine Straße zur Isar, den »einheitlichen Baustil« zu finden gedachte, der die »Kultur der Gegenwart repräsentiere«, war das romantische Ziel schon vorbestimmt, obwohl gleichzeitig der erste Ingenieurbau in Arbeit war: Paulis Großhesseloher Eisenbahnbrücke über die Isar. Als 1854 das Urteil zugunsten Friedrich Bürkleins gotisierendem ›Maximilianstil‹ fiel, eröffnete auch bereits der ›Glaspalast‹, eine reine Eisen-Glas-Konstrukion von August Voit – freilich für einen Baukörper von schloßartiger Außenerscheinung – mit der »Allgemeinen Deutschen Industrieausstellung«.

Aus München, das bald 700 Jahre alt wurde, war mit 100 000 Einwohnern eine Großstadt geworden, keine Industriestadt, sondern ein wirtschaftlicher Sondertyp mit differenzierten Erwerbsquellen. Es begann dank des Eisenbahnbaus, für dessen Bedürfnisse Bürklein bereits den Alten Hauptbahnhof erbaut hatte, die Rolle des wichtigsten Verkehrs- und Handelsplatzes Süddeutschlands zu übernehmen.

In solchem Kontext tritt der graphisch-filigran wirkende, sich im forensisch erweiterten Ostteil ins Naturräumlich-Malerische wandelnde Straßenzug zur Isar, den das Maximilianeum mit seinen offenen Arkaden illusionistisch bekrönt, fast wie eine städtebauliche Fata Morgana in Erscheinung. Aber in diesem spätromantischen Prospekt, seinem Stimmungswert, der im Umschwung gegen die Ludwigstraße am deutlichsten faßbar wird, liegt der Rang der Straße begründet. Fassadenkunst bestimmt ihn mit, die ein Experimentieren mit gotischen und frühtechnischen Elementen zur theoretischen Grundlage hat. Der ›Maximilianstil‹ blieb in der Schwebe und verband sich in München mit urbanem Lebensgefühl.

48
Im parkähnlichen Forum der Maximilianstraße
The park-like forum of Maximilianstraße
Le forum – semblable à un parc de la Maximilianstraße

49
Das Schauspielhaus – einzigartiges Jugendstiltheater
The Schauspielhaus – a unique Art Nouveau theatre
Le Schauspielhaus – singulier théâtre Art nouveau

Jugendstiltheater Schauspielhaus

In der Mitte des 19. Jahrhunderts gab Maximilian II. (1848-1864) die Anregung, für seine Monumentalstraße zur Isar, die Maximilianstraße (1853-1875), einen Baustil zu finden, der »die Kultur der Gegenwart repräsentiere«. Der Monarch, ein Gelehrter auf dem Thron, der die exakten Naturwissenschaften und die kritische Geschichtswissenschaft förderte, hing der spätromantischen Vision nach, es ließe sich in Erinnerung an englische Gotik ein zeitgemäßer Architekturstil entwickeln, der sogar ein Stück weit in die Zukunft weisen könnte. Was daraus unter seinem Baumeister Friedrich Bürklein (1813–1872) entstand, ist der gotisierende ›Maximilianstil‹, immerhin eine Münchner Sonderleistung des Historismus, die bereits teilweise die damals neuen technischen Möglichkeiten der ingenieurmäßigen Eisenkonstruktion nutzte.

Nur 25 Jahre nach der Vollendung der Maximilianstraße, die im Streben nach einem zeitgenössischen Stil zum Beispiel für einen Sonderhistorismus geraten war, entstand an derselben Straße ein Theaterbau – als Rückgebäude eines Hauses im Maximilianstil - der den Fesseln des Historismus entwunden wurde und in erstaunlicher Sicherheit die Moderne repräsentierte: Max Littmanns Schauspielhaus von 1900/01, dessen Innenarchitektur der Münchner Richard Riemerschmid (1868-1957) bis ins Detail von Türbeschlägen als Gesamtkunstwerk des ›reinen‹ Jugendstils durchgestaltete. Die ›Art nouveau‹ der reinen Linie und einer naturfernen Pflanzenornamentik, in London und Paris entstanden, schlug um 1895 spontan Wurzel in München, erhielt hier den Namen ›Jugendstil‹ und trat 1897 mit einem »spukhaft-bunten Stuck-Gebilde« von August Endell, das er für das Photo-Atelier Elvira in der Von-der-Tann-Straße geschaffen hatte, an die verwunderte Münchner Öffentlichkeit. 1933 ließen die Nationalsozialisten dieses phantastische Zeugnis des Jugendstils abschlagen. Ebenso hatten sie geplant, das Schauspielhaus abzureißen. Die Künstler des schöpferisch vorangehenden Jugendstils in München – neben Richard Riemerschmid, der 1912 die Leitung der Kunstgewerbeschule übernahm, vor allem Hermann Obrist, Bruno Paul, Bernhard Pankok – waren Maler gewesen, ehe sie sich der angewandten Kunst, dem Kunstgewerbe und der Architektur widmeten. Mit Richard Riemerschmids Schauspielhaus war im ersten Anlauf ein Meisterwerk des neuen Stils gelungen, das die Übertreibungen des Anfangs bereits hinter sich lassen konnte, ohne den ›Zauberhauch‹, der nach Ahlers-Hestermann die neuen Formen aus dem Historismus befreite, in Ornamentik und Farbgebung preiszugeben. Von der neuen Richtung, die sich nicht als isolierter Kunststil verstand, sondern als Teil einer Lebensreform, die möglichst viele Lebensbereiche gegen die industrielle Massenware mit ›Kunst durchsetzen‹ wollte, woraus auch die neue ›Plakatkunst‹ erwuchs, hatte Hermann Obrist 1901 gesagt, daß »hier der erste Akt des Dramas der Kunst der Zukunft gespielt wird, der Kunst, die aus dem Kunsthandwerk zur Architektur und von dieser zur Plastik und wieder zur großen Malerei führen wird . . . von ihr wird die Zukunft Münchens als Kunststadt abhängen.«

Das Schauspielhaus, einziges Jugendstiltheater der Welt, das in seiner Grundform noch erhalten ist, wurde 1971 durch Reinhard Riemerschmid in seiner ursprünglichen Fassung von 1901 renoviert, nachdem bereits 1919 damit begonnen worden war, es zu demontieren.

50
Olympisches Zeltdach – Wahrzeichen eines heiteren München
The Olympic tent-roof – symbol of a gay Munich
Toit olympique en pavillon – emblème d'un gai Munich

51
Olympisches Dorf – Fußgängerzugang von der U-Bahn her
The Olympic village – pedestrian entrance looking from the
Underground
Le village olympique – passage pour piétons depuis le métro

Olympische Landschaft

Als München sich 1966 in Rom darum bewarb, Austragungsort der Sommerspiele der XX. Olympiade im Jahr 1972 zu werden – dreißig Jahre nach Berlin und einundzwanzig Jahre nach dem Krieg – war dieser Entschluß von einem Bündel politischer und urbanistischer Motive mitbestimmt worden. Keine andere deutsche Stadt erschien damals von ihrer Anziehungs- und Ausstrahlungskraft her so geeignet wie München, der olympischen Idee musische, entspannende Impulse zu verleihen und den Gästen aus aller Welt ein weltläufig anderes Bild von München und Deutschland zu vermitteln. Es war die Zeit, in der von München als der ›heimlichen Hauptstadt‹ geschwärmt wurde, in der München jährlich um die Bevölkerungszahl einer Kleinstadt wuchs.

Und doch konnte man damals nicht ahnen, daß in München mehr entstehen würde als ein Sportstättegebiet im Grünen eines konventionellen Stadtparks für eine Olympiade der kurzen Wege. Niemand konnte vorraussehen, daß sich der genius loci dieser Stadt durch einen dritten Leitgedanken, die Olympiade solle hier zu einem ›Fest der Musen und des Sports‹ werden, würde beschwören lassen. Als jedoch 1967 der Wettbewerb um die Gesamtgestaltung des Spielorts, zu dem über hundert Entwürfe eingegangen waren, zugunsten der Architektengruppe Günter Behnisch und Partner in Zusammenarbeit mit dem Landschaftsarchitekten Günther Grzimek entschieden war, bestand schlagartig auch darüber Klarheit, daß für München wieder eine Sternstunde der Stadtarchitektur, eines Gesamtkunstwerks im Zeichen höchster Technisierung bevorstünde.

Aus einem sanierungsbedürftigen, stadtnahen Gelände, dem Oberwiesenfeld und dem Schuttberg aus den Trümmern der kriegszerstörten Stadt, entstand eine künstliche Hügellandschaft, in die die Hochbauten der Wettkampfstätten in Erinnerung an Arenen des antiken Griechenland eingemuldet wurden, so daß nun das Herzstück der Anlage, das Zentralplateau zwischen Stadion, Sport- und Schwimmhalle das Gesamtbild eines bewegten Ineinanders von Landschaftsarchitektur und teilversenkten Hochbaukörpern bietet. Das Konstruktionsprinzip baute nicht mehr auf rechten Winkeln auf, und die Glasfassaden sollten nur noch Klimascheiden sein, durch die hindurch sich Landschaftsformen in Architekturstrukturen umsetzen könnten. Diese Einheit von Architektur und Landschaft wird in bewegten Formen vom sogenannten Zeltdach überschwebt, einer Netzkonstruktion aus Stahlseilen, die mit Acrylglasplatten abgedeckt ist. Das ›olympische Dach‹ schwingt sich über das Zentrum der Anlage wie eine zweite ›olympische Landschaft‹, wie das Symbol dieses Geniestücks eines musischen Sportparks.

Die Heiterkeit der Olympischen Spiele, erstrebt und in hohem Maße erreicht – unvergeßlich signalisiert durch Otl Aichers Dreiklang der olympischen Farben von Münchner Blau, Lichtgrün und Weiß – diese Heiterkeit wurde durch den palästinensischen Terroranschlag auf die israelische Mannschaft aufs schrecklichste unterbrochen. Avery Brundage konnte der Gewalt allein das Bekenntnis entgegenhalten: »Wir verfügen nur über die Kräfte eines großen Ideals«.

52
Olympiastadion – Fassungsvermögen: 75 500 Zuschauer
The Olympic stadium – capacity 75,500 onlookers
Le stade olympique – capable de contenir 75 500 spectateurs

53
Münchner Stadtsilhouette: Blick vom Monopteros
Silhouette of Munich – view from Monopteros
La silhouette de Munich vue du Monoptéros

Der Englische Garten

Die kunstvolle Landschaft des Englischen Gartens inmitten der Münchner Großstadt ist ohne Vergleich innerhalb der großen Parkanlagen Deutschlands. Dieser Park, der noch heute parallel der Isar aus dem Altstadtbereich kilometerweit nach Norden hinausführt bis in die naturwüchsigen Isarauen, entstand hier sowohl als der früheste wie weitläufigste englische Landschaftsgarten und überdies als der gestalterisch bedeutendste. Und was seine soziale Bedeutung als öffentlicher Garten angeht, so spielte er auch unter diesem Gesichtspunkt eine reformerische Sonderrolle im Geiste der Aufklärung.

Münchens Englischer Garten war eben kein verriegelter Schloßpark, den erst ein geschichtlicher Unfall dem breiten Publikum hätte öffnen müssen. Obwohl das Datum seiner Gründung zu einer solchen Vermutung verführen könnte, denn das Dekret stammt aus dem Jahre der europäischen Krise im Gefolge der Französischen Revolution von 1789. Kurfürst Karl Theodor (1777-1799) verschaffte München, obwohl er die Stadt nicht mochte und umgekehrt von den Münchnern nicht sonderlich geschätzt war, eine Glücksstunde in seiner baulichen Geschichte, die durchaus mit dem ›Staatsakt‹ der Anlage der Ludwigstraße, eine Generation später, zu vergleichen ist. Der erste Pfälzer auf dem Kurbayerischen Thron erklärte am 13. August 1789, »daß er den bisherigen Hirschanger zur allgemeinen Ergötzung für dero Residenzstadt München herstellen zu lassen und diese schönste Anlage der Natur dem Publikum zu seinen Erholungsstunden nicht länger vorzuenthalten gesonnen sei«.

Bereits 1792 wurde dieser ›Karl-Theodor-Park‹, der zunächst bis zur Höhe des erst später, 1802, angelegten (und 1812 erweiterten) Kleinhesseloher Sees reichte, mit einem Volksfest beim Chinesischen Wirtshaus und um den Chinesischen Turm dem »allgemeinen Publikum« übergeben. 1785 war vorerst nur die Anlage von Militärgärten auf dem Gelände des Hirschangers beschlossen worden; die Idee der Parkanlage war aber nun schon aus ihren ersten Anfängen zur allgemeinen Vorstellung eines ›Volksgartens‹ entwickelt, der allen Schichten der Bevölkerung einen vorstädtischen Grünraum zum geselligen Umgang anbieten wollte, nachdem im noch immer befestigten Altstadtkern alle Gärten und Anlagen im Laufe der Zeit verbaut worden waren. Graf Rumford, ein gebürtiger Amerikaner namens Benjamin Thompson, Sozialberater Karl Theodors, hatte die Anregung zur Anlage des Gartens gegeben. Das Hirschanger-Gelände unweit der Residenz war ein sumpfiges Auengebiet gewesen, durchflossen von zahlreichen Seitenarmen der Isar, und hatte seit spätestens 1387 dem Hof als Jagdrevier gedient. Rumford, der im ganzen Lande versuchte, die Armut aus Unwissenheit durch aufklärerische Anleitung zu sinnvoller Betätigung zu beseitigen, ließ nun hier und in anderen Garnisonsstädten vom Militär Nutzgärten anlegen, in denen die Bauernsöhne des Landes während ihrer Dienstzeit modernen Gartenanbau, zum Beispiel auch den der Kartoffel, lernten, um ihn dann zuhause praktizieren zu können. Gleichzeitig entstanden unter seiner Leitung im Karl-Theodor-Park auch eine Tierarznei- und Baumschule, Schweizerei und Schäferei als landwirtschaftliche Musterbetriebe, die zur Unterweisung der ländlichen Bevölkerung dienten und tatsächlich auch von ihr besucht wurden. Die

54
Der Biergarten um den Chinesischen Turm im Englischen Garten
The beer-garden around the Chinese tower in the English Garden
Biergarten (brasserie en plein air) autour de la tour Chinoise

55
Der Gartentempel des Monopteros
The garden temple Monopteros
Le temple du Monoptéros

Viehschwaige befand sich beim Chinesischen Wirtshaus. Nachdem Rumfords Nachfolger Werneck an den Bächen noch Sägewerke und Mühlenbetriebe eingerichtet hatte, entwickelte sich hier etwas, das wie ein Vorklang auf den Charakter der landwirtschaftlichen Wettbewerbe bei den kommenden Oktoberfesten seit 1811 wirken konnte.

Obwohl die gartengestalterische Fernleitung schon 1789 bei Friedrich Ludwig von Sckell lag, der damals noch in pfälzischen Diensten stand, wurde erst das Jahr 1804, als Sckell nach München berufen wurde, zum Gründungsjahr für die berühmte Kunstgestalt des Englischen Gartens. Von nun an wurde die sozialökonomische ›Zweitnutzung‹ zurückgedrängt. Das englische Formvorbild steigerte Sckell im Laufe der Zeit zu einem deutsch-romantischen Meisterwerk »monumentalen Stils« (nach Carl Wilczek), das zu europäischer Wirkung kam. Der Karl-Theodor-Park von 1792 war zwar von Sckell nicht mehr im französischen Stil angelegt und von Rumford schon als Volksgarten zur Erholung und Unterweisung erklärt worden, entsprach aber noch immer mit seinen Naturbildszenen um architektonische Staffagen und Kulissen, zu denen damals neben dem Chinesischen Turm weitere exotische und mythologische Versatzstücke, zum Beispiel ein chinesischer Steg und ein Dianatempel gehörten, den mit Überraschungseffekten arbeitenden barocken Anlagen höfischer Lustgärten.

Daß jedoch die Natur selbst im Rahmen des szenischen Landschaftsparks, in dem die Gartenkunst nach Sckell »in der Natur zu verstecken« sei, zum alleinigen Träger der Stimmungen und zur »wahren« Quelle der Erholung zu werden habe, erhebt Sckell erst jetzt unter dem Einfluß von Hirschfelds »Theorie der Gartenkunst« und Rousseaus zur leitenden Idee beim Ausbau des Karl-Theodor-Parks zum Münchner Englischen Garten. Natur wird nun auch für die Erweiterung des städtischen Gemeinwesens als ein neues Ordnungsprinzip angesehen und von Sckell in Form eines solchen Landschaftsparks »mit unter die allernötigsten der bildenden Kunstgestalten einer humanen und weisen Regierung« gerechnet.

In einer Denkschrift von 1807 entwirft Sckell die städtebauliche Vision eines Parks, der sich bis an den Hofgarten und die Residenz in die Stadt hereinzieht und umgekehrt von hier aus in drei Partien – dem Schönfeldbereich mit dem Monopteros, dem Schwabinger Bereich mit dem Kleinhesseloher See und dem schon ländlichen Bereich der Hirschau (einbezogen 1810/11) –, die in der Gestaltung einem »Decrescendo von Kunstvollem zu Natürlichem« entsprechen sollten, allmählich aus dem Stadtbereich in die ländliche Umgebung hinausleitet. Der Plan ist zwar nicht volle Wirklichkeit geworden, doch beginnt immerhin noch heute der Englische Garten unweit des Hofgartens und vermittelt an seinem Ende den Anschluß an die naturwüchsigen Isarauen.

Wenn es später auch Münchner Brauch geworden ist, den Kindern vom Monopteros aus die städtische Heimat zu zeigen, so ist der Englische Garten doch jahrzehntelang von der Münchner Bevölkerung nicht angenommen worden. Die stark ausgeprägte Natur- und Landfreundlichkeit der Münchner äußerte sich naiver und ›vitaler‹ in oft langen Fußmärschen zu Ausflugsgaststätten und Wallfahrten rings um die Stadt, wo sie die Natur in »gutmütig lärmender Fröhlichkeit« und beim Bier genossen. Erst in den 60er Jahren begann die inzwischen nun zum Höhepunkt gelangte ›Demokratisierung‹ des Englischen Gartens.

56
Briennerstraße gegen Obelisk und Propyläen
Briennerstraße looking towards the obelisk and Propylaea
La Briennerstraße à la hauteur de l'Obélisque et des Propylées

Brienner- oder Königsstraße

Der freie Atem jener Stadtbauvision, zu der diese Achse als idealischer Bedeutungsträger damals gehörte, hat den Veränderungen einigermaßen standgehalten, die die Briennerstraße seither durch Gründerzeit, Faschismus, Nachkriegsaufbau und Altstadtring erlitt. Als im Zug der Stadterweiterung für die Maxvorstadt im Nordwesten Altmünchens die zeitgerechte Baugestalt zu suchen war, hatte diese zugleich den freien Atem eines sozialromantischen Entwurfs. Daß sie anfänglich, ehe »unter Mithilfe bayerischer Truppen« 1814 Napoleon bei Brienne besiegt wurde, Königsstraße hieß, bezeichnete ihren Charakter treffender. Denn in diesem Namen war die Bauherren-Initiative aus relativ neuartiger historischer Situation benannt: eben erst war die kurfürstliche Residenzstadt München zur Hauptstadt des souveränen Königreichs Bayern geworden. Größeres politisches Gewicht, Mittelzuwachs, Zukunftsperspektiven verbanden sich damit, so daß München in Rangvergleich mit Wien und Berlin rückte.

Als dieses Neue Bayern seine Konstitution erhielt, 1808, wurde auch die Königsstraße angelegt, die seit 1826 Briennerstraße heißt. Doch war sie noch nicht als die Prunkstraße der neuen Würde konzipiert, eher entspräche ihrer Vision jene rechtliche Gleichheit und Toleranz, die nun alle Bürger im Schutze der Konstitution genossen. Und mit soviel künstlerischer Qualität war dieser erste ›Königsweg‹ geplant, den München hinaus aus der verwachsenen Enge der Altstadt gewann, daß die lange Bauzeit seinen Entwurf nicht abschwächen konnte. Gerade umgekehrt lief es. Obwohl das Verhältnis zueinander nicht unbelastet war, löste hier Klenze das künstlerische Vermächtnis des Planentwerfers Karl von Fischer ein, der 38jährig bereits 1820 gestorben war. 1862, als die Propyläen am Königsplatz standen, konnte Klenzes Torbau im Sinne des 19. Jahrhunderts als allegorisches Denkmal des Zugangs zur ›Kulturstadt‹ München gelten, in die Fischers Briennerstraße führte. Dieser wies im Generallinienplan die Königsstraße als kunstbewußte Tangente der Maxvorstadt aus. Die Wohnquartiere würden zwar auf Rastergrundriß erbaut werden, weil dies fortschrittlich, aufgeklärt, hygienisch erschien, aber auf dem Königsweg sollte sich das Schema in Rhythmus lösen.

Zwischen hochklassizistischen Fassaden gegenüber dem Hofgartentor liegt der Anfang, bald nordseits begleitet von Klenzes saalartig geschlossenem Wittelsbacher Platz; wo der Straßenverlauf sanft korrigiert ist, ändert sich das Bild: in die offenere Bauweise ist nun der runde Karolinenplatz eingelagert, über dessen Obelisk sich schon vorher der perspektivische Bezug zu den Propyläen hergestellt hat; dort scheint der Zug im offenen Geviert des Königsplatzes zu enden. Doch täuscht der Befund. Vom runden Stiglmayerplatz her entwickelt die Briennerstraße die Gegenperspektive. Der Torbau, der ihr jetzt zu Anfang im Weg steht, bezeichnet die Besonderheit des Orts: sein altstädtischer Fluchtpunkt über den Obelisk hinweg ist nun die Kuppel der Theatinerkirche.

Münchner Brunnenplätze

München hat sich zu einem Ort der schönen Brunnen entwickelt, die das Bild der gebauten Stadt mitprägen; ja an ihren versteckteren Stellen kann sie sogar ungezählte Brünnlein aufweisen, denen kaum geringere Aufmerksamkeit gilt. Es könnte so scheinen, als ob die zahlreichen alten Stadtbäche, die unter der zivilisatorischen Überbauung verschwinden mußten, verwandelt wieder hervortreten wollten.

Die Ära der Brunnenarchitekturen im Verbund mit einer neuen planvollen Stadtbaukunst begann schon mit den königlichen Initiativen für das klassizistische Stadtbild eines neuen München des 19. Jahrhunderts – und reicht trotz gänzlich veränderter historischer Ausgangslage bis in die jüngste Zeit herein. Die erste Fontäne allerdings, die einem königlichen Straßenzug Perspektive verschaffen und Münchens ersten Strahlenplatz zentrieren sollte, kam nicht zur Ausführung. Aus der Mitte des Karolinenplatzes ragt seit 1833 statt dessen der formverwandte Obelisk empor.

Was Brunnenarchitekturen städtebaulich zu leisten vermögen, zeigte aber 1840 Friedrich von Gärtner mit den beiden ›römischen‹ Brunnen auf dem zwiehälftigen Platz im Universitätsbereich. Dem rechteckigen Forum mit der Dreiflügelanlage der Universität und ihrem Gegenüber ist ein Kreis eingeschrieben, den die Ludwigstraße durchteilt. Mit klassisch geschulter romantischer Souveränität wird der zentrierende Brunnen zu einer Zwillingsanlage auseinandergerückt. Ein gutes halbes Jahrhundert später gelang es Adolf von Hildebrand mit seinem Wittelsbacher Brunnen, dem locker gestaffelten Lenbachplatz im nachschöpferischen Geschmack der sich schon dem Jugendstil nähernden historisierenden Jahrhundertwende am Übergang zum landschaftsgärtnerischen Maximiliansplatz Prospekt und Verankerung zu verleihen. Hausenstein hielt ihn für den schönsten Brunnen Europas seit der römischen Fontana Trevi! Ganz in der Nähe, im Eschenhain zur Ottostraße vor der Neuen Börse steht seit 1968 Hubert Netzers Nornenbrunnen, 1907 für den Karlsplatz geschaffen, den es nach dem Verkehrsausbau in stadtbaulicher Hinsicht nicht mehr gibt. Er steht in der Abkehr von Hildebrands Klassizität an der Wende zur Moderne.

In den 60er Jahren erhielten zwei Platzräume im Altstadt-Bereich den Charakter von Brunnenplätzen: Die tiefe Straßennische vor der Alten Akademie neben St. Michael, dereinst Schauplatz des berühmten Jesuitentheaters, nahm Hans Wimmers Salome-Brunnen zum Gedenken an den Münchner Richard Strauß auf; zur Reliefsäule aus Bronze im Renaissance-Bereich der Neuhauser Straße steht die Herde mit Hirten des Rindermarktbrunnens von Josef Henselmann in Kontrast – über Naturstein-Terrassen fließt hier das Wasser das Petersbergl hinab.

59
Der Nornenbrunnen im Eschenhain beim Maximiliansplatz
The Fountain of the Fates in the ash-grove near Maximiliansplatz
Le Nornenbrunnen dans le bosquet de frênes près du Maximiliansplatz

60
Künstlicher Sternhimmel über Münchens Silhouette
Artificial starry sky above a silhouette of Munich
Voûte étoilée au-dessus de la silhouette de Munich

Das Deutsche Museum

München, weltbekannt als eine Stadt der Künste und, nach Hebbel, des Lebens, ist in aller Welt zugleich berühmt als der Sitz des größten und bedeutendsten technisch-naturwissenschaftlichen Museums. An einer der reizvollsten Stellen seiner Isarlandschaft, auf der südlichen der zwei Inseln im Fluß, besitzt München seit 1925 – übrigens unweit der Stelle des stadtbegründenden Brücken-schlags durch Heinrich den Löwen – den mit Sammlungs-, Bibliotheks- und Kongreßsaalbau weit-läufigen Komplex des ›Deutschen Museums von Meisterwerken der Naturwissenschaft und der Technik‹. Es ist neben Museen in Paris und London Europas drittältestes Technik-Museum.
Die Bezeichnung ›Deutsches Museum‹ hat trotz des Gründungszeitpunkts im Jahre 1903 nichts mit einem national begrenzten Unternehmen zu tun. Schon im Programm des Museums von 1904 ist niedergelegt, daß die im Museum »darzustellende Entwicklung der Wissenschaft und Technik nicht an Landesgrenzen gebunden« sei. Einem zweiten Mißverständnis beugte man ebenfalls schon 1903 vor. So wurde das Wort ›Meisterwerke‹ im Museumsnamen von Anfang an nicht im Sinne berühmter Einzelstücke aufgefaßt; im Programm ist festgelegt, daß auch die »Zwischenglieder in der Entwicklung bis in die neueste Zeit zu berücksichtigen« seien. Denn der Museumsarbeit wurde ein bildungspolitisches Ziel gesetzt: »das Verständnis für die Fortschritte der Naturwissenschaften und der Technik wirklich zum Gemeingut des ganzen Volkes zu machen«. Dem seinerzeit in München oft gehörten Einwand, in der Stadt der Kunst werde ein Museum der technischen Wissenschaften keinen rechten Platz finden, begegnete man schon auf der vorbereitenden Grün-dungssitzung von 1903 mit der Erinnerung an die berühmten technischen Institute Fraunhofers, Reichenbachs und Steinheils in München.
Die Gründung des Deutschen Museums ist buchstäblich der Energie eines einzelnen Mannes zu verdanken: Oskar von Millers (1855–1934). Er war der Sohn jenes Ferdinand von Miller, unter dessen Leitung von 1846 bis 1850 der Bronzeguß der Bavaria durchgeführt wurde. Von Ausbil-dung Bauingenieur, wandte sich Oskar von Miller jedoch in einem eigenen Ingenieurbüro den Aufgaben der technischen Realisierung der Stromgewinnung aus Wasserkraft zu sowie dem Auf-bau eines Überland-Strom-Netzes. Er wurde durch seinen Generalplan aus dem Jahre 1903 zum Vater der Elektrifizierung Bayerns. Frühzeitig war Miller als wagemutiger Organisator an die Öffent-lichkeit getreten: 1882 arrangierte er im Glaspalast die erste Elektrizitätsausstellung und führte zu diesem Anlaß gemeinsam mit Michel Deprez die Übertragung elektrischer Energie von Miesbach nach München (57 Kilometer) dem Publikum vor.
Etwa um die gleiche Zeit faßte er bereits den Entschluß, Pläne für ein technisches Museum aus-zuarbeiten. Die wissenschaftlichen Leistungen sollten darin so anschaulich dargeboten werden, daß sie das Interesse der Menschen auch wirklich wecken könnten. »Gleichberechtigt« sollte sich dieses technische Museum »an die Seite der berühmten Galerien und Kunstmuseen« stellen. Durch

61
Am Deutschen Museum – Turm und Sammlungsbau
The Deutsche Museum – tower and exhibition building
Au Deutsches Museum – tour et bâtiment pour les collections

62
Amerikanischer Raumfahrer in der Mercury-Raumkabine
American astronaut in the Mercury space-cabin
Astronaute américain dans l'habitacle de Mercury

zwei Jahrzehnte beschäftigte ihn dieser Plan, bis er damit 1903 auf breitester Basis hervortrat und bei Gelehrten, Ingenieuren und in der Industrie ein begeistertes Echo fand. Es gelang Miller, bis zur Grundsteinlegung im Jahre 1906 erhebliche Geldspenden zu erhalten. Für die Erstellung des Rohbaues zwischen 1908 und 1911 lieferte die Industrie, ebenso wie für den Wiederaufbau des Deutschen Museums in den Jahren 1949 bis 1959, den größten Teil der Baumaterialien unentgeltlich.

Die Eröffnung des Deutschen Museums auf der ›Museumsinsel‹, konnte wegen der Unterbrechung durch den 1. Weltkrieg erst im Jahre 1925 zum 70. Geburtstag Oskar von Millers erfolgen. Doch sind die Sammlungen provisorisch schon vorher ausgestellt gewesen; im Jahr der Grundsteinlegung 1906 eröffnete man einen ersten Überblick im alten Nationalmuseum (heute Völkerkundemuseum), im Jahr des Richtfestes 1911 wurde eine zweite Abteilung in der Isarkaserne zugänglich gemacht. Obgleich zum Weltbürger geworden, war Oskar von Miller nach Temperament und Charakter immer ein waschechter Münchner und Bayer geblieben, der es verstand, die wichtigsten Ereignisse beim Aufbau des Deutschen Museums mit wohlorganisierten, bayerisch-saftigen Festivitäten zu verbinden.

Mit der »Spiel- und Darstellungslust des bayerischen Volkscharakters« ist oft begründet worden, was Millers neuen Museumstyp zum Welterfolg geführt hat: die Veranschaulichung des spröden Stoffes mit allen Mitteln der Darbietungskunst – etwa durch bedienbare Experimentieranordnungen und Dioramen oder durch Nachbildungen von Arbeitsstätten und Geräten. Bildungsarbeit für alle Schichten der Bevölkerung zu leisten, ist noch heute das auf internationaler Fachebene voll anerkannte Grundmerkmal des Deutschen Museums. Und der Erfolg gab diesem Konzept recht: im Eröffnungsjahr 1925 zählte das Museum 1 Million Besucher, eine Zahl, die ein halbes Jahrhundert später dann erheblich überschritten wurde. Etwa 50 Prozent der Besucher sind Menschen, die sonst nie den Fuß über die Schwelle eines Museums setzen. Der berühmte Schulorganisator Georg Kerschensteiner hatte 1925 zur Eröffnung des Sammlungsbaues gesagt: »Die Organisation eines Museums, das durch Erkennen bilden will, ist eine Lehrplan-Konstruktion, die nicht mit dem Schatten der Dinge, nämlich mit den Worten, sondern mit den Dingen selbst arbeitet.«

Die Welt der Technik ist im Deutschen Museum in 28 Abteilungen aufgebaut, die in nächster Zeit um die Gebiete Erdöl und Erdgas, Kernphysik und Kerntechnik, Meß- und Regeltechnik, Automationstechnik, Technik und Umwelt ergänzt werden sollen. Durch die rasche Entwicklung der Technologien ist dem Museum eine bei der Gründung kaum vorhersehbare Zukunftsaufgabe erwachsen, denn geschichtlich auf dem letzten Stand zu sein, gehört zum Bildungsauftrag eines technischen Museums. Zum 75jährigen Bestehen 1978 wird das ›Kerschensteiner-Kolleg‹ bereits in Aktion sein, das die Vermittlung zwischen Geistes- und Naturwissenschaften fördern soll. Dem naturwissenschaftlichen Unterricht will es Anregung sein, »nicht nur keimfrei ungeschichtlich mit Formeln und Fakten zu experimentieren, sondern den Beitrag zur Kultur- und Sozialgeschichte zu bedenken«, – und an den Geschichtsunterricht soll die Erkenntnis herangebracht werden, wie »gerade die abendländische Humangeschichte getragen und getrieben ist von der Wissenschafts- und Technikgeschichte«.

63
Kohlegewinnung mit Pickel und Schaufel
Mining coal with pick and shovel
Extraction de la houille avec le pic et la pelle

64
Alte Pinakothek Saal V: Holländer des 17. Jahrhunderts
Alte Pinakothek Room V: Dutch painters of the C 17
Ancienne Pinacothèque, salle V: peintres hollandais du 17e siècle

München – Stadt der Museen

München, im 19. Jahrhundert zur herausragenden deutschen Künstlerstadt aufsteigend, in der Kunst in eine breite, nicht mehr nur höfische Lebensströmung mit neuem Publikum geriet, München, die ›Stadt der Musen‹, ist im gleichen Zeitraum zu einer Stadt der Museen herangereift. Ein halbes Jahrhundert lang war in diesem Vorgang der Kronprinz und spätere König Ludwig I. (1825–1848, † 1868) die treibende Kraft gewesen. Das Nebeneinander einer Kunstpolitik von mächtiger Anziehungskraft auf die zeitgenössischen deutschen Maler, Bildhauer und Kunsthandwerker und einer Museumspolitik, die den Künstlern die Vorbilder der Vergangenheit vor Augen führen und dem Publikum geschichtliche Bildung vermitteln sollte, wurde damals aus romantischer Einstellung zu einem in Europa wohl einmaligen Ineinander verwoben und erwies sich als eine geschichtlich wirksame Konstellation, aus der sich die ›Kunststadt München‹ entwickelte.
Die persönliche Sammlerleidenschaft Ludwigs und die von ihm veranlaßte Auswertung des reichen wittelsbachischen Kunstbesitzes für diese neuen öffentlichen Aufgaben der Museen haben auch zu den wiederum einmalig münchnerischen städtebaulichen Anlagen außerhalb der Altstadt geführt, mit denen Museumsbereiche im Grünen als Schwerpunkte einer neuen Urbanisation ausgebildet wurden. So entstand die Idee des Königsplatzes als einer der Kunst gewidmeten ›Akropolis auf der grünen Wiese‹, im Verlauf der Briennerstraße, der ersten königlichen Straßenachse Münchens; fast gleichzeitig wurde das ebenfalls ins freie Feld gesetzte Geviert für die Pinakotheken in Nachbarschaft zum Königsplatz geplant. Mit diesen städtebaulichen Entscheidungen war eine Münchner Tradition gestiftet, die sogar noch am Bau des Deutschen Museums auf der Isarinsel (1908–1925) erkennbar blieb.
Zweimal haben die Wittelsbacher in München architektonisch bedeutsame Räume für ihre Antikensammlungen erbauen lassen: 1563 bis 1571 das Antiquarium durch Wilhelm Egkl und 1816 bis 1830 die Glyptothek durch Leo von Klenze. Auch das Antiquarium, das seit dem 17. Jahrhundert in den Residenzkomplex eingefügt ist, stand ehedem frei im Vorgelände der Neuveste wie später die Glyptothek im Gartengelände des alten Königsplatzes. Sie ist Europas erster öffentlicher Museumsbau. Ihre eingeschossige Raumfolge um einen Innenhof, im Rhythmus eine unvergleichliche Neuschöpfung Klenzes, war für die antike Skulpturensammlung bestimmt, die Ludwig seit 1810 in Italien und Griechenland erwarb, durch Vermittlung von Künstlern, die er als Kunstagenten einsetzte. Ursprünglich waren die gewölbten Räume malerisch reich dekoriert; denn der romantischen Sehnsucht nach lebendiger Vergangenheit schienen weiße Wände die Kunstwerke zu ›erdrücken‹, wie Klenze meinte. Die Glyptothek konnte erst 1972 wiedereröffnet werden; Josef Wiedemanns zwar schmuckloser, aber architektonisch belebender Wiederaufbau bringt seitdem Klenzes Leistung neu zu Bewußtsein.
In Zieblands ehemaliges ›Kunst- und Industrieausstellungsgebäude‹ von 1848, den zweiten Tempelbau am Königsplatz, zogen 1967 nach der Umgestaltung des Inneren zu einem modernen Museum durch Johannes Ludwig die Staatlichen Antikensammlungen mit ihrem reichen Vasen-

65
Bayerisches Nationalmuseum – Tiroler Bauernstube um 1770
Bavarian National Museum – Tyrolian peasants' room circa 1770
Musée national de Bavière – pièce paysanne du Tyrol vers 1770

66
Am Haus der Kunst: Henry Moore's ›Große Liegende‹
At the Haus der Kunst (House of Art): Henry Moore's ›Reclining
  Figure‹
Haus der Kunst – ›La femme couchée‹ d'Henry Moore

67
Bayerisches Nationalmuseum an der Prinzregentenstraße
Bavarian National Museum in Prinzregentenstraße
Musée national de Bavière dans la Prinzregentenstraße

68
Herit-Ubechet, »Hausherrin und Sängerin im Tempel«
Herit-Ubechet, »mistress and singer of the temple«
Herit-Ubechet, »maîtresse et chanteuse du temple«

69
Großer schlafender Satyr – der ›Barberinische Faun‹ der Glypto-
  thek
Sleeping satyr – the ›Barberinic faun‹ of the Glyptothek
Grand satyre endormi – ›Barberinischer Faun‹ de la Glyptothèque

70
Die Glyptothek – Musterbau eines klassizistischen Museums
The Glyptothek – prototype of a neo-Classical museum
La Glyptothèque – modèle de musée classiciste

besitz ein, so daß nun aus dem Königsplatz, den Klenzes Torbau der Propyläen (1862) gegen Westen abschließt, ein wirklich ›antiker‹ Platzbezirk geworden ist. Bis 1935 waren dem Skulpturen- und Kleinkunstbesitz der Glyptothek und der Antikensammlungen auch Werke ägyptischer Kunst eingegliedert. Unter dem neuen Namen ›Staatliche Sammlung Ägyptischer Kunst‹ fanden sie 1970 im Hofgartentrakt der Residenz ihre Aufstellung.

Für den bedeutendsten wittelsbachischen Kunstbesitz, die bayerischen und pfälzischen Gemäldesammlungen, die anhaltendem fürstlichen Sammeleifer durch drei Jahrhunderte zu verdanken sind, ließ Ludwig bereits ab 1822 durch Klenze einen neuen Galeriebau planen, der in genauer Abstimmung um die als vollendet angesehene Bildersammlung gebaut und sowohl technisch wie programmatisch der berühmteste Museumsbau des damaligen Europa wurde: die Alte Pinakothek. An Raffaels Geburtstag wurde im Jahr 1826 der Grundstein gelegt, 1836 die Galerie eröffnet. Der langgestreckte Bau mit den zwei kurzen Seitenflügeln an seinen Enden bietet im Obergeschoß in einer einzigen Fluchtlinie sieben große Hauptsäle, die nur von Oberlicht erhellt werden, nördlich begleitet von einer Folge kleinerer Räume mit Nordfenstern. Mit dieser Galeriekonzeption überwand Klenze die alte Einraumgalerie des Barock. Zu den Schwerpunkten der Sammlung gehören Dürer, Rubens, van Dyck und die Altdeutsche Malerei, die Ludwig I. mit dem Erwerb der Sammlungen der Brüder Boisserée und des Fürsten Wallerstein 1827/28 wesentlich bereichern konnte, nachdem schon durch die Säkularisation wertvolle Zugänge aus bayerischen Klöstern und Stiften zu verzeichnen waren. Als Parallelbau für die zeitgenössische Kunst entstand 1846 bis 1853 durch August von Voit die Neue Pinakothek, die im Krieg vollkommen zerstört wurde und deren Eröffnung nach modernem Wiederaufbau durch Alexander von Branca für 1980 bevorsteht. »Für Gemälde aus diesem und aus künftigen Jahrhunderten ist die Neue Pinakothek bestimmt«, sagte Ludwig I. bei der Eröffnung. Bereits 1919 aber wurde zusätzlich die ›Neue Staatsgalerie‹, heute ›Staatsgalerie moderner Kunst‹ für Werke des 20. Jahrhunderts geschaffen, die im Westflügel des Hauses der Kunst ihre vorläufige Bleibe gefunden hat.

Zur Jahrhundertwende neigte sich Münchens Geschichte bedeutender Museumsbauten mit Gabriel von Seidls Bayerischem Nationalmuseum (1894–1900) an der Prinzregentenstraße vorerst ihrem Ende zu. Im Anschluß an den Englischen Garten entwickelt sich dieser weitläufige Gruppenbau eines Späthistorismus von malerischer Wirkung in abgestuften Bauhöhen und -linien.

Neben kulturhistorischer Illustration hatte das Museum von Anfang an die Funktion, »zur Hebung der gewerblichen Schaffenskraft« Mustersammlung für das zeitgenössische Kunsthandwerk zu sein. Unter dieser zweiten Aufgabenstellung sonderte sich seit 1925 eine neue ›Abteilung für Gewerbekunst‹ ab, die nach der Revolutionierung des herkömmlichen Kunsthandwerks durch die Werkkunst und das industrielle Design seit 1908 auf der Mustersammlung des Deutschen Werkbundes aufbauen konnte. Nach dem Krieg wurde die Abteilung als ›Neue Sammlung, Staatliches Museum für angewandte Kunst‹ ein selbständiges Institut. Hinter dem Nationalmuseum am Englischen Garten entstand 1973 bis 1977 der bislang einzige moderne Museumsbau Münchens von Hellmut von Werz, Ottow und Partnern für die Bestände der 1885 als ›Museum für Vor- und Frühgeschichte‹ gegründeten ›Prähistorischen Staatssammlung‹.

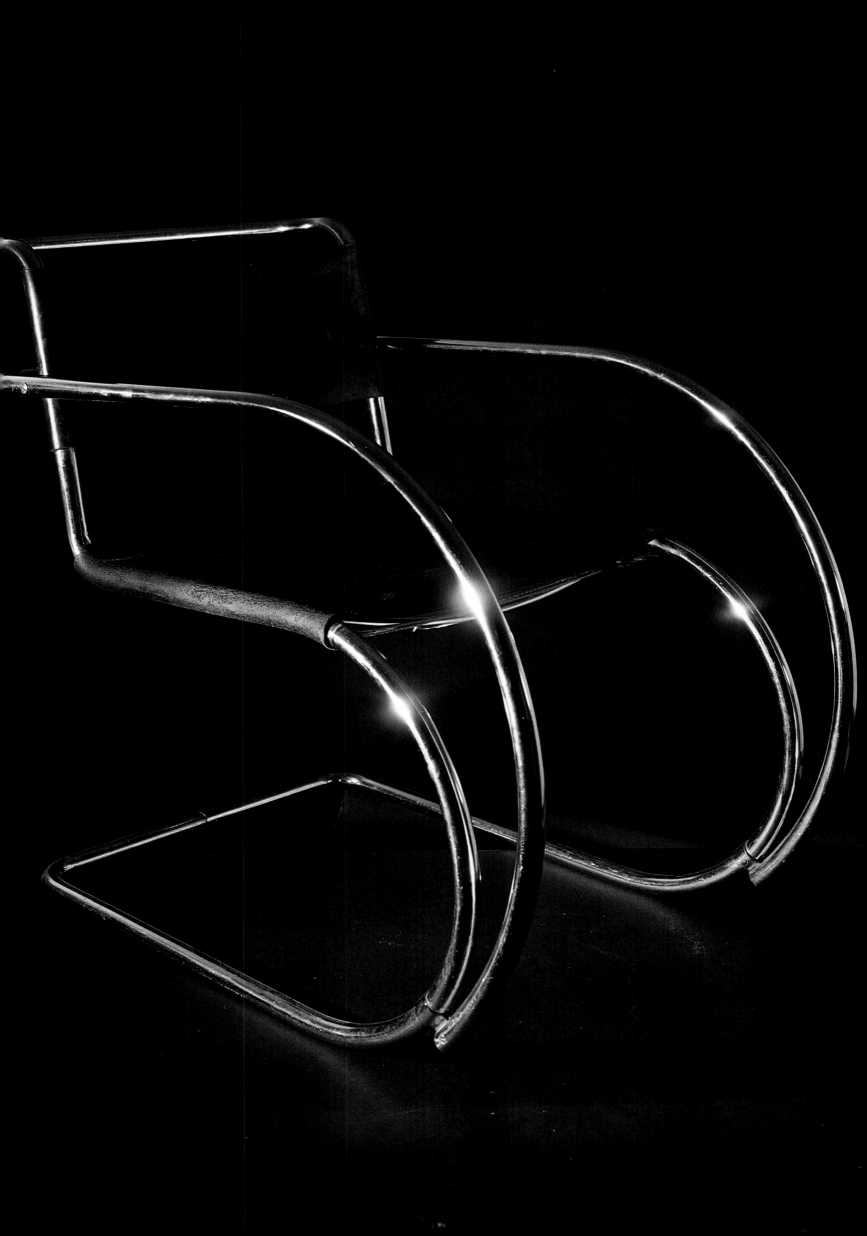

Sechs Kirchen – sechs Epochen

Die Jesuitenkirche in der Neuhauserstraße kann eine neue Geschichtsperiode symbolisieren. Das Mittelalter war am Ende des 16. Jahrhunderts versunken, so schien es, und die geschichtlichen Verhältnisse durch die Auswirkungen der Reformation Martin Luthers – der noch 1510 als Augustiner-Eremit nebenan in der Augustinerkirche gepredigt hatte – gründlich verändert worden. 1557 äußerte Herzog Albrecht V.: »Unserer frommen Voreltern christliche fundationes zergehen«. Aber gleichzeitig war die Erneuerung der alten römischen Kirche bereits im Gange, und Bayern sollte jetzt nach dem Willen seiner Fürsten im Ringen um die katholische Reform die stärkste Bastion Roms nördlich der Alpen werden.

1559 berief man die geistreichsten Vertreter des neuen Katholizismus, die Jesuiten, aus Ingolstadt nach München. Ihrem Kollegium, einem ›Escorial‹ der neuen Bildung (erbaut 1585–1590), gliederte man eine Kirchenarchitektur an, deren Innenraum die zweitgrößte freitragende Tonne der Welt überspannt, und deren übergiebelte Fassade zum Straßenraum steht, als ob es sich um ein reichsstädtisches Rathaus handele. Kirche und Kolleg sind jedoch eher einem fürstenstaatlichen Repräsentationsbau zu vergleichen, an dem die untrennbare Einheit der ›einen, heiligen Kirche‹ mit dem neuen Fürstenstaat demonstriert werden sollte. Die Fassade mit den Fürstenstandbildern kündet davon.

Dieses Kirchengebäude, 1583 begonnen, 1588 eingewölbt und nach Einsturz des Turmes und des Chores 1590 bis 1597 vollendet, muß als eine kaum zu überschätzende Originalleistung gelten, nach der sich viele Nachfolgebauten richteten. Bis 1590 ist kein entwerfender Architekt nachzuweisen, nur der Werkmeister Wolfgang Miller aus Augsburg; danach übernahm Friedrich Sustris die künstlerische Oberleitung.

Nachdem sich fürstlicher Absolutismus vollendet hatte, entstand von 1663 an am Schwabinger Tor, gegenüber der Residenz, in wiederum städtebaulich betonter Lage, die Theatinerkirche St. Kajetan. Das Kurfürstenpaar Ferdinand Maria und Henriette Adelaide errichtete sie aufgrund eines Gelübdes, das sie auf die glückliche Geburt des Thronerben Max Emanuel geleistet hatten. Abermals wurde mit der Kirche ein Kloster erbaut, jetzt für die aus Italien berufenen Theatinermönche. Der Bund von ›Thron und Altar‹ war auf hundert Jahre fest geknüpft. Dieses Bündnis wird für die entstehende Barockkultur in Bayern wichtig und drückt sich in der Theatinerkirche zum erstenmal auf die anregendste Weise aus. Die Kloster- und Hofkirche St. Kajetan ist zugleich Denkmal der kurfürstlichen Dynastie – war doch die Geburt des Thronerben damals verständlicherweise ein Staatsereignis – wie im künstlerischen Aufbau ein Denkmal der verstärkten Einbeziehung Bayerns in den römischen Kulturumkreis. Mit voller Absicht wurde doch vom kurfürstlichen Haus italienischer Hochbarock als Vorbild nach München verpflanzt. Unerhört wirkte nördlich der Alpen die Kuppel von Agostino Barellis Theatinerkirche, deren äußere Modellierung ihr nach 1674 der Graubündner Enrico Zuccalli gab. In den Voluten der Turmhelme verwandelte er die italienische Anregung bereits in eine Münchner Sonderleistung, die auf den kommenden bayerischen Spätbarock vorausweist.

Durch Johann Michael Fischer entstand dann 1735 bis 1758 östlich vor der Stadt, in der einstigen Hofmark Berg am Laim, mit der Kirche der Erzbruderschaft zum hl. Michael eines der Meisterwerke des einheimischen Spätbarock. Die geschichtliche Rückverbindung zum künstlerischen Signal, das mit der Theatinerkirche gesetzt war, sowie zum Zentrum der katholischen Reform der Jesuiten von St. Michael in der Neuhauserstraße hätte nicht geradliniger sein können als die geplante Auffahrtsstraße, die von der alten Isarbrücke zur Bruderschaftskirche St. Michael hinausführen sollte. Bauherr der Kirche war nämlich einer jener Wittelsbacher, die seit dem Jahr der Grundsteinlegung der Jesuitenkirche St. Michael 1583, als Bayern mit Erfolg den Kölner Krieg gegen den evangelisch gewordenen Erzbischof geführt hatte, für 200 Jahre die Kölner Erzbischöfe und Kurfürsten stellten.

Der Abbau der barocken Welt mit ihrer bildhaften, in Prozessionen und Bruderschaften alle Stände vereinenden Frömmigkeit begann schon um 1780 und erreichte nach dem Sieg einer profanen Staatsraison seinen Höhepunkt in der Säkularisation (1802 bis 1806), der noch 1816 die gotische Lorenzkirche am Alten Hof zum Opfer fällt. Der neue Kirchenbau Münchens im 19. Jahrhundert wächst dann aus anderem Geist, aus der katholischen Restauration in der Münchner Spätromantik, die seit 1826 auch die Universität mitprägt, und die von König Ludwig I. eifrig gefördert wird. Als bestes Beispiel für den daraus entstehenden romantischen Historismus in der kirchlichen Baukunst gilt die Ludwigskirche von Friedrich von Gärtner. In einer Vielfalt von Anlehnungen an historische Bauformen, die aber nur ganz im allgemeinen bestimmbar sind, gelingt ihm 1829 bis 1844 hier eine schöpferische Leistung. Der Bau, den, durch Arkaden verbunden, zwei würfelförmige Villen in der Flucht der Ludwigstraße flankieren, steht im Freiraum eines baumbestandenen Gartenhofs. Städtebaulich antwortet die Doppelturmfassade im weiträumig versetzten Gegenüber auf die Theatinerkirche. Die gerade abschließende Chorwand trägt das großartigste Zeugnis der spätromantischen Wiederbelebung der Freskomalerei in München, das Monumentalgemälde des Jüngsten Gerichts von Peter Cornelius.

Nach solch romantischem Historismus, dem ein ›dogmatischer‹ folgte, gelangte man an der Jahrhundertwende zu beliebiger Verfügbarkeit über historische Formen. In der evangelischen Lukas-Kirche an der Isar (1893–1896) von Albert Schmidt werden genau bestimmbare historische Formen zu neuer Originalität zusammengefügt. Einem romanischen Außenbau entspricht hier im Inneren ein gotischer Zentralraum auf dem Grundriß des griechischen Kreuzes. Dem Anspruch eines evangelischen Predigtraumes war damit höchst repräsentativ genügt.

Im Kirchenbau der Nachkriegszeit setzt sich schrittweise der Funktionalismus des ›Neuen Bauens‹ durch. Im katholischen Bereich wird nach dem II. Vatikanischen Konzil (1962–1965) der Kirchenbau ausdrücklich nicht mehr an traditionelle Formen gebunden. Der Gedanke eines Miteinanders der Gläubigen um den Altar gibt Anregung zum Entwurf neuer Zentralräume. Die Kirche St. Birgitta von Franz Xaver Gärtner (1971) stellt in dieser Hinsicht eine der exemplarischsten Lösungen im Münchner Raum dar. Mit Wandelementen aus Beton wird über quadratischem Grundriß ein strenger, fensterloser Kubus errichtet, dessen Innenraum das Licht allein von oben empfängt. Die Halle konzentriert sich meditativ und kraftvoll um die Altarinsel von Hubert Elsässer.

78
St. Lukas – Kirchenbau im Zeichen des Historismus
St Lukas – ecclesiastical building under the sign of Historicism
St. Lukas – église sous le signe de l'historisme

79
St. Birgitta: Gotteshaus aus vorgefertigten Bauelementen
St Birgitta: place of worship built of prefabricated elements
Sainte Brigitte, église en éléments préfabriqués

80
Auer Dulten – dreimal jährlich Jahrmarkt
Auer Dulten – thrice-yearly fair
Auer Dulten – foire trois fois l'an

Altmünchen

Vom alten München mit seinen Winkeln, Laubenhöfen und bescheiden-gemütlichen Architekturbildern ist wenig erhalten geblieben. Was davon die Bautätigkeit der Gründerzeit nach 1871 überdauert hatte, wurde großenteils vom Bombenkrieg zerstört oder fiel in jüngster Zeit den Baggern zum Opfer. München hat zwar in großen Zügen sein Gesicht bewahren können, aber an liebenswerter Binnenzeichnung doch allzuviel verloren. Was übrig blieb, läßt zumeist den reizvollen Zusammenhang gewachsener Baugruppen vermissen. Vereinzelte Überbleibsel aus alten Tagen finden sich noch um den Sebastians- und Dreifaltigkeitsplatz, in Seitenstraßen des Tals, in Giesing, Haidhausen und in der Au.

An der ›Kreppe‹ in Haidhausen, unterhalb des Wiener Platzes, hat sich eine echte Besonderheit des alten München erhalten: ein kleines Haus, das einst Teil eines sogenannten Herbergsviertels war. Herbergen hießen jene einfachen Unterkünfte, die sich arme Leute auf steuerfreiem Grund in Nachbarschaftshilfe selbst erbauten. Durch die Abtragung von Lehmerde für die Ziegeleien Haidhausens war ein Hohlweg, eine Kreppe, entstanden, und in dieser weiter nicht nutzbaren Lehmgrube siedelten sich die kleinen Heimwerker an.

Altmünchen – das ist nicht nur der Rest von altmünchnerischem Baubestand; zur Lebensatmosphäre der heutigen Stadt gehört auch das dreimal im Jahr wiedererstehende Altmünchner Volksleben: auf der Auer Dult rund um die neugotische Mariahilfkirche (1831–1839) von Joseph Daniel Ohlmüller. Drei Jahrmärkte sind heute in dem animierenden Stichwort ›Auer Dult‹ vereinigt: die Maidult, die Jakobi- oder Sommerdult und die Kirchweih- oder Herbstdult.

Das Wort ›Dult‹ gehört der alten Kirchensprache an. Schon im ältesten Hochdeutsch ist es die Bezeichnung für das kirchliche Fest; als Lehnwort stammt es aus dem ostgermanischen Dialekt des Bibel-Gotischen; in Süddeutschland kann es sich jahrhundertelang gegen das vom Mittelrhein her vordringende Wort ›Feier‹ behaupten. Allmählich verweltlichte der Ausdruck, um schließlich nur noch den Jahrmarkt im Anschluß an ein Kirchenfest zu bezeichnen. Heute veraltet das Wort ›Dult‹ auch in Bayern. Nur im Münchner Ausdruck ›Auer Dult‹ hält es sich noch so jung wie es die volkstümlichen Geschirr- und Trödelmärkte sind, die es bezeichnet. Die Auer Dult mit ihren drei Terminen ist von 1905 an fester Münchner Begriff, nachdem zu den Auer Vorstadtdulten, die seit 1796 bestanden hatten, noch die Jakobidult gekommen war. Diese ehemalige Warenmesse hatte sich in München schon um 1300 herauszubilden begonnen. Durch fünfhundert Jahre fand sie auf dem Jakobsplatz statt. Den Stoffhandel und Geschirrmarkt brachte die Jakobidult mit in die Au ein, wo vorher der Altwaren- und Antiquitätenhandel die Spezialitäten waren.

In das Bild Altmünchens fügen sich seit den Eingemeindungen ab 1854 auch die Kirchen der ehemaligen Dörfer um München ein. Zwei Beispiele strahlen die Atmosphäre von einst noch besonders stark aus: Bogenhausens alte Pfarrkirche St. Georg auf dem eiszeitlichen Hochufer der Isar im Nordosten der Stadt und auf dem südwestlichen Gegenufer die alte Pfarrkirche St. Margaret in Sendling (eingemeindet 1877). Alt-St.-Margaret, eine ländliche Barockkirche von Wolfgang

81
Alte Sendlinger Dorfkirche – Schauplatz der ›Mordweihnacht‹ 1705
The old village church of Sendling – scene of the ›Christmas massacre‹ in 1705
Vieille église villageoise à Sendling – théâtre du ›Noël sanglant‹ en 1705

82
›Eilles-Hof‹ – Spätgotik um 1500
›Eilles Court‹ – late-Gothic circa 1500
›Eilles-Hof‹ gothique tardif vers 1500

83
Alte Haidhauser ›Herberge‹ – Eigenheim der ›Häusler‹
Old Haidhauser dwellings – home of the ›cottagers‹
Vieille auberge à Haidhausen – propriété des ›Häusler‹

Zwerger (1712), steht am Sendlinger Berg, wo die Lindwurmstraße noch heute von einem behäbigen Bauernhof empfangen wird. An der nördlichen Außenwand trägt die Kirche ein romantisches Fresko von Wilhelm Lindenschmit (1830), das die Sendlinger Bauernschlacht von 1705 darstellt. Bei dieser Schlacht war die alte gotische Kirche zerstört worden. Geschichte und Legende geben dem Ort einen schwermütigen Charakter. In der Mordweihnacht von 1705 wurden hier am Sendlinger Berg etliche hundert Bauern aus dem Isarwinkel von den kaiserlich-österreichischen Truppen grausam niedergemetzelt. Sie hatten zu Beginn des Spanischen Erbfolgekrieges die besetzte Hauptstadt befreien wollen. Ihre Absprache mit Münchner Bürgern, die ein Tor öffnen sollten, wurde verraten. Den nutzlosen Kampf verklärte die Legende. Sie schuf die Gestalt des ›Schmied von Kochel‹, der der Anführer der Bauern gewesen sein soll. Zweihundert Jahre nach dem tragischen Kampf wurde ihm ein Denkmal gesetzt, das der Bildhauer Carl Ebbinghaus und der Architekt Carl Sattler 1906 bis 1911 schufen. Und da steht er nun am Sendlinger Bergerl, mit Schmiedehammer, Schurz und Fahne – ein Unbesiegter.

Von der dörflichen Vergangenheit Bogenhausens (eingemeindet 1892), die gleich der Sendlinger ins 8. Jahrhundert zurückreicht, zeugt allein noch die Kirche (erbaut 1766–1768 von Balthasar Trischberger oder Leonhard Gießl). Die zweifach geschnürte Haube, die zu den besten Leistungen des 18. Jahrhunderts zählt, macht auf das Innere aufmerksam: Es ist von den fähigsten Münchner Rokokokünstlern ausgestaltet, von Ignaz Günther (Kanzel 1773) und Johann Baptist Straub (Bühnenaltar mit Georgsfigur 1770). Die kostbare Ausstattung verdankt die ehemalige Dorfkirche, die auf romanischen Fundamenten ruht, dem seinerzeit neben der Kirche residierenden Hofmarksherrn August Graf Törring.

Die dörflichen Pfarrkirchen erinnern an die Zeit, da München noch innerhalb fester Mauern lag (bis 1791). In der Jungfernturmstraße, zwischen Maximilians- und Salvatorplatz, überdauerte ein letzter Stadtmauerrest die Jahrhunderte seit dem Mittelalter. Er gehört zwei Perioden an: der Zeit Ludwigs des Bayern (1294–1342), als München die zweite Stadtmauer seit seiner Gründung erhielt, die es in seinem Grundriß 500 Jahre lang festhalten sollte, und der Zeit des Spätmittelalters, das der inneren eine äußere Befestigung hinzufügte. Der Jungfernturm von 1493, einer der 111 Türme, die München um 1500 bewehrten, wurde im Jahre 1804 im Zuge der Stadterweiterung abgebrochen.

Unweit des Stadtmauerrestes führt die Kardinal-Faulhaber-Straße von der Salvatorkirche in die Richtung des Liebfrauendoms. Wie die Damenstifts- und Herzogspitalstraße vertritt sie noch die gehobene Altmünchner Atmosphäre eines adligen Wohnquartiers. Hier stehen zwei der schönsten Palais' Münchens, Zuccallis Palais Portia (1693) und Cuvilliés' Palais Holnstein (1737), das seit 1821 den Erzbischöfen Münchens gehört. Der gekrümmte Straßenzug erinnert aber auch daran, daß dieser Weg dreihundert Jahre lang die Frauenpfarrei mit ihrem Friedhof um die Salvatorkirche von Lukas Rottaler (1493–1494) verband.

Von den einst zahlreichen Altmünchner Binnenhöfen ist als letztes Beispiel aus spätgotischer Zeit der ›Eilles-Hof‹ zwischen der Residenz- und der Theatinerstraße übriggeblieben. Erst 1971 wurde er der Öffentlichkeit über eine Fußgängerpassage zugänglich gemacht.

Hier stand der
Jungfernturm
erbaut im Jahre
1493
abgebrochen
im Jahre
1804

Münchner Fassaden

Es hat bitterer Erfahrungen durch die Verödung des Stadtbildes und langer Auseinandersetzungen bedurft, ehe das Problem der Fassadengestaltung als eines der Themen erkannt wurde, die an den Nerv der vielberufenen Urbanität eines sozial und kulturell anspruchsvollen menschlichen Zusammenlebens in städtischer Umwelt gehen. Noch in den frühen sechziger Jahren hat man sich um Fassaden-Restaurierung nur bemüht, wenn es sich dabei um künstlerisch ganz hochstehende Beispiele bis hin zum Münchner Klassizismus handelte. Fassade, das war bis damals ein Wort, das unter dem Einfluß des dogmatischen Funktionalismus, in Überspitzung der Ideale des Neuen Bauens und in polemischer Abkehr von protzigen Fassaden der Gründerzeit (1870–1914) nur noch in seiner schlechteren Bedeutung von Kulisse, Maskerade, funktionslosem Zierat gebraucht wurde. Dabei betonte doch 1910 Adolf Loos, einer der Väter des Neuen Bauens: »Es ist etwas Besonderes um den Baucharakter einer Stadt. Jede hat ihren eigenen. Aber nicht nur das Material, auch die Bauformen sind an den Ort gebunden.« Daß sich der Funktionalismus, von wenigen schöpferischen Ausnahmen abgesehen, zu internationaler Eintönigkeit entwickeln würde, konnte 1910 ebensowenig vorausgeahnt werden wie die Erfahrung, daß er so rasch zur Beute ökonomischen Zweckbauens werden, wie daß er sich zu stadtbildlich urbaner Ensemblebildung wenig eignen würde.

Urbanität entsteht durch das Miteinander der Funktionen städtischen Lebens, durch lebendige Mischung in einem öffentlichen Stadtraum, der von individuellen Baugestalten geprägt ist – und bei geschlossener Bauweise kann Fassadengestaltung in hohem Maße dazu beitragen. Dieser Urbanität wirkte der Funktionalismus durch eindimensionale Zweckbestimmung seiner Bauten, durch ein Entweder-Oder der Funktionen und durch das daraus folgende Dogma der Trennung der Lebensbereiche – Wohnen oder Arbeiten – entgegen.

Verdrängt wurde auch die Tatsache, daß es eine »logische, ehrliche Werkgerechtigkeit« der Fassaden im funktionalistischen Sinne – außen sei ablesbar, wie die Räume hinter der Fassade genutzt werden – bis 1914 niemals gab. Eine gemischte Nutzung der Häuser und bis in die 70er Jahre des vergangenen Jahrhunderts fast zeitlos karger, einheitlicher Lebensstandard im Inneren waren trotz öffentlich-städtischer Zeichenhaftigkeit der Fassaden die Regel. Erst in der Gründerzeit entsprach dem materiellen Komfort das äußere Auftreten. Und wenn es in anderen Städten schärfere soziale Abstufungen in der Fassadengestaltung gab, so galt dies gerade für das München vor 1914 bis herab zur geringeren Wertigkeit etwa von Arbeiterwohnungen nicht im gleichen Maße. Die

Fassaden blieben auch in diesem Bereich Requisiten öffentlicher Anerkennung des Rechts auf menschenwürdiges Wohnen; und auch sie noch unterlagen den Forderungen, die sich aus dem Übergewicht ergaben, das man in München, ›der Hauptstadt des guten Geschmacks‹, dem Ästhetisch-Kulturellen einräumte.

Münchner Fassaden – das bedeutet hier und heute mehr als anderswo. Es bedeutet die Aktion »Rettet Münchens Fassaden«, die 1969 vom Kunsthistorischen Seminar von Professor Braunfels unter dem damaligen Fachschaftssprecher Peter Steiner gestartet wurde, zusammen mit Erhard Pressl, der schon ab 1967 ähnliche Ideen im städtischen Baureferat entwickelt hatte. Der Aktion war ein großer Erfolg beschieden: zwischen 1969 und dem Olympiajahr 1972 sind rund 1500 Fassaden der Gründerzeit und des Jugendstils wiederhergestellt worden. Seit 1970 werden in München für vorbildliche Erneuerungen nun auch Fassadenpreise an Hausbesitzer vergeben. Inzwischen ahmen andere Städte die Münchner Initiative nach.

Die Fassadenaktion hat einen Bewußtseinswandel in Münchens Öffentlichkeit herbeigeführt und überdies ein Umdenken im wissenschaftlichen Bereich der Denkmalpflege. Voraussetzung des Gelingens war wieder einmal der vielzitierte genius loci der im ganzen glücklich wiederaufgebauten Münchner Stadt gewesen, die ihre Identität im Vergleich zu anderen Städten gerade durch die Rekonstruktion entscheidender Partien des alten Stadtbildes nach der 45%igen Zerstörung des Krieges wiedergefunden hat. Die Münchner Öffentlichkeit wehrt sich seit einiger Zeit immer heftiger gegen einen rein wirtschaftlich bedingten Strukturwandel der Stadt und gegen den Ausbau Münchens zur ›autogerechten‹ Millionenstadt. In München wurde man sich neu bewußt, daß historische Kontinuität des Stadtbildes und seiner Fassadenreihen wesentlicher Bestandteil menschlichen Miteinanders in der Stadt ist, Voraussetzung dessen, was Urbanität heißen kann. Für die Denkmalpflege bedeutet diese Entwicklung die Aufnahme auch zweit- und drittrangiger Bauten in ihre Obhut, da verschiedenartige Fassaden im Ensemble mehr Atmosphäre und höheren urbanen Wert erhalten als die einzelne, aber museal isolierte Fassade erster Qualität. Auch wurde erkannt, daß der alte Grundsatz der Denkmalpflege: »konservieren, nicht restaurieren« für Museumsgegenstände zwar weiterhin berechtigt sei, daß aber für Architekturen der urbanen Umwelt die »saubere Rekonstruktion des historischen Bestandes« einer modernen Ergänzung, die lange Zeit als ›ehrlicher‹ empfunden wurde, überlegen sein kann. Der Abriß von Gründerzeit- und Jugendstilfassaden hatte freilich auch umso ungehemmter losbrechen können, als bislang Kriterien für die Würdigung ihrer künstlerischen Qualität nicht in ausreichendem Maße erarbeitet waren. Gerade dies wird nun in München mit Sorgfalt nachgeholt, und darüber hinaus wird die psychologische Wirksamkeit des Erscheinungsbildes von Fassaden untersucht, um deren wichtige Funktion für das urbane ›Heimatgefühl‹ nachzuweisen. Michael Petzet, Generalkonservator des bayerischen Denkmalamts, umreißt die neuen Aufgaben so: »Denkmalpflege läßt sich durch die heute selbstverständliche Einbeziehung der Umwelt einzelner Monumente wie durch die neuen Aufgaben des Ensembleschutzes kaum noch auf die klassischen kunsthistorischen Aufgaben beschränken. Sie ist Teil der allgemeinen Umweltschutzbewegung und hat in bestimmten Bereichen mit den gleichen, die Natur und den Menschen bedrohenden Problemen zu tun.«

91
Königinstraße: Brunnenforum vor funktioneller Fassade
Königinstraße: fountain forum in front of a functional façade
La Königinstraße – forum avec fontaine devant une façade
  fonctionelle

92
Jugendstilfassade am Harras Nr. 5
Art Nouveau façade – am Harras No. 5
Façade Art nouveau am Harras Nr. 5

93
Künstlerhaus und Künstlerkirche: Ä. Q. Asam
Artist's house and artist's church: Ä. Q. Asam
Maison et église d'artiste: Ä. Q. Asam

Die Brüder Asam – Künstlerhaus und Hauskirche

Der übers Gebirge aus Italien nach Bayern geholte Barock, der hier zuerst noch von italienischen Künstlern am Münchner Hof ausgeformt wurde, und zwar gleichermaßen im höfischen wie im kirchlichen Bereich, erreichte in seiner Spätphase zwischen 1700 und 1740 seinen großen bayerischen Augenblick.

München ist mit dieser späten Hochform durch die Künstlerbrüder Asam, von denen keiner dem anderen nachstand an Genialität, Fleiß und tiefreligiösem Sinn, auf ganz besondere Weise verbunden. Ließ sich doch der Bildhauer und Baumeister Ägid Quirin Asam (1692–1750), der jüngere von beiden, in der Sendlinger Straße nieder, wo er bis 1733 vier Häuser erwarb, um neben dem Wohnhaus seine private Kirchenstiftung mit Priesterhaus zu errichten, während sich der Maler und Baumeister Kosmas Damian Asam (1686–1739) in Thalkirchen ein Wohn- und Atelierhaus erbaute. Die Familie der Asam stammt aus Rott am Inn und aus München: Vater Hans Georg Asam (1649–1711), selbst bereits ein bekannter Freskomaler, war 1620 nach München zugezogen, wo er die Tochter des Münchner Hofmalers Niklas Prugger (1620–1694) heiratete.

Ein seltenes Glücksmoment bestimmte die von unerschöpflicher Phantasie geleitete Arbeit der Brüder Asam mit. Sie schufen nicht getrennt, sondern zumeist in ideal wirkender Werkgemeinschaft; zusammen entwickelten sie die charakteristische ›Asamkunst‹, Architekturen, die innenräumlich zu Plastiken zu werden scheinen, wo indirekte Lichtführungen malerische Wirkung tun, wo in Gesamtkunstwerken ein mystisch berührtes ›theatrum sacrum‹ inszeniert wird, um etwas von barock weltumfassender Religiosität schaubar zu machen. Versteckt angesetzte Decken- und Kuppelfresken erweitern ihre Architekturen um sakrale Erzählräume ›in den Himmel‹.

Freilich gibt es nur drei Kirchenräume, die ganz aus ihrer Hand kommen: die Abteikirchen Weltenburg und Rohr, wo einmal der Ältere, dann der Jüngere die Architektur entwarf, und die ›Asamkirche‹ St. Johann Nepomuk des Ägid Quirin in der Münchner Sendlinger Straße. In ihrer Heimatstadt finden sich auch weitere Einzelwerke der Asam.

Die schmale Fassade der Asamkirche (Grundsteinlegung 1733, Weihe 1746), die sich zwischen dem Wohnhaus Ägid Quirins und dem nach seinem Tod errichteten Priesterhaus hochdrängt, bildet in ihrer Höhengliederung die schluchtartige Enge des Kircheninneren vor. Auf dem Portalgiebel erhebt sich eine ekstatische Figurengruppe mit dem erst 1729 heiliggesprochenen Johann Nepomuk in der Mitte, dargestellt im Verklärungsgestus. Den Fenstergiebel darüber bekrönt die plastische Allegorie von Glaube, Liebe und Hoffnung. Von der Kirchenfassade her, die zu den feinsten des 18. Jahrhunderts gehört und »gleichermaßen als Triumphtor wie als Straßenaltar und Epitaph-Denkmal wirkt«, werden auch die Allegorien der Stuckfassade verständlicher, die Ägid Quirin seinem Wohnhaus aus dem 16. Jahrhundert vorgeblendet hat. Vom hervorgehobenen Erker dieses schönsten Künstlerhauses Altmünchens herab kündet der Baumeister und Stukkator sein Bekenntnis der katholischen Glaubenswelt, während von den profanen Inspirationen des Künstler-Handwerkers Bilder der griechischen Mythologie erzählen – in zurückhaltender Zuordnung zur religiösen Welt des Christentums.

94
Städtische Galerie – die ›florentinische‹ Villa Lenbachs
City Art Gallery – Lenbach's ›Florentine‹ Villa
La galerie municipale – villa ›florentine‹ de Lenbach

95
Stuck-Jugendstilmuseum – Musikzimmer in der Villa Stuck
Stuck Art Nouveau museum – music-room in the Villa Stuck
Le musée Art nouveau de Stuck – salle de musique dans la villa

Künstlerhäuser – die Villen Lenbach und Stuck

Zwei Künstlersitze der Prinzregentenzeit (1886–1912) heben sich als eine ›ganz und gar münchnerische Sache‹ städtebaulich und historisch als gesellschaftliche Brennpunkte der Künstlerstadt München an der Jahrhundertwende heraus: die Villa Lenbach in der Luisenstraße am Königsplatz, 1887 bis 1891 von Gabriel von Seidl für den Maler Franz von Lenbach (1836–1904) erbaut, und die Villa Stuck an der Äußeren Prinzregentenstraße, die sich der Maler Franz von Stuck (1863–1928) in den Jahren 1897 bis 1898 selbst entworfen und ausgestattet hat. Beide Villen sind heute in das öffentliche Kunstleben einbezogen: die Villa Lenbach seit 1929 als Städtische Galerie, nachdem das Haus samt Einrichtungen und Lenbachs Sammlungen 1924 von der Stadt angekauft werden konnte; die Villa Stuck seit 1968 als Stuck-Jugendstil-Museum, nachdem Hans Joachim Ziersch die Villa erworben, ihre Wiederherstellung geplant und das Haus 1967 in den Stuck-Jugendstil-Verein eingebracht hatte.

In Lenbach und Stuck beherrschten zum erstenmal zwei Altbayern die Münchner Kunstszene. Beide entstammen sie kleinen Handwerkerfamilien. Lenbach wurde als Sohn eines Maurermeisters im oberbayerischen Schrobenhausen geboren, Stuck als Müllerssohn im niederbayerischen Tettenweis. Lenbach, Auftragsporträtist der damals führenden Gesellschaftsschicht, war als Haupt der Künstlergenossenschaft seit 1873 zu Münchens allgewaltigem Kunstorganisator geworden, Stuck trat ihm als Gegenherrscher zur Seite, nachdem er mit Bildern symbolischer Kompositionen voll naturalistisch-plastischer Kraft zum ersten Mann der Sezession aufgestiegen war. Beide Künstler rückten zu ranggleichen Mitgliedern der großbürgerlich-adeligen Gesellschaft auf und wurden aufgrund ihrer einflußreichen Stellung und ihrer Lebensführung mit dem allegorischen Titel ›Malerfürsten‹ belegt.

Lenbach ließ sich nach jahrelangem römischen Aufenthalt in München eine Renaissance-Villa mit Atelierhaus und vorgelagertem italienischen Garten erbauen, vor allem um seine Auftraggeber an repräsentativem Ort empfangen zu können. In zwar scharf charakterisierender, aber zumeist manieristisch-altmeisterlicher Weise porträtierte er sie hier. Stuck dagegen schuf sich mit seiner Villa etwas völlig Neues: ein Wohn-Kunstwerk, das Einheit von Architektur und durchkomponierter kunsthandwerklicher Ausstattung erstrebte. Zwar diente auch dieses Haus der gesellschaftlichen Repräsentation, jedoch vorzüglich in einem Sinne, der seine Gäste aus ihrem Milieu auf eine Insel mythologischer Kunstschönheit einlud, die nur sich selber meinte. Die gestalterische Beziehung der Villa zu Böcklinschen Bildmotiven ist nachgewiesen worden. Stuck, in dessen Werkliste diese Villa einen wesentlichen Platz einnimmt und bis heute behaupten kann, ging mit seinen antikisierenden Formen im Umkreis der Jugendstilära über Böcklin hinweg viele Schritte auf die kommende Werkkunst zu und erreichte damit, was ihm durch sein malerisches Werk nicht in gleich überzeugender Weise gelang: Bedeutung als einer der Väter der Moderne zu erringen. Das entsprach auch seiner Leistung als Lehrer an der Akademie, wo er in unbeirrbarer Sachlichkeit die verschiedenartigsten Talente jener Generation förderte, die die Kunst alsbald revolutionieren sollte: Klee, Kandinsky, Purrmann, Geiger.

96
Maler in München – heute
Artist in Munich – today
Peintres à Munich aujourd'hui

Künstlerstadt München

Vereinfachende Betrachtungsweise hat aus München die ›Kunststadt München‹ werden lassen. Das ist ein Schlagwort, mit dem unter Hinweis auf die vergleichsweise glücklich restaurierte Kunstgestalt der gebauten Stadt und auf die Vielzahl weltberühmter Museen oft die Tatsache verdeckt wird, daß München in den Jahrzehnten nach dem Krieg nur zögernd den Anschluß an seine eigene Tradition wiederfand, nämlich Gegenwartskunst ernstzunehmen.

Als König Ludwig I. in den späten 20er Jahren des letzten Jahrhunderts gesagt hatte: »Aus allen Gauen Deutschlands kommen die Künstler zu mir, wir wollen ein rechtes Kunstleben führen«, steckte er damit genau den Lebensraum einer idealen Künstlerstadt ab, in der gleichrangig zu staatlichen und ökonomischen Entwicklungen auch öffentlich Bedeutung erlangt, wer Kunst hervorbringt. Durch die Gründung der Neuen Pinakothek (Bauzeit 1846 bis 1853) wird alsbald das systematische Sammeln zeitgenössischer Kunst zu einer selbstverständlichen Aufgabe innerhalb des Kulturlebens. Der Zustrom von Künstlern nach München, der im Sog dieser neuen Ausstrahlung der Stadt einsetzte, gab der hochgesinnten königlichen Kunstpolitik recht. Als im Glaspalast 1869 Münchens erste internationale Kunstausstellung stattfand, stellte sich heraus, daß der deutsche Ieitrag fast ausschließlich von Wahlmünchner Künstlern eingeliefert war. Und noch 1931 arbeitete etwa ein Drittel der in Deutschland tätigen bildenden Künstler in und um München. Die lange Epoche, in der der Kunstverein (gegründet 1835) eine wichtige Vermittlerrolle zwischen neuer Kunst und bürgerlicher Käuferschicht spielte, und in der sich die Künstler in geselligen Vereinen organisierten, Ausstellungen und Künstlerfeste arrangierten und bei öffentlichen Anlässen den dekorativen Rahmen schufen, gipfelte in der Friedenszeit zwischen 1871 und 1914. Seit 1873 schufen Künstlergenossenschaft und Allotria und seit 1892 auch die Sezession die Atmosphäre eines opulenten Zusammenwirkens des gründerzeitlichen Bürgertums und des liberal gesinnten Hofes mit der Künstlerschaft. Inmitten dieser Periode trat dann das Phänomen Schwabing als antibürgerlicher, lebens- und kunstreformerischer, neuschöpferischer Aufbruch ins 20. Jahrhundert hervor.

Als in den zwanziger Jahren, und ganz ähnlich in der zweiten Nachkriegszeit die Künstler in München wie anderswo – außer denen, die für den ›Kulturbetrieb‹ repräsentativ wurden – sich in die Anonymität der modernen Großstadt eingliedern mußten, waren in München aus den goldenen Jahren vor 1914 im Vergleich zu anderen Großstädten immerhin so viel Lebensqualitäten erhalten geblieben, daß die Stadt erneut zu einem Magneten für den Zuzug von Künstlern werden konnte. »In dieser Stadt des Lebens« (Hebbel), in der die Gesellschaftsgrenzen durchlässig sind, gehören die Künstler auf eine ganz selbstverständliche Weise zum Stadtorganismus.

Auch Ateliers namhafterer Maler wie Rudolf Büders, in dessen Werk sich figürliche und gegenstandslose Formungen stilbestimmend durchdringen, befinden sich heute in den verschiedensten Stadtvierteln, und nichts als die Weiterverbreitung eines Klischees wäre es, wollte man als Beispiel für das Arbeitsmilieu eines Künstlers in der Künstlerstadt München heute ein bohèmehaft-stimmungsvolles Schwabinger Atelier zeigen.

97
Schwabing – wo?
Schwabing – where?
Schwabing – ou?

98
Oktoberfest – die ›Lichterstadt von oben‹
Oktoberfest – the ›city of lights from on high‹
Foire d'octobre – ›Lumières de la ville vues d'en haut‹

Schwabing

Die Rede von Schwabing als Münchens Künstlerviertel ist wohl das traurigste Sprachklischee, das als Rest vom einstigen Aufbruchs-Schwabing um die Jahrhundertwende übrigblieb, dem Schwabing zwischen ›Simplizissimus‹ und Stefan George, zwischen dem literarischen Kabarett der ›Elf Scharfrichter‹ und einer Unzahl künstlerischer und revolutionärer Zirkel, von denen die ›Kosmische Runde‹ um Wolfskehl in ihren Zukunftsgesprächen die Leute in ›Enorme‹ und in ›Belanglose‹ einteilte. Ein bißchen pflegt man das heutige Schwabing wie eine schöne Illusion von vorgestern, durch Literaturpreise, durch Ansiedlung von Privat-Theatern, durch einen fragwürdigen Kunstgewerbemarkt unter freiem Himmel in der Leopoldstraße. Denn das alte Schwabing ist der Realität der Vergnügungsindustrie in diesem Stadtteil längst gewichen. Und die rastlosen Erneuerer eines experimentellen Schwabing verlieren offensichtlich je länger je unwiederbringlicher an Boden.

Freilich war Schwabing auch in seiner klassischen Zeit Utopie: die Kosmiker nannten den Typus des ›echten Schwabingers‹ einen Menschen, der »alle Normen der veralteten Durchschnittsmenschheit überwunden und abgetan hat und einer Zukunftsnorm entgegen lebt«. Und natürlich war Schwabing vor allem Bohème, worüber Franziska von Reventlow in ihren Gesellschaftsromanen die treffendsten Bemerkungen machte, etwa wenn sie Schwabing »Wahnmoching« nannte oder von dem Stadtteil, der 1890 nach München eingemeindet wurde (nachdem er noch 1887 zur Stadt erhoben worden war) behauptete, er sei gar kein Ort, sondern ein Zustand.

Trotzdem: Schwabing war weit mehr als ›Traumstadt‹, es war, wie Erich Mühsam es formulierte, »ein kultureller Begriff«; mit Schwabing verbanden sich die Vorstellungen von Freiheit und Erneuerung kultureller Überlieferungen, zunächst vorgetragen im Stil eines ›Gegenmünchen‹, um Paul Wührs Buchtitel von 1970 zu zitieren.

›Klassisches Schwabing‹ ist also ein erweiterter Begriff von ›Jugendstil‹. Friedrich von der Leyen schrieb dazu nieder: »Schwabing war der Versuch, das künstlerische München mit der Schwungkraft der Jugend in eine neue Welt zu reißen, von der noch niemand wußte, was sie geben und was sie nehmen könnte.« Der in München geborene Franz Marc wird um dieselbe Zeit sagen: »Wir werden im 20. Jahrhundert zwischen fremden Gesichtern, neuen Bildern und unerhörten Klängen leben. Viele, die die innere Glut nicht haben, werden frieren und nichts fühlen als eine Kühle und in die Ruinen ihrer Erinnerungen flüchten. Wehe den Demagogen, die sie daraus hervorzerren wollen.« Dabei ist nicht zu übersehen, daß sich dieses historische Schwabing inmitten jener von ihm befehdeten Prinzregentenzeit abspielte, die Thomas Mann 1926 im Rückblick doch wohl sehr zutreffend als einen Zeitabschnitt voll »Atmosphäre der Menschlichkeit, des duldsamen Individualismus, der Maskenfreiheit sozusagen« charakterisierte. Am Ende der klassischen Schwabinger Zeit, als Wassily Kandinski in der Schwabinger Ainmillerstraße 1910 das erste abstrakte Bild gelang, steht ein Wort, das er als ein »enthusiastischer Theoretiker« noch vor der Abfassung der Programmschrift des ›Blauen Reiters‹ (1912) schrieb: »Kunst ist das Sprechen vom Geheimen durch Geheimnis.«

99
Auf dem Oktoberfest – Hochstimmung im Bierzelt
At the Oktoberfest – high spirits in a beer-tent
A la foire d'octobre – liesse sous la tente de la bière

Das Oktoberfest

Das Oktoberfest unter dem Riesenstandbild der Bavaria ist ein bodenständig bayerisches, ja ein echtes Münchner Volksfest. Seit mehr als 150 Jahren strömen die Münchner auf die Theresienwiese und trotz des Zulaufs, dessen sich das Fest schon bald aus Bayern und schließlich aus der ganzen Welt erfreute, bilden die Einheimischen von jeher und immer noch die Stammkundschaft.

Das Oktoberfest haben sich die Münchner selbst gestiftet. Es ist, als ob sie nur auf einen passenden Anlaß gewartet hätten. Als 1810 Kronprinz Ludwig mit Therese von Hildburghausen Hochzeit feierte, war der Augenblick gekommen. Der bürgerliche Lohnkutscher Franz Baumgartner machte den Vorschlag, das Fest durch ein Pferderennen zu verschönern. Der Magistrat griff die Idee auf, der Hof genehmigte sie, und am 18. Oktober 1810 verfolgten von den 40 000 Einwohnern Münchens 30 000 das Schauspiel auf der damals noch namenlosen Wies'n vor der Stadt.

Fortan sammelte sich das bayerische Volk im Oktober in München, und häufig legte man deshalb kulturelle Ereignisse in diese Zeit: etwa die Enthüllung der Bavaria über der Wies'n, die ja erst vierzig Jahre nach dem ersten Oktoberfest stattfand.

1818 schlugen einige Wirte ihre Bierbuden auf der Theresienwiese auf, und einer, der Praterwirt Gruber, errichtete zum erstenmal Schaukeln, Karussels und Kegelbahnen. Der Grund für Wies'n-zauber und Wies'nseligkeit war nun gelegt.

Um die Jahrhundertmitte erblühten jene phantastischen Darbietungen, an die sich die Alten beim Anblick der heutigen rasenden Wunder der Technik so wehmütig erinnern: Löwenmenschen und Dame ohne Unterleib, Flohzirkus und Kasperltheater. Die abnormste Sehenswürdigkeit bot 40 Jahre lang ein waschechter Münchner, August Schichtl (1851–1911), in seinem ›Original-Zauber- und Spezialitätentheater‹. Der Höhepunkt war die ›Hinrichtung einer lebenden Person‹. Seinen Lockruf »Auf gehts beim Schichtl« übernahm man in München als Redensart.

Noch heute ist es der Schlachtruf der Einheimischen, wenn sie ins tosende Gewühl ziehen, das ihnen die Zeitgenossen aus aller Welt liefern. Die exotischen Attraktionen sind zwar rarer geworden, dafür holt man sich seine ›Wies'nschauder‹ jetzt in den unsanften Wirbeln technischer Fahrmonstren. Achterbahn, Riesenrad und Autoscooter muten dabei vergleichsweise wie die gute alte Zeit selber an. Doch Lichter und Düfte, der Vogeljakob persönlich und der türkische Honig, Steckerlfisch und Luftballon, die Geisterbahn und die Bavaria, der die vielen Besucher ihren Aussichtskopf immer noch nicht verdreht haben, das alles ist beim alten geblieben. Und manchem, der aus einem der stimmungsschweren, dreischeunengroßen Bierzelte in die kreisende Septembernacht des Oktoberfestes hinausbalancierte, mag die Bavaria in ihrer stattlichen Leibesfülle wie die einzige zuverlässige Senkrechte erschienen sein.

100
Elefantennummer im Circus Krone
Elephant act in Circus Krone
Numéro d'éléphants au cirque Krone

Circus Krone

Die alljährliche Winterspielzeit des Circus Krone in München, die seit 1919 traditionsgemäß am 1. Weihnachtsfeiertag beginnt, hat sich im Festkalender der Stadt bereits festgeschrieben wie der Münchner Fasching, die Starkbierzeiten und das Oktoberfest. Und wenn man die sechzehn Tage der Wies'n mit Recht Münchens 5. Jahreszeit genannt hat, dann darf man vielleicht das jährliche ›Heimatgastspiel‹ des Münchner Circus Krone als die sechste Jahreszeit bezeichnen. Freilich wäre zu streiten darüber, ob nicht je auch der Fasching und die Bierfeste den Rang einer Jahreszeit beanspruchen dürften. So gesehen gäbe es dann in München acht Jahreszeiten, vier naturbedingte und vier münchnerische. Jedenfalls ist es amtlich, daß der Circus Krone auf dem Marsfeld, der sich seit 1956 sogar ›größter Zirkus der Welt‹ nennen darf, als eine urmünchnerische Angelegenheit angesehen werden muß. Seit 1967 lautet die Anschrift des Unternehmens: Circus-Krone-Straße 1–6. Wahrscheinlich gibt es keine zweite Straße dieser Art in Deutschland.

Die Geschichte des Circus Krone, der heute 400 Menschen beschäftigt, zu dem 400 Tiere und 332 Wohn-, Pack- und Gerätewagen gehören und ein Spielzelt mit 5 600 Sitzplätzen, begann im Herbst 1870, als auf dem Güterbahnhof in Osnabrück im Wohnwagen Carl Crones, des Besitzers eines bescheidenen Menagerietheaters, nach drei Töchtern und einem Sohn der kleine Carl geboren wird. 1872 erhält das Unternehmen den Namen Menagerie Continental, nachdem der Tierbestand um je zwei Braunbären und Wölfe erweitert werden konnte, und 1874 führen dann Crones Jüngster und sein älterer Bruder Fritz die Wölfe im Käfigwagen vor. Das war eine Sensation, sie hieß: »Kinder beherrschen die Bestien der russischen Wälder.«

Acht Jahre später wird Fritz von Vaters Braunbären getötet. Der inzwischen zwölfjährige Carl muß die Schule verlassen und sofort ins Unternehmen eintreten. Zwar wird noch im gleichen Jahr 1882 ein Löwe gekauft, aber Carl vom Vater die Dressur untersagt. 1886 bekommt er einen Elefanten, der zu seinem großen Leidwesen jedoch bald eingeht. Erst das Jahr 1888 wird für Carl entscheidend: Er erhält vom Vater vier neugeborene Löwen geschenkt, die er nun doch dressieren darf. Als ›Monsieur Charles‹ wird er wenig später als jüngster Löwendompteur auftreten und sich zu einer europäischen Berühmtheit in seinem Fach entwickeln.

Als Carl Krone 1902 Ida Ahlers geheiratet hatte, die als Löwendompteuse ›Miss Charles‹ nach 1904 bald ebenso berühmt sein wird wie er selbst, zog man erstmals als ›Menagerie Charles‹ aufs Münchner Oktoberfest. Es ist die ›Hochzeitsreise‹ der Krones, und in München schmiedet das Paar nun Zirkuspläne und faßt den heimlichen Gedanken, das zukünftige Unternehmen hier einmal ansässig zu machen. Das Geburtsjahr ihres ›Circus Charles‹ ist 1905; schon 1909 verfügen die Krones über eine ›rollende Stadt‹, 1913 wird das Unternehmen umgetauft in Circus Krone. Mit nur zwei Elefanten hatte es 1905 begonnen, aber als 1919 in München tatsächlich der Circus-Krone-Bau eröffnet werden konnte, waren die Dressurnummern der Elefantenherde bereits eine Attraktion und die Dickhäuter zu Wappentieren des Circus Krone geworden. 1943 trat Frieda Sembach-Krone als Herrin der Elefanten und des Unternehmens in die Fußstapfen des Vaters, mit Christel Sembach-Krone geht das Familienunternehmen heute in die vierte Generation.

101
Tierpark Hellabrunn – am Flamingoweiher
Hellabrunn Zoo – the flamingo pond
Jardin zoologique Hellabrunn – étang des flamants

Tierpark Hellabrunn

Im Süden Münchens, auf der Höhe Thalkirchens, dort wo die Isar einen Moränenwall steilwandig durchbricht, liegt unter einem beherrschenden Nagelfluh-Hang der Tierpark Hellabrunn. Die Landschaft des Urstromtals gab bei der Anlage des Tierparks, der 1905 vom ›Verein Zoologischer Garten‹ unter Hermann Manz gegründet wurde, den entscheidenden Impuls für die Gestaltung des Geländes. Emanuel von Seidl schuf 1910 bis 1911 mit dem Elefantenhaus, der Löwenterrasse, mit Brücken und Kassenhäuschen am Haupteingang Architekturen, die im Sinne des münchnerisch malerischen Historismus dieser Jahre den Zusammenhang mit der Natur suchten. Den Ausbau des ersten Teils, der 1911 eröffnet wurde, unterbrach der 1. Weltkrieg; 1922 war der Tierpark infolge Inflation gezwungen, alle Tiere zu verkaufen, 1923 mußte er geschlossen werden.

Als Heinz Heck 1928 den Münchner Tierpark neu begründete, zuallererst mit Leihtieren, führte er zugleich eine ganz neuartige Leitidee durch: die geographische Anordnung der Gehege. Den Erdteilen Europa und Asien, den Polargebieten, Afrika, Australien und Amerika wies er verschiedene Parkteile zu und schuf so den ersten ›Geo-Zoo‹ der Welt. Ähnlich wie die älteren botanischen Gärten waren die frühen zoologischen dagegen systematisch eingeteilt gewesen: sie versuchten, die genetische Verwandtschaft der Tiere darzustellen.

Als Aufgabe stellte Heck dem Münchner zoologischen Garten, auf möglichst naturnahe Weise naturwissenschaftlich zu belehren. Deshalb verzichtete er von vornherein auch auf die noch barocke Tradition, seltene Tiere einzeln zu präsentieren. Statt dessen werden einheimische und exotische Fauna in Hellabrunn in Familien und Herden gehalten. Und um die lebendige Anschauung noch zu steigern, leben sie auf den großflächigen Freigehegen in standortgerechter Vergesellschaftung, zusammen mit vielen Tieren, mit denen sie auch in ihrer Heimat den natürlichen Lebensraum teilen. Gehegegitter ersetzte man, soweit möglich, durch Wassergräben und Schluchten, so daß der Charakter des Tierparks als Landschaftsgarten der Tiere erhalten blieb.

Den schönsten Beweis dafür, daß sich die Tiere in Hellabrunn trotz Gefangenschaft wohlfühlen, können die in der ganzen Welt anerkannten Züchtungserfolge liefern. Der Münchner Tierpark ist fast zu einer Art Tierzuchtfarm geworden. Nicht nur, daß sich viele der in Hellabrunn lebenden Tiere schon wie unter natürlichen Bedingungen vermehren – die Paviane zum Beispiel sind bereits alle ›Münchner Kindl‹ –, in erstaunlichem Maße gelingt es auch, schwierigere Erhaltungszuchten einiger vom Aussterben bedrohter Tierarten durchzuführen. Am bekanntesten sind die Zuchtherden der Wisente, der afrikanischen Weißschwanz-Gnus und der ostasiatischen Davidshirsche. Wissenschaftlichen Ruhm erntete Heinz Heck mit der Rückzüchtung des seit Anfang des 17. Jahrhunderts ausgestorbenen Auerochsen, des Ahnen unseres Hausrindes, und des europäischen Urwildpferdes, das bis 1876 noch auf freier Wildbahn existierte. Unter seinem russischen Namen Tarpan tummelt sich heute, dem mausgrauen, zierlichen Urwildpferd wieder sehr ähnlich, eine ganze Herde von Wildpferden im Hellabrunner Gehege.

Seit 1972 werden Stallungen, Schaugehege und Parkanlagen Hellabrunns unter der Leitung von Arnd Wünschmann nach einem noch viele Jahre beanspruchenden Generalausbauplan erneuert.

102
Großer Teich und Alpinum im Botanischen Garten
The large pond and alpine garden in the Botanical Gardens
Grand étang et ›Alpinum‹ au jardin botanique

Alter und Neuer Botanischer Garten

Münchens Neuer Botanischer Garten in Nymphenburg, 1914 auf einem Gelände am Rande des Schloßparks eröffnet, ist bereits die zweite Anlage ihrer Art auf dem Boden der Stadt. An den Standort des älteren Botanischen Gartens von 1813 erinnert noch die kleine Gartenanlage beim Lenbachplatz, gegenüber dem Künstlerhaus, die durch Joseph Wackerles Neptunbrunnen (1935 bis 1937) neugestaltet wurde. Auch das ehemalige Eingangsportal von 1812, ein frühklassizistisches Säulentor von Joseph Emanuel von Herigoyen ist noch erhalten.

Künstlerische und wissenschaftliche Bedeutung des Alten Botanischen Gartens waren hoch anzusetzen. 1909 bis 1914 gelang es, dieses hohe Niveau unter veränderten Bedingungen auf die neue Nymphenburger Anlage zu übertragen. Als in den Jahren 1804 bis 1813 die künstlerische Ausgestaltung bei Friedrich Ludwig Sckell, dem Gestalter des Englischen Gartens, gelegen hatte, war die Halbkreisfläche der Anlage ein wesentliches Stück im Generalbebauungsplan Karl von Fischers und Sckells für die Maxvorstadt gewesen. 1914 schloß Ullmann die künstlerische Gestaltung des Neuen Botanischen Gartens an den Schloßpark und an Motive der damals noch unangetasteten natürlichen Umgebung des neuen Geländes an. Die wissenschaftliche Einrichtung und Anpflanzung des alten Gartens, der auch schon 1813 aus Freigelände und weitausladender Gewächshausanlage bestanden hatte, besorgte der berühmte Botaniker Franz von Schrank (1747-1835), Professor an der Universität in Ingolstadt. Schrank entwickelte den alten ›Apothekergarten‹, also den Heilkräutergarten der Ingolstädter Universität in München zum modernen wissenschaftlichen Sammlungsgarten weiter.

Zwei Ereignisse trugen zur baldigen Zerstörung des Alten Botanischen Gartens bei, so daß kaum 100 Jahre nach seiner Anlage die Verlegung nach Nymphenburg notwendig wurde: zunächst der 1853 durchgeführte Abbruch des Gewächshauses zugunsten des Industrie- und Kunstausstellungsgebäudes des Glaspalastes (abgebrannt 1931), wovon der damalige Direktor des Gartens, Karl Friedrich Philipp von Martius (1794-1868) nicht rechtzeitig verständigt worden war und deshalb aus Protest die Leitung niederlegte; das zweite Ereignis trat erst nach und nach in Erscheinung, nämlich die Luftverschmutzung durch den nahen Hauptbahnhof (seit 1839) und die immer dichtere Umbauung des Gartens, die den Pflanzen allmählich erhebliche Schäden zufügten. Karl von Goebel (1855-1935) veranlaßte daher 1909 die Verlegung und wurde zum wissenschaftlichen Schöpfer des Neuen Botanischen Gartens, der nun auch eine systematische Abteilung auf der Grundlage der inzwischen neu entwickelten Abstammungslehre erhielt.

Joseph Wackerle schuf 1910 für diesen Garten phantasievolle Majolikafiguren und -vasen, die in der Nymphenburger Porzellanmanufaktur hergestellt wurden. Der Münchner Botanische Garten, der zu den größten und vor allem schönsten Europas zählt, ist heute Bestandteil der Naturwissenschaftlichen Staatssammlungen. Und schon wieder bedrohen Umweltgefahren den Garten: Sammlungsdirektor Franz Schötz mußte 1975 feststellen: »Der Abgasgehalt der Großstadtluft führt neuerdings zu schlimmen Schäden an Gewächshauspflanzungen«.

103
Schloß Nymphenburg – ein Blick aus dem Festsaal in den Park
Nymphenburg Palace – a view from the banqueting-hall into the park
Château de Nymphenburg – de la salle des fêtes, vue sur le parc

Schloß Nymphenburg

Als die sechzehnjährige Henriette Adelaide von Savoyen 1652 nach München kam, um den gleich-altrigen Kronprinzen Ferdinand Maria zu heiraten, der noch unter Vormundschaft stand, gab es einen ungeheuer festlichen Empfang. Seit 1568 hatten die Münchner so etwas nicht mehr erlebt; zwei Wochen lang war damals die Vermählung Wilhelms V. mit Renate von Lothringen gefeiert worden. Nach dem Dreißigjährigen Krieg begann für das kurfürstliche Territorium und seine Haupt- und Residenzstadt München nun eine mehr als dreißigjährige Friedenszeit, die zum wirt-schaftlichen Wiederaufbau des Landes genutzt wurde. In dieser Zeit vollendete sich der absolu-tistische Territorialstaat; fast alle Lebensbereiche des Landes kamen nun unter den Einfluß des kurfürstlichen Hofes in München, der die zentralistische Schaltstelle des Staates wurde.

Dem Aufstieg der barocken höfischen Kultur, deren gesteigerte materielle Ansprüche die Münch-ner Stadtwirtschaft weitgehend beschäftigten, entsprach ein Niedergang der eigenständigen stadt-bürgerlichen Kultur und Wirtschaft. Die Münchner Residenz, die schon seit 1619 zu den größten Europas zählte, gilt zwischen 1650 und 1750 als eine der glänzendsten Stätten höfischer Repräsen-tation. Das Barockzeitalter, das in Bayern neben dem höfisch-weltlichen auch einen katholisch-religiösen Aufbruch brachte, kommt nun zu einem ersten Höhepunkt. Die Savoyerin gilt als eine der schönsten Frauen Europas, sie dichtet, musiziert, tanzt, und wenn höfisches Leben in Szene zu gehen hat, um ›Staat zu machen‹, führt sie Regie. Und die Kunstpflege, die mit solch höfisch-staatlicher Selbstdarstellung auf unvergleichliche Weise verschmolz, brachte italienischen Barock über die Berge nach München.

Zehn Jahre war die Ehe der Kurfürstin kinderlos geblieben; man wallfahrtete nach Altötting, gelobte für die glückliche Geburt eines Thronerben den Theatinern in München Kloster und Kirche. Als dann 1662 Max Emanuel geboren war, entwarf Agostino Barelli auch unverzüglich die Pläne für die hochbarocke Theatinerkirche; und Ferdinand Maria schenkte seiner Gemahlin zum ersten Geburtstag des Thronfolgers die Schwaige Kemnath, zwei Wegstunden westlich der Stadt, damit sich Henriette Adelaide dort nach italienischem Geschmack eine Villa errichten könne. Die sprachgewandte Fürstin gab ihrem Sommersitz den poetischen Namen ›castello delle ninfe‹ – Nymphenburg.

Wieder war es Barelli, der 1663 die Pläne für den Landsitz entwarf, einen fünfgeschossigen statt-lichen Würfelbau mit Walmdach; als Hauptpavillon wurde dieser Bau 50 Jahre später zum Aus-gangspunkt der heute in Erscheinung tretenden weitausgreifenden Schloßanlage, des größten Barockschlosses seiner Zeit in Deutschland. Die Einteilung in einen hohen Mittelsaal und seitlich

104
Nymphenburger Park – Quellnymphe und Flußgott an der Großen Kaskade
Nymphenburg Park – water-nymph and river-god at the great cascade
Parc de Nymphenburg – nymphe et divinités fluviales de la grande cascade

105
Nymphenburger Park: Großes Parterre und Kanalachse
Nymphenburg Park: main parterre and canal axis
Le parc de Nymphenburg: grand parterre et axe du canal

106
Nymphenburger Park: Englischer Landschaftsgarten
Nymphenburg Park: english landscape-garden
Le parc de Nymphenburg: parc à l'anglaise

begleitende Gemächer für die Fürstin und den Fürsten ging auf Adelaide selbst zurück. 1675 waren die Bauarbeiten am Schloß und der Rohbau der Theatinerkirche abgeschlossen, ein Jahr später starb die Kurfürstin.

Das Villenschloß seiner Mutter, dem 1671 gegen Westen ein italienischer Barockgarten mit fünf Fontänen angegliedert wurde, hat dann Kurfürst Max Emanuel in zwei Ausbauphasen (1701/03 und 1714 bis 1726) zu der weitläufigen Anlage gestaffelter Baukörper durch Enrico Zuccalli und Joseph Effner ausgestalten lassen, die Nymphenburg charakterisiert. Die Form des Parkschlosses entspringt nicht französischem Vorbild, wie bisher angenommen, sondern nimmt sich Schloßanlagen in den Niederlanden zum Muster, wo Max Emanuel zehn Jahre als Statthalter residiert hatte, ehe er Nymphenburg zu erweitern begann. Auf ihn geht auch die Initiative zur Umwandlung des italienischen Villengartens in einen französischen Barockpark mit einem Mittelkanal durch Charles Carbonet (ab 1701) und Dominique Girard (ab 1714) zurück.

Kurfürst Max Emanuel, in jungen Jahren durch seine Türkensiege zu Feldherrnruhm gelangt, das Musterbeispiel eines in Gegensätzen schwankenden barocken Charakters, hat die politische Rolle Bayerns im europäischen Machtkampf um das spanische Erbe zwischen Frankreich und dem Kaiser in Wien aus dynastischem Ehrgeiz rücksichtslos ausgereizt; höchste Verschuldung und drückende Besatzungsnot brachen über das Land herein. Die Unterbrechung der Bauarbeiten in Nymphenburg markiert die Zeit seines französischen Exils im Spanischen Erbfolgekrieg, während der die kaiserliche Administration von München aus das Land regierte.

Aber auch in schlimmen Situationen blieb der Kurfürst ein Mäzen der Künste und ein religiös zu erschütternder Mensch. Nach der Rückkehr aus dem Exil entstanden durch Effner im Nymphenburger Barockpark die meisterhaften Gartenschlößchen der Pagoden- und Badenburg (1717 bis 1721) und der hochfürstliche Bußort der Magdalenenklause (ab 1725), die als künstliche Ruine erbaut wurde. Doch ereilte der Tod den Kurfürsten, noch ehe er dort Wochen frommer Einsiedelei hätte verbringen können.

1726 folgt Karl Albrecht auf dem Thron, und nun entsteht der kühne Stadtbauplan, den Hauptpavillon Nymphenburgs zum Zirkelpunkt einer strahlenförmig angelegten Trabantenstadt Münchens zu machen. Auf der Stadtseite des Schlosses wurde im weiten Halbrund der Kavaliersbauten als zweites Gartenparterre mit Fontänen und Mittelkanal ein Ehrenhof angelegt. Aus den Plänen der ›Carlstadt‹ ist nichts geworden.

Für Maria Amalia, die Gemahlin Karl Albrechts (1726 bis 1745, ab 1742 Kaiser), errichtete François Cuvilliés im Schloßpark das Jagdschlößchen der Amalienburg, das neben dem Alten Residenztheater Cuvilliés' zu den Spitzenwerken des bayerischen Rokokos zählt. Dieses Rokoko ist einer der Beiträge Bayerns zur Weltkunst.

1792 öffnete Kurfürst Karl Theodor den Nymphenburger Park für die Öffentlichkeit. Und von 1804 bis 1823 gestaltete Friedrich Ludwig Sckell den berühmten Barockgarten zu einem nicht minder berühmt gewordenen englischen Park im Auftrag Max IV. Joseph (1799 bis 1826, ab 1806 bayerischer König) um. Den Sternstunden der Architektur in Nymphenburg reihte sich eine zweite Sternstunde der Gartenkunst an.

107
Schloß Blutenburg: ›Blütenburg‹ der Spätgotik
Blutenburg Castle: ›Blütenburg‹ of the late-Gothic
Château Blutenburg – bijou du gothique tardif

Schloß Blutenburg

Aus dem Gartensaal ihres barocken Nymphenburger Landschlosses konnte Kurfürstin Henriette Adelaide um 1670 hinüberblicken auf ihren viel kleineren spätgotischen Landsitz, Schloß Menzing an der Würm, für den seit 1432 der Name Blütenburg aufgekommen war. Die aus Turin stammende Kurfürstin, Meisterin des höfischen Festes im barocken München, war 1663 in den Besitz Blutenburgs gekommen, als ihr auch von ihrem Gemahl Ferdinand Maria zum 1. Geburtstag des Thronprinzen Max Emanuel mit der Schwaige Kemnath der Bauplatz für Nymphenburg geschenkt worden war. Zur Schwaige hinzu hatte sie Gut Menzing erhalten.

Mag die Sichtverbindung zwischen den Schlössern historischer Zufall gewesen sein, so war es doch ein trefflicher Zufall. Denn das höfische Fest und ein verfeinertes Hofleben sahen sich schon im 15. Jahrhundert gerade im ländlichen Herrensitz der Blütenburg, der ein bevorzugter Aufenthaltsort des musischen und mäzenatischen Herzogs Sigismund zwischen 1467 und 1501 war, ebenfalls hervorragend verwirklicht in einer Spätzeit, für die ritterlich-höfisches Betragen und Feiern bereits den Schimmer historischer Romantik hatte. Humanistische Einflüsse und eine sich wandelnde Religiosität bereiteten damals schon neue Lebenseinstellungen vor.

Den umwehrten Jagdsitz Blutenburg, dessen zierliche spätgotische Erscheinung trotz mancher Änderung bis heute erlebbar bleibt, hatte sich 1438/39 Herzog Albrecht III. (1438–1460) umgebaut. Kurz zuvor hatte er die Tragödie seiner ihm heimlich angetrauten Frau, der Baderstochter Agnes Bernauer, die 1435 in der Donau ertränkt wurde, miterleben müssen. Blutenburg ging 1460 an seinen Sohn Sigismund, der 1467 zugunsten seines Bruders Albrecht IV. resigniert hatte und fortan das Leben eines fürstlichen Kunstmäzens und Privatmanns führte, während sein Bruder, dem der Beiname des Weisen zuwuchs, sich als humanistisch gebildeter Regent mit Schreibtischfleiß und Erfolg um das Territorium bekümmerte. Bürgerliche, höfische und frühhumanistische Kultur klingt am Ende des Mittelalters zusammen: 1460 Baubeginn der Frauenkirche, 1470 des Alten Rathauses, 1460 Erneuerung des Alten Hofs, 1472 Gründung der Universität in Ingolstadt.

Sigismund ließ drei Kleinode spätgotischer Kirchenbauten errichten, alle an der Würm gelegen: die Dorfkirchen St. Wolfgang in Pipping (1478–1480), St. Martin in Untermenzing (1499) und die Blutenburger Schloßkapelle (1488). Sie ist wohl Lukas Rottaler zuzuschreiben, der nach Jörg von Halsbach die Bauhütte der Frauenkirche leitete. Die Ausstattung der Schloßkapelle mit Altären des Stadtmalers Jan Polack und Figuren des ›Blutenburger Meisters‹ gehört zu den Spitzenleistungen spätgotischer Kunst in Altbayern.

Wie aber eine zeitgenössische Beschreibung den höfischen Lebensstil Herzog Sigismunds sieht, den er im Burgstock des Alten Hofs und vornehmlich auf Schloß Blutenburg pflegte, ist folgenden Sätzen zu entnehmen: »Ihm war wohl mit schönen Frauen, weißen Tauben, Pfauen, Meerschweinchen, Vögeln und allerlei seltsamen kleinen Tierlen, auch mit Singen und Saitenspiel.«

108
Schloß Schleißheim – Eingangsseite des Mitteltrakts
Schleißheim Palace – entrance to the middle section
Château de Schleißheim – entrée du bâtiment central

109
Schloß Schleißheim: Säulenvestibül
Schleißheim Palace: pillared vestibule
Château de Schleißheim – vestibule à colonnes

Schleißheimer Schlösser

Die Geschichte der Dreischlösseranlage Schleißheim enthält Daten der dynastischen, politischen und künstlerischen Entwicklung in München und Bayern, wie sie sich nach Schicksalhaftigkeit und Lebensfülle wohl nur noch am Komplex der Münchner Residenz aufzeigen ließen.

Als Wilhelm V. 1593 damit begann, in der Moorgegend um Schleißheim Schwaigen aufzukaufen, stand dem Herzogtum der Staatsbankrott bevor. Das früher heiter geführte Leben des Landesherrn hatte längst Züge religiöser Strenge angenommen: städtisches Monument dieser Einstellung wurde die Jesuitenkirche St. Michael, die der Herzog stiftete. Freilich hatten gerade solche Unternehmungen vielleicht zuviel Geld gekostet, doch war der drohende Staatsbankrott vor allem aus einer europäischen Finanzkrise entstanden.

Wilhelm V. trat 1597 vorzeitig die Regierungsgewalt an seinen Sohn Maximilian I. ab. Als fürstlicher Eremit errichtete er sich 1598 bis 1600 in Schleißheim ein Herrenhaus, in dem er bis zu seinem Tode 1626 nur zwei Zimmer bewohnte.

Maximilian I. erbaut 1617 bis 1623 das Alte Schloß Schleißheim und läßt es von Peter Candid ausstatten. Darin dokumentiert sich, wie im Maximiliansbau der Residenz (1611 bis 1619), der von ihm zäh erarbeitete politische Aufstieg des Herzogtums, der 1623 durch die Verleihung der persönlichen Kurfürstenwürde seine Krönung erfährt.

Als Max Emanuel 1679 das Alte Schloß in Schleißheim erbt, ist die Staatskasse des Kurfürstentums gut gefüllt und barocke Kunst und Kultur stehen auf ihrem Höhepunkt. Durch ihn tritt Schleißheim in eine neue und hochgetönte Ausbauphase ein. 1684 bis 1688 wird aus Anlaß der Vermählung des Kurfürsten mit der Kaisertochter zunächst Schloß Lustheim von Enrico Zuccalli errichtet, in weiter Distanz zum Alten Schloß, umflossen von einem Ringkanal.

Als der Kurfürst dann 1692 die Statthalterschaft in den spanischen Niederlanden übernimmt und nun die Aussicht auf die spanische Krone, ja auf das Kaisertum für das Haus Wittelsbach zum Greifen nahe gerückt erscheint, läßt er durch Zuccalli in selbstherrlichem Vorgriff auf die Zukunft unverzüglich den Plan für ein Neues Schloß in Schleißheim entwerfen, in Dimensionen, wie er sie für eine Kaiserresidenz auf dem flachen Lande vor München als würdig erachtete. In fieberhafter Eile wird 1702 bis 1704 der Rohbau des Ostflügels der geplanten Dreiflügelanlage gegenüber dem Alten Schloß aufgerichtet, obwohl doch der Spanische Traum bereits 1699 durch den Tod seines Sohnes, des 6jährigen Thronfolgers Joseph Ferdinand, zerronnen war, und sich der Spanische Erbfolgekrieg bereits ankündigte, der den Kurfürsten für zehn Jahre außer Landes vertrieb.

Erst ab 1719 wird wenigstens der Ostflügel des Neuen Schlosses unter Joseph Effner als Galerieschloß mit Wohnappartements für die kurfürstliche Familie vollendet. Vestibül, Treppenhaus, Großer Saal und parkseitige Gemäldegalerie werden mit höchster Meisterschaft ausgestattet, von jener Werkgemeinschaft Münchner Künstler des Spätbarock, die auch in Schloß Nymphenburg und in der Residenz arbeiteten. Das Neue Schloß in Schleißheim überdauerte die Zeiten als künstlerisch vollendetes Bruchstück im geschichtlichen Rahmen einer politischen Utopie.

110
Der Alte Hof – Ursitz der Wittelsbacher in der Stadt
The Alte Hof – original town-seat of the Wittelsbach family
Alter Hof – résidence d'origine des Wittelsbach à Munich

Der Alte Hof

Die tragenden Kräfte des alten München, Fürstentum, Kirche und Bürgertum, sind noch heute im Stadtbild sichtbar: am Alten Hof, am Alten Peter, an der Frauenkirche, am Alten Rathaus. Heinrichs des Löwen Trutzburg steht zwar nicht mehr, die seine eigenmächtig begründete Zoll- und Marktstätte »bei den Mönchen« vom Petersbergl aus schützen sollte. Um 1158 errichtet, wurde sie nach dem Sturz des Löwen 1180 geschleift. Blieb die Burg des Stadtgründers also eine Episode, so wurde doch die Hofburg der ihm folgenden Wittelsbacher zu einem Kernbereich der alten Stadt, der bis heute besteht. 1398 erhielt der Baukomplex zum Unterschied von der ab 1385 entstehenden Neuveste den Namen Alte Veste, und 1827 die Bezeichnung Alter Hof.

1255, nach der ersten Landesteilung, wurde München Residenzstadt des oberbayerischen Herzogs Ludwig II., des Strengen (1253–1294). Er baute in der Nordostecke der Stadt die alte Hofhaltung, ein geschlossenes Geviert, das damals wohl mehr einem niederbayerischen Gehöft glich als einem fürstlichen ›Hof‹. Gegen die Stadt sicherte sie ein wehrhafter Torturm (1966 wiederaufgebaut); daraus, wie aus der Randlage der Stadtburg spricht die Vorsicht des Fürsten gegenüber der Bürgerschaft. Denn so gut sich auch das Verhältnis der Wittelsbacher zu den Münchnern bereits damals entwickelte, so gab es doch schon 1294 einen blutigen Zwist, bei dem der Münzmeister des Herzogs die von seinem Herrn befohlene Münzverschlechterung mit dem Leben bezahlen mußte. Die Bürger äscherten die Münze am Marienplatz ein.

Der Herzog verlegte die Münzstätte darauf in die Nähe seines Burgsitzes, in die heutige Münzstraße (Gebäude 1874 abgebrochen). In diesem östlichen Bereich siedelte der Hof im Laufe der Zeit noch mehrere Wirtschaftsgebäude an, so das älteste Hofbräuhaus (um 1500), von dem das jetzige Zerwirkgewölbe (seit 1733), ursprünglich 1264 als Falkenhaus erbaut, noch ein Rest ist, sowie die Hofpfisterei, die 1361 an den Hof kam und bis heute am Glockenbach steht.

Die glanzvollste Zeit erlebte der Alte Hof unter Ludwig dem Bayern, der, 1314 zum deutschen König, 1328 zum römischen Kaiser gekrönt, für ein Menschenalter die Stadtburg der Wittelsbacher in München zum ersten festen Königs- und Kaisersitz des mittelalterlichen Reiches machte. Ludwig errichtete im Westflügel neue Wohn- und Festräume und fügte der Anlage eine Hofkirche, St. Lorenz (wohl 1325–1330) an, wo bis 1350 vier betende Mönche Tag und Nacht die Insignien des Reiches bewachten. Diese waren 1324 nach München gebracht worden, und seitdem führt die Stadt auch die Reichsfarben Schwarz und Gold. 1816 wurde die Kirche mit anderen Teilen des Alten Hofes abgerissen, um dem Rentamt, dem heutigen Finanzamt Platz zu machen.

Den gegenwärtigen Eindruck der erhaltenen spätgotischen Südwestecke des Alten Hofs, der schon um 1400 seine politische Bedeutung an die Neuveste abgetreten hatte, bestimmen die Umbauten und die Ausgestaltung einschließlich der Fassadenbemalung, die Herzog Sigismund seit 1460 durchführen ließ, als die Alte Veste zu seiner Stadtresidenz wurde. Aus dieser Zeit stammt auch das zwiefach zugespitzte Erkertürmchen (1470). Vor dem Eingang zum Alten Hof am Hofgraben, an der Stelle, wo sich von 1330 bis 1816 der gotische Chor der Hofkirche St. Lorenz erhoben hatte, steht seit 1966 die bronzene Reiterfigur Kaiser Ludwigs des Bayern (von Hans Wimmer).

111
Ruhmeshalle, Bavaria, Theresienwiese: ein Königsplatz für das Volk
Pantheon, Bavaria, Theresienwiese: a Königsplatz for the people
Ruhmeshalle, Bavaria, Theresienwiese: une place royale pour le peuple

Die Bavaria

Die Bavaria auf der Theresienhöhe, das fast zehnmal überlebensgroße Erzbild der Personifikation Bayerns, wurzelt in so mancher Schicht Münchner Lebens- und Kunstentwicklung.

Eine etwas füllige Frauenfigur erhebt sich da gegen den Himmel, die Gestalt einer altbayerischen ›Jung-Frau‹, der ein altgermanisches Kostüm übergeworfen ist. Über einem fußlangen Untergewand trägt die brave Symbolfigur ein unter der Brust gegürtetes Bärenfell. Mit ausholender Gebärde hält die Linke einen Eichenkranz empor, wie um ihn für friedliches Kulturverdienst zu vergeben, während sich die Rechte ganz unmartialisch um den Griff des Schwertes schmiegt, als wäre die Waffe weiter nichts als ein hauswirtschaftliches Handwerkszeug. Wie ein Haustier sitzt auch der Löwe, Bayerns Wappentier, gutartig bei Fuß. Keinerlei heroische Anmaßung, nur gefestigte Ruhe und eine ländlich anmutende Gelassenheit geht von der Monumentalfigur aus.

Das Standbild über der Theresienwiese, die seit 1810 Schauplatz des Oktoberfestes ist, ragt an einer landschaftlich markanten Stelle empor: Die Anhöhe ist der Ausläufer des westlichen Hochufers des eiszeitlichen Isartals. Als König Ludwig I. dorthin auch die »Ruhmeshalle für ausgezeichnete Bayern« stellen ließ, eine dorische Tempelarchitektur im offenen Geviert, (1843-1853 durch Leo von Klenze erbaut, nach dem Krieg erst 1972 wiedereröffnet), bekam das Oktoberfest, das nach dem Willen des Königs zu einem »wirklichen National-(Volks-)fest ausgestaltet« werden sollte, mit dem idealistischen Ensemble seine denkmalgemäße Auszeichnung. Dieses »Nationalfest« war in der Mitte des 19. Jahrhunderts nicht mehr nur romantischer Zukunftsentwurf, sondern bereits eine Antwort auf die historische Realität gewesen: bevor vom Oktoberfest fast nur noch die 16tägige ›Riesengaudi‹ übrig blieb, war es zu einem Volksfest im Wortsinn geworden, das sowohl die Stämme des Neuen Bayern (seit 1806), wie überhaupt Stadt und Land einander näher brachte und Münchens Stellung als Hauptstadt des Königreiches untermauerte.

Die wichtigste Voraussetzung dafür, daß in München dieses riesige Standbild überhaupt hatte entstehen können, war die Erneuerung der alten, hier vergessenen Technik des Erzgusses gewesen. Erster Inspektor der Erzgießerei war seit 1822 Johann Baptist Stiglmaier, nachdem ihn Ludwig zuerst zum Studium der Gießereitechnik nach Neapel und Paris geschickt hatte. Die künstlerischen Vorbilder konnten in München selbst an den zahlreichen Erzbildern aus der ersten Epoche des Münchner Bronzegusses der Spätrenaissance studiert werden, etwa an Hubert Gerhards ›Bavaria‹ vom Hofgartentempel. Den gefahrvollen Guß der Schwanthalerschen Bavaria leitete 1844 bis 1850 Stiglmaiers Nachfolger Ferdinand Miller der Ältere.

Den Auftrag für das Erzbild der Bavaria hatte König Ludwig I. ›seinem‹ Bildhauer Ludwig Schwanthaler (1802-1848) bereits im Jahre seiner Thronbesteigung 1825 erteilt. Doch erst 1843 konnte der von Arbeit überlastete, vom König so geförderte wie gehetzte Künstler das Modell für den Erzguß fertigstellen – schon von tödlicher Krankheit gezeichnet. Als das Riesenmonument 1850 enthüllt wurde, lebte Schwanthaler nicht mehr. Im Festzug wurde seine Porträtbüste mitgeführt. Und Ludwig I. hatte zwei Jahre zuvor mit den Worten abgedankt: »Auch vom Throne herabgestiegen schlägt glühend mein Herz für Bayern und Teutschland.«

Vom bayrischen Löwen

Bayern und München sind seit rund 750 Jahren mit dem wittelsbachischen Wappentier des Löwen verbunden, ja vertraut. Noch das große bayerische Staatswappen des Freistaates, das dieses Tier auch im ersten Wappenfeld zeigt, wird dem Beschauer von zwei dekorativ aufgerichteten Löwen mit barocker Geste präsentiert, als wolle man allegorisch sagen: mit Bayern leben heißt mit dem bayerischen Löwen zurechtkommen. In Münchens Stadtbild wacht und hockt und trottet eine künstlerisch renommierte Schar von Löwen, von denen der kühnste sich auf den Lorbeerzweig im luftigen Bereich der Theatinerkuppel geschwungen hat, um dort oben dem Kreuzzeichen in künstlerisch gebändigter Wildheit seine Ergebenheit zu erweisen. Vielleicht wird an dieser Stelle Münchens noch am einsichtigsten, daß sich heraldische Löwen nicht notwendig sinnentleert gebärden müssen, was Lexikonweisheit oft behauptet, sondern daß durchaus etwas spürbar bleiben kann von der mittelalterlichen Auffassung des Löwen als dem »stärksten Hüter des Heiligen«. In der mittelalterlichen Kunst konnte der Löwe sogar zur Bezeichnung des auferstandenen Christus verwendet werden.

Freilich gehorchen die meisten Löwenfiguren auf Münchner Boden einer allgemeinen Vorstellung vom füstlichen Wappentier, das herrscherliche Kraft versinnbildlichen soll. Die vier Löwenstatuen vor der Residenz von Carlo Pallago um 1595 vertreten in München am aufgewecktesten den Typus des Respekt gebietenden Portallöwen, wie er seit dem Mittelalter wieder in Gebrauch kam. Ursprünglich sollten diese Löwen allerdings das Grabmal Wilhelms V., des Frommen, in der Michaelskirche flankieren, und wer sie genauer betrachtet, wird es diesen Löwenfiguren auch abspüren können, daß ihre Symbolisierung des Herrschertums noch nicht säkularisiert ist. Als reizvolle klassizistische Nachahmung dieser Residenzlöwen erscheinen die vier Sockellöwen vom Bronzedenkmal für König Max I. Joseph vor dem Nationaltheater.

Wie es nicht anders sein kann, trifft man in München auch Löwenfiguren mit dem Ausdruck königlich-bayerischer Bierruhe an, denen indessen nicht weniger Ruhm vorauseilt als den künstlerisch wohlgelungenen. Wie ein braves Haustier sitzt in diesem Sinne der Löwe der Bavaria von Ludwig Schwanthaler (1850) ›bei Fuß‹, und auf den Treppenwangen zur Feldherrnhalle wurden 1905 zwei Löwen von Wilhelm Rümann postiert, die, gestiftet von einer Münchner Brauerei, auch Bräurössern nicht ganz unähnlich sehen.

Das Wappentier des bayerischen Löwen gab es zur Zeit der Gründung Münchens 1158 noch nicht. Es ist eine oft wiederholte Legende, daß der bayerische Löwe ein welfischer Löwe sei, da er sich vom Symboltier des Städtegründers Heinrich des Löwen herleite. Auch als 1180 die Wittelsbacher den Welfenherzog ablösen, führt Bayern noch keinen Löwen im Wappen. Es ist der Adler, den die Wittelsbacher als frühere Pfalzgrafen in Bayern spätestens seit 1179 im Amts- und seit 1197 im Geschlechtswappen führen. Der bayerische Löwe ist pfälzischer Abkunft und kommt erst 1222 in die Familie der Wittelsbacher, als Otto II. durch Einheirat Pfalzgraf bei Rhein wurde. Seit 1231 Herzog von Bayern, behält er den Löwen als Wappentier bei. Und im Jahre 1313 erscheint auch in Münchens Stadtsiegel als Zeichen des Stadtherrn erstmals ein Löwe.

Bildlegenden

Explanation of Plates

Explication des illustrations

Bildlegenden

1 Barocke Burgfriedenssäule im Englischen Garten

Der Grenzstein, in der Liste der Burgfriedensbestätigung von 1724 als Nr. 13 geführt, doch erst 1728 in der Nähe des jetzigen Standorts errichtet, zeigt in der Form einer barocken Votivstele das Siegel- und Wappenbild Münchens: als Relief einen Mönch mit erhobenen Armen, in der Linken die Bibel, die Rechte zur Schwurgeste erhoben. In das rückseitige Feld ist das Rautenwappen des kurbayerischen Territoriums eingemeißelt.

2 München – Stadt vor den Bergen

Föhn macht die geographische Lage Münchens augenscheinlich. Freilich beträgt der wirkliche Abstand vom Gebirge mindestens 70 Kilometer. Vor dem Gebirgspanorama ist die türmereiche Altstadt Münchens zu überblicken. Von links reihen sich aneinander der Turm der Peterskirche, als ›Alter Peter‹ zum weithin bekannten Wahrzeichen Münchens geworden, der Turm des Neuen Rathauses, Doppeltürme und Kuppel der Theatinerkirche, Schiff und Doppeltürme der Frauenkirche – die Türme unter ihren ›welschen Hauben‹ wetteifern mit dem Alten Peter um die Ehre, Münchens Wahrzeichen zu sein – und schließlich der Spitzhelm der Salvatorkirche.

3 Sendlinger Tor – Blick auf München von Süden

Vom alten Sendlinger Tor (vor 1318) stehen noch die beiden sechseckigen Flankentürme und stadteinwärts die Mauern des ehemaligen Wehrhofes. Der Hauptturm wurde 1808 abgetragen, die Restanlage 1860 restauriert; den Bogen zwischen den Türmen aber legte erst 1906 Wilhelm Bertsch anstelle von drei Durchfahrten an. Über der Firsthöhe des Altstadtkomplexes lassen sich wie auf einer Zeile die Münchner Kirchenbauten mit ihren Türmen und Kuppeln ablesen.

4 Das Siegestor – ein neues Schwabinger Tor

Die Leopoldstraße, Schwabings Flanierstrecke und Hauptachse, gehört nach Baugesinnung und Bauzeit zur Ludwigstraße, deren vorstädtische Auffahrtsallee sie nun ist. Bereits 1840 erhielt sie die wandstrenge Pappelbepflanzung zu beiden Seiten. An der Nahtstelle steht seit 1850 Friedrich von Gärtners Siegestor, das symbolisch Denkmal und nördliches Stadttor zugleich sein sollte. 1817 war das alte Schwabinger Tor abgebrochen worden; an dessen Stelle markiert seit 1844 die Feldherrnhalle Gärtners am Südende der Ludwigstraße den Übergang zwischen klassizistischer Stadterweiterung und Altstadt.

5 Karlstor-Rondell – Überbleibsel des ›Stachus‹

Das Isartor (1337) im Osten und das Neuhauser Tor (1302) im Westen, nach Kurfürst Karl Theodor 1791 in Karlstor umbenannt, waren mehr als 500 Jahre lang die Haupt-Tore Münchens an seiner ›wirtschaftlichen Schlagader‹, der Ost-West-Achse. Die jüngste Renovierung erfolgte 1972 zur Eröffnung der Fußgängerzone. Seit 1968 muß das Halbrund vor dem Tor den alten Karlsplatz-Stachus ersetzen, den man 1964 dem Altstadtring-Ausbau opferte. Den Namen ›Stachus‹ erhielt der Karlsplatz von einer Gaststätte, die dort, vor dem Tor, 1755 von einem gewissen Eustachius Föderl ›ausgeübt‹ wurde.

6 Isartor – Wehrbau aus Münchens Kaiserzeit

Von 1270 bis 1330 wuchs München um das Fünffache über seine damalige Größe hinaus. Es erhielt nun unter Ludwig dem Bayern (1294–1347, ab 1314 König, ab 1328 Kaiser) als erste feste Residenzstadt eines mittelalterlichen Kaisers in den Jahren von 1302 bis 1315 um seinen Kern eine zweite Befestigung, die den Umfang der Stadt bis gegen 1800 bestimmte und es gestattete, daß Münchens Einwohnerzahl innerhalb dieser Befestigungsgrenzen noch einmal um das Vierfache wachsen konnte. Die vier Haupttore sind nach Ausweis einer Stadtrechnung 1318 bereits erbaut, als die Vorstadt Tal um ein keilförmig zulaufendes Quartier bis zum Isartor (1337) in Richtung auf den Fluß nochmals erweitert wird. Seit dem Wiederaufbau 1957 und der Restaurierung 1971 läßt das Isartor die ursprüngliche Wehranlage mit Hauptturm und achteckigen Flankentürmen, die durch Mauern zu einem Wehrhof verbunden sind, wiedererkennen. Das Fresko Bernhard Nehers zwischen den Flankentürmen (1835) schildert den Einzug Ludwigs des Bayern in München 1322 nach seinem Sieg über den Gegenkönig Friedrich den Schönen von Österreich. 1959 richtete Hannes König im linken Turm das Valentin-Musäum ein, das 1972 um eine Weiß-Ferdl-Stube im zweiten Turm erweitert werden konnte.

7 Patrona Bavariae – Münchens Mariensäule

Mit der Errichtung der Mariensäule 1638 in der Mitte des Münchner Marienplatzes stellte Kurfürst Maximilian I. sich und sein Land öffentlich unter den Schutz der Himmels-Fürstin. Die vergoldete Figur aus Erz war bereits nach 1590 von Hubert Gerhard geschaffen worden und befand sich von 1618 bis 1638 auf dem Hochaltar der Frauenkirche. Die Madonna trägt Krone und Szepter als Zeichen ihrer Herrschaftsgewalt, das Christuskind den Reichsapfel. Wegen seiner Bedeutung ist das Monument durch eine quadratische Balustrade vom Platz als ›sakraler Bezirk‹ ausgegrenzt worden. Seine Renovierung und Wiederaufrichtung 1970 bezahlte ein Münchner Bürger, der Schlossermeister Georg Bergmaier.

8 Blick zum Alten Rathaus

Der Marienplatz, bis 1854 einfach Markt- oder Schrannenplatz genannt, ist Münchens Herzmitte. Er blieb im Grundriß seit Heinrich dem Löwen, der den Ort 1156 zum Markt erhob, unverändert. Der Saalbau des Alten Rathauses wurde 1470 bis 1474 von Jörg von Halsbach, dem Baumeister der Frauenkirche, neu errichtet, nachdem an gleicher Stelle schon seit mindestens 1310 ein Rathausbau gestanden hatte. 1974 wurde der Rathausturm in der Form rekonstruiert, die für 1493 nachweisbar ist. Ein Anblick wurde auf diese Weise zurückgewonnen, der zu den geschichtlich ehrwürdigsten Münchens zählen kann.

9 Münchner Marienplatz

Seinen Namen hat der Münchner Marienplatz von der Mariensäule in seiner Mitte, die 1638 als Dankvotiv im Auftrag Kurfürst Maximilians I. aufgestellt wurde. Die nördliche Platzwand, die einst aus 24 Altmünchner Bürgerhäusern mit Laubengängen bestand, wird seit 1909 in ganzer Breite vom neugotischen Rathaus von Georg von Hauberrisser eingenommen. 1867 war mit dem Bau begonnen worden, der zwar die alten Maßstäbe empfindlich stört, doch inzwischen mit seinem Turm und dem Glockenspiel zu einem Wahrzeichen Münchens aufgestiegen ist.

10 Münchens Zentrum: Architekturbilder um den Marienplatz

Ein Blick aus der Vogelperspektive kann die bauliche Kernsituation der Stadt aufschlüsseln. Auf dem Marienplatz, seit mehr als 800 Jahren Zentrum Münchens, steht die Mariensäule (seit 1638). Nach Osten hin ist der Platz durch den Saalbau des Alten Rathauses (1474) abgeriegelt; bald nach der Gründung des Marktes war hier ein Stadttor und die Zollstelle für Salztransporte aus Reichenhall und Hallein. Leicht gegen Süden abgerückt erhebt sich der ›Alte Peter‹. Zwischen Rathauskomplex und St. Peter liegt im Tal die ehem. Spitalkirche Hl. Geist, auf der Nordseite des Marienplatzes ragen Turm und westlicher Trakt des Neuen Rathauses ins Bild (vollendet 1909).

11 Ein Münchner Architekturbild aus dem alten Europa

Das Besondere dieser Münchner Vedute mit Alter Akademie, Michaelskirche, Augustinerkirche und Frauentürmen liegt vielleicht darin, daß sich die historische Bedeutsamkeit einer starkmütigen religiösen Haltung – das Ensemble umspannt die Zeit von rund 1450 bis gegen 1600 – in Baugestalten ausgedrückt hat, in denen sich diese Stärke gleichsam ohne Rest in Raumsprache umsetzte. Die Einrichtung des Fußgängerbereichs in Münchens ältester Hauptstraße, der Neuhauser Straße, ermöglicht es seit 1972 wieder, den ursprünglich menschlichen Maßstab dieses Ensembles neu zu erleben.

12 Autofreie Theatinerstraße – ein wiedergewonnenes Straßenbild

1975 erhielt der breite Zug des Fußgängerbereichs zwischen Karls- und Marienplatz (1972 eröffnet) neuen Zuwachs in der Theatinerstraße; die elegante Einkaufsstraße führt aus der engeren Altstadt zur königlichen Ludwigstraße hinaus. Dem vom Verkehr nicht mehr gestörten Besucher bietet sich als Augenerlebnis ein unverwechselbar münchnerisches Architekturbild. Den Blick nach Norden mit der Gegenstellung von hochbarocker Theatinerkirche und romantisch-historisierender Ludwigskirche ergänzt am Anfang der Theatinerstraße ein Blick nach Osten in die Maximilianstraße.

13 Am Salomebrunnen – Fußgängerzone Neuhauser Straße

1972 wurde der Fußgängerbereich zwischen Karlstor-Rondell und Marienplatz, Dombezirk und Weinstraße der Öffentlichkeit übergeben (Architekten: B. Winkler und S. Mescheder). Die Musikszene auf dem Bild findet am Salomebrunnen (der zum Gedenken an Richard Strauß 1962 von Hans Wimmer gestaltet wurde) statt. Auf diesem Platz des ehemaligen Jesuitenkollegs wurde im 17. Jahrhundert das berühmte Jesuitentheater aufgeführt. Im Hintergrund das ›Augustinerbräu‹ mit seiner von Emanuel Seidl 1897 errichteten Neu-Renaissance-Fassade. Im Inneren dieser Gastwirtschaft sind altdeutsche und neubarocke Räume der Jahrhundertwende original erhalten.

14 Das Glockenspiel im Neuen Rathausturm

Täglich um 11 Uhr hat auf dem Marienplatz die Stunde des Glockenspiels geschlagen. Stifter des Glockenspiels, des viertgrößten Europas, war Konsul Rosipal. Auf den beiden Bühnen des Erkers im 5. und 6. Stockwerk (1908) wird unten der Schäfflertanz gezeigt, der seit 1638 alle sieben Jahre zur Erinnerung an die Pest in München öffentlich aufgeführt wird. An das prächtigste Fest der Renaissancezeit dagegen erinnert die Szene im Obergeschoß des Erkers: an die zwei Wochen dauernden Festlichkeiten zur Vermählung Herzog Wilhelms V. mit Renata von Lothringen 1568.

15 Die ›Frauentürme‹ – Wahrzeichen Münchens wie der ›Alte Peter‹

Seit dem Ende des Mittelalters herrscht in München eine friedlich ausgetragene Konkurrenz zwischen seinen Türme-Wahrzeichen. Die das Erscheinungsbild der 1494 geweihten Frauenkirche so unvergeßlich mitbestimmenden Kuppelbedachungen, im Volksmund ›welsche Hauben‹ genannt, ließen freilich bis 1526 auf sich warten. Sie sind Boten einer neuen Zeit, der Renaissance, der ›Neuzeit‹. Man nimmt für ihre Gestaltung neuerdings sogar orientalisch-venezianische Einflüsse an. Wie sich die ursprünglich geplanten gotischen Spitzhelme wirklich ausgenommen hätten, läßt sich eigentlich nicht mehr so recht nachvollziehen.

16 Die Frauenkirche – spätgotische Halle für 20.000 Seelen

1458 ging man daran, einen Neubau anstelle der romanischen Marienkirche zu planen, die seit 1271 neben St. Peter als zweite Pfarrkirche der Stadt gedient hatte. Ab 1468 entstand der städtische Werkmeister Jörg von Halsbach ein mächtiger spätgotischer Hallenbau Landshuter Prägung, der eine Höhe von 31 Metern und eine Länge von 108 Metern erreicht: Kirchenbau war damals eine Art Selbstdarstellung des Gemeinwesens. 1494 wurde der Bau eingeweiht; seit 1821 dient er den Erzbischöfen von München und Freising als Domkirche. Die architektonische Wiederherstellung nach stärksten Kriegsbeschädigungen war 1957 abgeschlossen.

17 St. Peter – gotischer Raum im barocken Gewand

Der gotische Innenraum der Basilika St. Peter bekam seit 1654 durch Hans Heiß ein barockes Gewand; hundert Jahre später wurde es durch Ignaz Anton Gunetzrhainer im Langhaus noch einmal überarbeitet. Zu großartiger plastischer Wirkung kommt die frei stehende Säulen-Triumph-Architektur des Hochaltars mit der ihr eingefügten spätgotischen Figur des hl. Petrus von Erasmus Grasser (1517) durch die lichtdurchflutete barocke Dreikonchenanlage des Ostchors, die 1630 bis 1636 von Isaak Pader und Hans Heiß anstelle des gotischen Chors errichtet worden war. Die vier Kirchenväter unterhalb des Thrones schuf Ägid Quirin Asam. Der Wiederaufbau dieses Kirchenraumes erfolgte 1950 bis 1954.

18 St. Peter – Münchens Urkirche

Die Peterskirche ist mit ihrem Gründungsbau an der gleichen Stelle (vor 1050) mehr als ein Jahrhundert älter als der Ort München (bestätigt 1158). Grabungen anläßlich des Wiederaufbaus haben dies 1952 ergeben. Die erste Kirche an dieser Stelle war eine Basilika mit Doppelturmfassade im Westen; 1278 entschloß man sich zum gotischen Neubau. Kirchenschiffe und Turmstümpfe der ehemaligen Zweiturmanlage stammen aus dieser Zeit (Kirchweihe 1294). 1327 fiel bei einem Stadtbrand St. Peters Doppelturmfassade ebenfalls den Flammen zum Opfer. Die heutige Turmbekrönung entstand 1607 bis 1621, die frühbarocke Dreikonchenanlage des Chores 1630 bis 1636.

19 Altmünchner Spezialität – der Viktualienmarkt

Mittelalterlichem Latein entstammt das Fremdwort Viktualien. Es bedeutet schlicht Lebensmittel. Seit 1807 befindet sich der ›Viktualienmarkt‹ unterhalb des Petersbergls auf dem Gelände des ehemaligen Heilig-Geist-Spitals. Aus bescheidenen Anfängen entwickelte er sich zu seiner heutigen Größe. Vorher waren die Viktualien auf dem Marienplatz angeboten worden, der noch bis 1854 auch den Namen Marktplatz führte. Zur Silhouette des Viktualienmarkts gehören seit 1976 wieder der Alte Rathausturm, den Erwin Schleich rekonstruierte, nachdem das Original durch Bomben zerstört worden war.

20 Faschingsdienstag auf dem Viktualienmarkt

Der Münchner Fasching ist eine Lokalmischung aus verschiedenen Münchner Traditionen und läßt sich mit dem rheinischen Karneval nur schwer vergleichen. Er ist ein G'wachs (Gewächs), in dem die Hoffeste des 18. und die Künstlerfesten des 19. Jahrhunderts und beide mit ländlich-altbayrischen Festgebräuchen gekreuzt sind. Am Viktualienmarkt, im Schatten des Alten Peter, wo alljährlich wie auf dem Land der Maibaum aufgerichtet wird, endet der Fasching als eine g'standne Stadtvolks-Belustigung.

21 Münchner Biergarten

Das Münchner Bier hat es zu internationaler Berühmtheit gebracht. Aber am zünftigsten trinkt es sich doch hier im Sommer, im Biergarten unter Kastanien. Viermal im Jahr gibt es in München Bierfeste: Im März sticht man das Fastenbier an, den ›Salvator‹, der das Fasten ins Gegenteil verkehrt, im Mai den Maibock, im Sommer geht man auf die Keller, und dann kommt das Oktoberfest. Vor den Zeiten moderner Kühltechnik lagerte man das Bier in Kellern vor der Stadt; Kastanien hatten die Plätze schattig zu halten. Im 19. Jahrhundert bürgerte sich dann hier im Sommer die Biergarten-Gemütlichkeit ein.

22 Vierspänniges Oktoberfest-Bierfuhrwerk am ›Platzl‹

Was noch Jahre nach dem Krieg eine Münchner Selbstverständlichkeit war, ist jetzt zu einer Festzug-Seltenheit geworden: daß nämlich das Bier mit Rössern und in Holzfässern ausgefahren wird. Das heutige Hofbräuhaus am Platzl, in dem sich Gäste von überallher treffen, und wo sich sogar noch Münchner finden, stammt aus dem Jahre 1905: damals wurde es im ›Altmünchner Stil‹ erbaut. Rechts im Bild die Gaststätte ›Platzl‹, wo noch heute Bauern- und Volkstheater gemacht wird: Hier ist jahrzehntelang der berühmte Weiß Ferdl aufgetreten.

23 Der Mönch im Siegel – Hinweis auf Münchens Vorgeschichte

Die Stadt München führt in Siegel und Wappen einen Mönch, der als sogenanntes ›redendes Zeichen‹ gilt, weil damit der Ortsname München (= bei den Mönchen) verbildlicht wird. Der Ortsname selbst weist auf die Ausgangssituation Münchens vor seiner offiziellen ›Gründung‹ hin: auf die Mönchssiedlung auf dem Petersbergl, die entweder von Benediktinern aus Tegernsee oder von Prämonstratensern aus Schäftlarn unterhalten wurde. Unser Bild zeigt das dritte Stadtsiegel, nachweislich vom 6. Dezember 1304 bis 6. April 1398 vom Rat geführt: der Mönch im Profil ist in ein gotisches Dreiecksschild gesetzt.

24 Ehemaliges städtisches Zeughaus – seit 1873 Stadtmuseum

»Der Stadt Haus am Anger«, wie das ehemalige städtische Zeughaus einst hieß, ist noch heute ein Zweckbau mit künstlerisch bewältigtem Ausmaß und in geordneter Fassadensprache. Der Baumeister des 1491 bis 1493 errichteten Gebäudes mit Getreidespeichern unter dem hohen Dach war Lukas Rottaler, Stadtwerkmeister in Nachfolge des Jörg von Halsbach, des Architekten der Frauenkirche. Zur Erbauungszeit war die Fassade durch Jan Polack bemalt worden. Die Pfeilerhalle im Erdgeschoß ist heute der einzige spätgotische Profanraum, der München erhalten geblieben ist.

25 Bürgerliches Wohnzimmer um 1850 im Münchner Stadtmuseum

Der Magistrat der Stadt beschloß 1873 die Einrichtung »einer permanenten historischen Ausstellung der Stadt München«. Dieser Beschluß stellt die Gründungs-Urkunde des Münchner Stadtmuseums (im ehemaligen bürgerlichen Zeughaus, Eröffnung 1888) dar, das diesen Namen allerdings erst seit 1956 führt. Die Einrichtung der ›Stilzimmer‹, in denen Münchner Wohnkultur von 1700 bis 1900 dargeboten wird, geht in den Anfängen auf die frühen 30er Jahre zurück. Das im Spiegel fotografierte Wohnzimmer aus der Zeit um 1850 wurde dem Museum von Wilhelm Krug gestiftet.

26 Aus der Puppentheatersammlung des Stadtmuseums

Aus der Puppentheatersammlung, die – neben den Zeugnissen zur Stadtgeschichte – ein einzigartiges Fachmuseum innerhalb des Stadtmuseums darstellt und seit 1939 von Ludwig Krafft zusammengetragen wurde, zeigt die Abbildung von oben links nach unten rechts: ›Zirkusnummer‹, mechanische Figuren von Christoph Joseph Tschuggmall (Anfang 19. Jh.); Kasperl und Schutzmann, Puppen von Toni Schmid (19./20. Jh.); Engel und Teufel, Figuren von Josef Wackerle (1922); Schausteller- und Varieté-Figur von Hans Schichtl-Rulyans (20. Jh.).

27 Maximiliansbrücke über die Isar

Im 19. Jahrhundert, zwischen 1823 und 1905, schlug man sieben, meist steinerne Brücken über die Isar, nachdem vorher seit der Gründung Münchens (1158) nur eine Hauptbrücke, die spätere Ludwigsbrücke, die Stadt mit den östlichen Gemeinden Au, Haidhausen, Giesing verbunden hatte. Das Bild zeigt die zweite Steinbrücke in dieser Reihe, die nach Plänen von Arnold Zenetti 1857 bis 1864 erbaute Maximiliansbrücke, und zwar deren ersten Teil bis zur Praterinsel. Das Steingeländer wurde 1906 im Rahmen einer Erneuerung der Brücke hinzugefügt. Seine Ornamente zeigen florale Jugendstilformen.

28 Der ›Friedensengel‹ – szenischer Blickpunkt über der Isar

Ab 1891 wurde die Prinzregentenstraße angelegt, die als Straße entlang dem Südrand des Englischen Gartens und zur Isar hin einen offenen naturhaften Charakter bekommen sollte. Ihr westlicher Ausgangspunkt war im Prinz-Carl-Palais bereits vorgegeben; ihm gegenüber setzte man jenseits der Brücke als optischen Abschluß der Straße eine Garten-Terrassenanlage an den Hang des östlichen Isarhochufers. Seit 1899 erhebt sich auf diesem Aussichtsplateau das Friedensdenkmal mit dem Friedensengel, das von der Stadt München zum Dank für 25jährigen Frieden (1871–1896) gestiftet wurde.

29 An der Isar

Die Isar durchfließt das Stadtgebiet nicht nur zwischen hohen Quaimauern, sondern kann in ihrem weithin natürlichen Flußbett in den Zeiten des Wassertiefstands auch Altwässer und Kiesbänke bilden. Man blickt gegen Süden auf die Ludwigsbrücke, links liegt das Müllersche Volksbad von Karl Hocheder (1896–1901), rechts die ›Kalkinsel‹ mit dem 1919 aufgestellten Vater-Rhein-Brunnen (1897–1903) von Adolf von Hildebrand im Hintergrund, auf der ›Museumsinsel‹, Turm und Kongreßsaalbau des Deutschen Museums.

30 Einblick in die Ludwigstraße durch das Siegestor

Das ursprünglich »Dem bayerischen Heere« gewidmete dreitorige Architektur-Denkmal, das Friedrich von Gärtner 1843 bis 1850 in freier Anlehnung an den Konstantinsbogen in Rom erbaute, trägt seit 1958 an der deutliche Spuren der Kriegszerstörung bewahrenden Südseite eine neue Inschrift: »Dem Sieg geweiht. Vom Krieg zerstört. Zum Frieden mahnend«. Es bildet im Gegenüber zur ›florentinischen‹ Loggia der Feldherrnhalle den nördlichen architektonischen Abschluß des Gesamtbauwerks der Ludwigstraße. Der Nord-Teil der Ludwigstraße orientiert sich seit 1827 an italienischer Romanik: Max-Joseph-Stift (1837), Georgianum (1835) und gegenüber die Universität (1835–1840) vertreten diese Stilrichtung am deutlichsten.

31 Münchens schönster Platz ohne Namen

Das stadtseitige Ende der Ludwigstraße ließ König Ludwig I. 1841 bis 1844 durch Friedrich von Gärtner mit der ›Feldherrnhalle‹ nach dem Vorbild der Florentiner Loggia dei Lanzi ›auffangen‹. Ein Platz zwischen zwei Hauptstraßen der Altstadt, der Residenz- und der Theatinerstraße, entstand damit, der zwar noch heute keinen Namen hat, aber mit den schönsten Plätzen Münchens wetteifern kann. Gerade in der Uneinheitlichkeit des Ensembles aus königlicher und kurfürstlicher Residenz, Feldherrnhalle und Barockfassade der Theatinerkirche samt den Einblicken in die engeren Altstadtstraßen liegt die hohe Lebendigkeit dieser großartigen ›Vedute‹.

32 Die Ludwigstraße, ein baulicher Staatsakt

Die bauliche Energie der Ludwigstraße (1817–1852) spürt man am besten, wenn man von den Stufen zur Feldherrnhalle nach Norden blickt, wo das Siegestor die Monumentalstraße mit städtebaulichem Akzent abschließt. Der erste Teil der Ludwigstraße entstand bis 1827 unter Leo von Klenze in klassizistischen Formen. Das Basargebäude im Vordergrund rechts gehört seit 1826 noch zum gegenüber eingetieften Odeonsplatz mit Odeon (1826–1828) und Leuchtenberg-Palais (1816–1821). Zehn Jahre nach

Vollendung der Ludwigstraße wurde das Reiterdenkmal Ludwigs I. von Max Widnmann (1862) errichtet.

33 Bronzedenkmal für König Max I. Joseph

Dieses Denkmal, 1835 errichtet, hat für die Kunstentwicklung Münchens in der Königszeit neben seiner Stellung als Freidenkmal und seiner künstlerischen Gestaltung noch eine ganz spezifisch münchnerische Bedeutung. Für König Ludwig I. schien nämlich eine Erneuerung der Kunst nicht ohne Erneuerung der Technik des Erzgusses der Renaissancezeit möglich zu sein. Dieses Denkmal wurde als erster Guß in der ab 1826 durch Johann Baptist Stiglmaier neu aufgebauten Königlichen Erzgießerei hergestellt. Das Sitzbildnis schuf der Berliner Bildhauer Christian Daniel Rauch, die architektonische Disposition des Stufenpodests und des hohen Sockels steuerte Leo von Klenze bei.

34 Im Hofgarten mit Blick zum Festsaalbau der Residenz

Durch das hohe Heckengeviert des Hofgartens, das sein Parterre mit dem Tempel und den vier Brunnen umschließt, führen von Norden und Süden je drei Wege. Die seitlichen laufen auf die neuen Schalenbrunnen mit Mittelfontäne zu, die nach dem Krieg im Zuge der Neugestaltung des Hofgartens in Anlehnung an seine ursprüngliche Gestalt der Anlage neu hinzugefügt wurden. Einst flossen 14 Brunnen im Hofgarten. Von jenseits der Hofgartenstraße schaut ein Ausschnitt aus Klenzes Fassade des Festsaal- und Hofgartentrakts der Residenz (1832–1842) herein, überragt vom Residenzturm (1612) am Brunnenhof.

35 Das Hofgartenparterre mit Tempel und Brunnen

Angelegt wurde der Hofgarten 1613 bis 1617 unter Maximilian I. als Renaissance-Garten nach italienischem Geschmack. Darauf spielt die Neugestaltung der Nachkriegszeit in vereinfachten Formen an. Der Hofgartentempel, 1615 erbaut, wird von der überlebensgroßen Figur der Bavaria von Hubert Gerhard (1594) bekrönt. In unserem Bild sieht man nach Westen, wo das Basargebäude den Hofgarten gegen den Odeonsplatz abgrenzt. Arkaden umschließen den Garten hier wie im nördlichen Galeriegebäude. Um drei Seiten des inneren Gevierts des Hofgartenparterres wurden in den 50er Jahren Linden gepflanzt.

36 Sinnbilder aus dem ›Herzkabinett‹ der Residenz

Mit der Einrichtung von Wohngemächern für die Kurfürstin Henriette Adelaide, Herrin Nymphenburgs und Bauherrin der Theatinerkirche, zog innenarchitektonisch auch in die Residenz der Hochbarock ein (Ausgestaltung von Barelli und Pistorini 1665–1667). Das Erkerzimmerchen neben dem ehemaligen Schlafgemach ist in seiner Ausstattung ein literarisch inspiriertes Kabinett. Es handelt sich um eine preziös empfindsame Allegorisierung von Liebesleid und -lust, auf Inhalte des kurz zuvor erschienenen französischen Gesellschafts-Romans ›Clélie‹ der Madame de Scudéry zurückgehend.

37 Das Antiquarium – Museumsbau der Renaissance

Im Antiquarium der Residenz besitzt München einen der bedeutungsvollsten profanen Renaissanceräume und zudem eines der frühesten selbständigen Museumsgebäude nördlich der Alpen. Das ebenerdige ›Gewölbe‹ (1568–1571) sollte die Antikensammlung aufnehmen, das Obergeschoß die herzogliche Büchersammlung. Baumeister war Wilhelm Egkl, Vorentwürfe hatte der Mantuaner Jacopo Strada geliefert. Von 1586 bis 1600 ließ Wilhelm V. dann das Gewölbe durch Friedrich Sustris in einen Festsaal umbauen. Die ganze Deckenfläche wurde mit Groteskmalereien, Allegorien ud Ansichten bayerischer Städte überzogen.

38 Die ›Grüne Galerie‹ – kurfürstliche Gemäldesammlung und Rokoko-Festraum

Bauherr der ›Grünen Galerie‹ war Kurfürst Carl Albrecht (1726–1745, ab 1742 Kaiser), in dessen Regierungszeit sich in München die Wende vom Spätbarock zum ›schönsten Rokoko Europas‹ vollzog. An den ›Reichen Zimmern‹ im Grottenhoftrakt, einer höchste Ansprüche symbolisierenden Flucht von Repräsentationsräumen, zu denen auch die ›Grüne Galerie‹ gehört (1733/34 von François Cuvilliés) läßt sich dieser Übergang ablesen. Die innenräumlichen Arbeiten, 1726 von Joseph Effner begonnen, wurden 1729 durch den Residenzbrand zum Teil zerstört, danach unter Cuvilliés' Leitung von 1730 bis 1737 fortgeführt.

39 Kaiserhof der Residenz – erneuerte Architekturmalerei

Herzog Maximilian I. (1597–1651) erbaute diesen Teil der Residenz während der Jahre 1611 bis 1619, noch vor seiner Erhebung in den Kurfürstenstand, in Dimensionen, die den Maßstab der kaiserlichen Gebäulichkeiten in Wien übertrafen. An der Planung, die der Herzog wesentlich beeinflußte, wirkten neben Hans Krumper, dem Bildhauer-Kunstintendanten Maximilians, noch Peter Candid, der Maler, und Heinrich Schön d. J. als Baufachmann mit. Bis 1977 wurde die Fassadenmalerei des Osttrakts, in dem die ›Trier-Zimmer‹ liegen, nach alten Vorlagen durch Hermann Kaspar erneuert; er hatte bereits 1958 die Fassade an der Residenzstraße in vereinfachter Form entworfen.

40 Opernfestspiele: der Giebelportikus des Nationaltheaters

Die Fassade des Münchner Opernhauses wird bestimmt von der zwei-
geschossigen Säulenvorhalle; den Giebel beleben seit 1972 die Figuren
Apolls und der neun Musen von Georg Brenninger. Darüber liegt der
Giebel des Zuschauer- und Bühnenhauses, dessen Verherrlichung des
Pegasus 1835 Ludwig Schwanthaler entworfen hat. 1818 wurde das damalige
Hof- und Nationaltheater, von Karl von Fischer geplant, zum erstenmal
eröffnet. 1825 fand nach einem Brand seine zweite Eröffnung statt. Den
Wiederaufbau leitete Leo von Klenze nach Fischers alten Plänen, fügte
der Front jedoch den zweiten Giebel hinzu. Die dritte Eröffnung nach der
Kriegszerstörung fiel in das Jahr 1963.

41 Opernpause im Blauen Foyer (Jonischer Saal)

Aus der Vier-Säulen-Halle des Entrées streben spiegelbildlich weiße
Marmortreppen herauf in die beiden Blauen Foyers, Jonische Säle genannt,
die einander bis ins ornamentale Detail gleichen. Zwischen diesen seitlichen Foyers auf der Höhe der Königsloge liegt in der Mittelachse des
Baus der Königssaal. Die Dekorationen der Blauen Foyers hatte 1824/25
Jean Baptiste Métivier entworfen. Die Freunde des Nationaltheaters stiften
seit Jahren für diese repräsentativen Räume Bildnisbüsten berühmter Komponisten und Dirigenten. Im Bild das formklare Portrait Giacomo Puccinis
von Friedrich Koller (1974).

42 Blick aus der Königsloge: Applaus für den Rosenkavalier

Im festlichen Dreiklang von Rot, Gold und Weiß und in all seinem
klassizistischen Stuckdekor ist der Zuschauerraum des Nationaltheaters
aus den Bombentrümmern wiedererstanden (1963). Das Bild vermittelt
aber auch eine Ahnung davon, daß der klassizistische Raum Karl von
Fischers (1818) in seiner beispielhaften Klarheit rekonstruiert ist. Das
Raumrund, an dem fünf freitragende Ränge hinlaufen, wird am Gesims
in seiner ganzen Weite ablesbar; wie ein schwebendes Segel, das nur punk-
tuell vertäut ist, schließt eine Flachkuppel-Decke den hohen zylindrischen
Raum ab.

43 Theater am Gärtnerplatz: die ›Volksoper‹ Münchens

Das Theater am Gärtnerplatz (1864/65 nach Plänen von Franz Michael
Reifenstuel erbaut), ist ein kleinerer, volkstümlicher Schwesterbau zum
Haus der großen Oper. Anläßlich des Hundertjahrfeier wurde die Renovierung des Theaters beschlossen, unter der Leitung von Hans Heid ist
sie 1968/69 im Sinne der ursprünglichen Gestaltung durchgeführt worden.
Es entstand eine Restaurierungsleistung, die sich auf ihre Weise mit der
Wiederherstellung des Nationaltheaters messen kann. Im Bild der Schluß-
akt von Henry Purcells ›Feenkönigin‹ (1692), Bühnenbild und Inszenie-
rung von Jean-Pierre Ponelle (1976).

44 Wiedergewonnen: Deckenmalerei im Gärtnerplatztheater

1937 war das Theater am Gärtnerplatz wenig einfühlsam renoviert
worden. Dabei verschwand auch die Deckenmalerei unter einem neuen
Anstrich. Ihre Wiedergewinnung 1968/69 gehört zu den wichtigsten Er-
gebnissen der Denkmalpflege in München. Eugen Napoleon Neureuther,
ein Schüler von Cornelius, hatte die feine Dekorationsmalerei 1864 entworfen. Aufgrund von alten Unterlagen hat sie jetzt Elmar Albrecht erneuern können.

45 Matinée im Cuvilliés-Theater

Für François Cuvilliés' Residenztheater (1751–1755, Eröffnung 1753)
wurde 1958 eine Räumlichkeit im Apothekenstock der Residenz gefunden,
in die man das während des Krieges ausgelagerte innenarchitektonische
Juwel neu eingebaut hat. Die Erdgeschoßlogen waren zu höfischen Zeiten
dem Stadtadel reserviert, im 1. Rang saß der Hoch-, im 2. der niedere Adel, den
3. Rang füllte die Hofbeamtenschaft. Heute finden hier Opern- und Theater-
aufführungen sowie Kammermusikveranstaltungen statt (auf dem Bild mit
Generalmusikdirektor Wolfgang Sawallisch am Flügel).

46 Forum der Maximilianstraße und Maximilianeum

Auf halber Strecke zur Isar erweitert sich die Maximilianstraße (1853–
1875) zu einem parkähnlich bepflanzten Forum. Sein Zentrum säumen
zwei öffentliche Gebäude, die den ›Maximilianstil‹ besonders charakteristisch vertreten: rechts der erste Bau für das Bayerische Nationalmuseum,
heute Völkerkundemuseum, errichtet 1858 bis 1865 von Eduard Riedel,
links die Regierung von Oberbayern, die der Schöpfer der Maximilianstraße, Heinrich Bürklein, zwischen 1856 und 1864 erbaute. Städtebaulich
über die Isar hinübergreifend bildet das Maximilianeum (1857–1874) auf
der jenseitigen Uferhöhe als quergestellter bühnenbildhafter Prospekt einen
geradezu illusionistischen Abschluß.

47 In der Maximilianstraße mit Blick auf das Maximilianeum

Der Stil der Maximilianstraße baut auf national empfundenen gotischen Elementen auf, meint aber damit zur Erbauungszeit 1853 noch keine
Historisierung, sondern nur Anknüpfung für einen erstrebten Stil der Zu-

kunft. Sehr deutlich zeichnet sich in dem Bild der Abschluß der Straße
durch den erhöhten Querbau des Maximilianeums ab, durch seine Lage
verschleiernd, daß durch die Maximilianstraße auch die Altstadt mit dem
1854 eingemeindeten Vorort Haidhausen verbunden werden sollte.

48 Im parkähnlichen Forum der Maximilianstraße

Den Straßenverlauf begleiten im Forum der Maximilianstraße gärt-
nerische Anlagen, die vom Stil des englischen Landschaftsgartens inspiriert
sind. Dadurch stimmen sie ein auf den Fluß-Übergang; die Uferhänge der
Isar zu beiden Seiten des Maximilianeums wurden ebenfalls in diesem Stil
gärtnerisch gestaltet (Maximilians- und Gasteiganlagen 1856–1861). Die
Gebäude – hier das Völkerkundemuseum Eduard Riedels (1858–1865) –
verbergen sich romantisch dahinter.

49 Das Schauspielhaus – einzigartiges Jugendstiltheater

Als 1901 Richard Riemerschmids Schauspielhaus an der Maximilianstraße eröffnet wurde, war dies auf dem Gebiet des Theaterbaues nicht nur
für München ein Ereignis. Man konnte sich nun rühmen, das erste in
Innenraumgestaltung und einheitlicher Ausstattung konsequent moderne
Theater ganz Europas zu besitzen. Seine Durchgestaltung war im Sinne der
sogenannten ›Werkkunst‹ des Jugendstils erfolgt. 1970/71 wurde das Theater nach alten Plänen durch Reinhard Riemerschmid restauriert und sogar
der Bühnenvorhang von damals nach einem Foto dem Original wieder
nachgebildet.

50 Olympisches Zeltdach – Wahrzeichen eines heiteren München

Die Stadt außergewöhnlicher urbaner Gestaltung hat 1972 im Zeltdach
über dem Olympiastadion von Günther Behnisch ein weiteres Wahrzeichen
bekommen, das für die Fortsetzung der besonderen künstlerischen Traditionen und für den Lebensausdruck dieser Stadt stehen kann. Faszinierend
in der Technik, erfüllen die Zeltformen aus Acrylglas sowohl die baulichen
Funktionen der Bedachung wie der architektonischen Ensemblebildung.
Sie sind ›schwebende‹ Dachgebilde, die unausgesprochen zugleich Landschaftsformen der unmittelbaren Umgebung, ja sogar der Vorgebirgsumge-
bung Münchens in sich aufnehmen.

51 Olympisches Dorf – Fußgängerzugang von der U-Bahn her

Ein ›Wohngebirge‹ für 12 000 Menschen entstand nördlich des Olym-
piaparks 1972 als olympisches ›Dorf‹. Einer kleineren Trabantenstadt ist
dieses urbanistische Modell ähnlicher als einer Wohnstätte für Sportler.
Bemerkenswert an dem ›Stadtviertel‹, das wegen seiner hochprozentigen
urbanen Verdichtung noch heute auf viele Münchner beängstigend wirkt,
bleibt die Trennung von Fahr- und Fußgängerverkehr in verschiedene
Ebenen, so daß die Wohnungsebene im Bereich einer einzigen Fußgängerzone liegt.

52 Olympiastadion – Fassungsvermögen: 75 500 Zuschauer

Menschliches Maß, Ineinander von Architektur und Landschaft,
Leichtigkeit und Heiterkeit, das waren die wesentlichen Grundvorstellungen
bei der Planung der Anlagen für die XX. Olympischen Sommerspiele 1972
in München. Aus dem ebenen Oberwiesenfeld, das zunächst Exerzierplatz,
dann erster Flugplatz Münchens war, aus Schuttbergen, die der Krieg, aber
auch U- und S-Bahn-Bau hier hinterließen, formten Architekten und Garten-
gestalter ein bewegtes Gelände mit See, die künstliche Landschaft des Olym-
piaparks. Das Stadion, zu 54 Prozent überdacht, ist zu einem Drittel
Erdstadion, in das man vom Forum aus hinuntersteigt.

53 Münchner Stadtsilhouette: Blick vom Monopteros

Vom Rundtempel des Monopteros im Englischen Garten gegen Süden,
in die Richtung, aus der zuweilen vom Gebirge her der Föhn über die Stadt
bläst, rückt die Münchner Altstadt mit ihren Türmen und Kuppeln zu
einer Silhouette zusammen, auf die bedingt noch immer ein Wort des
18. Jahrhunderts zu passen scheint: München, das ›teutsche Rom‹. Im Mittel-
grund leuchtet die Karl-Theodor-Wiese auf; der Name erinnert an den Kurfürsten, der auf Anraten Benjamin Thompsons (alias Graf Rumford) die
Anlage des Englischen Gartens genehmigte.

54 Der Biergarten um den Chinesischen Turm im Englischen Garten

1792 wurde der Englische Garten als ›Karl-Theodor-Park‹ der Öffentlichkeit übergeben. Die Anlage reichte damals ungefähr bis zur Höhe des
Kleinhesseloher Sees. Aus dieser Pionier-Zeit stammen der Chinesische
Turm und die Gebäulichkeiten in seiner Nachbarschaft, die schon damals
der Bewirtung erholungsuchender Spaziergänger dienten. Neben dem Chinesischen Turm, 1789 von Joseph Frey errichtet (nach Kriegszerstörung 1952
rekonstruiert), wurden von Johann Baptist Lachner das Chinesische Wirtshaus und das Rumfordhaus als Offizierskasino in den Jahren 1790/91 erbaut,
auch das Wirtshaus damals in Holzkonstruktion wie der Aussichtsturm (erst
1912 wurde es originalgetreu in Stein nachgebildet).

55 Der Gartentempel des Monopteros

Auf einem Hügel, künstlich gebildet vom Aushub des Kleinhesse-loher Sees im Englischen Garten, steht wie eine schlanke, hohe Krone der von Leo von Klenze 1837/38 errichtete Monopteros, ein griechisch inspirierter Rundtempel mit jonischen Kapitellen – typisch für den Münchner Klassizismus. Von dort oben genießt der Englische-Garten-Wanderer einen der schönsten Blicke auf die Altstadt. Zugleich Aussichtspunkt und selbst Blickpunkt zu sein, kennzeichnet die ›Staffage‹-Bauten dieser Zeit in einem als ›sentimentalisch‹ (im Gegensatz zu ›naiv‹) gestalteten Landschaftsgarten im englischen Stil.

56 Briennerstraße gegen Obelisk und Propyläen

Ein Stück ist der Straßenzug mit der ehemaligen Chaussee des barocken ›Fürstenwegs‹ nach Nymphenburg identisch. Wie die Ludwigstraße, die annähernd auf Schloß Schleißheim zielt, setzt er innerstädtisch am Odeonsplatz ein. Münchens Strahlenplätze leiten sich alle von Fischers Karolinenplatz in der Briennerstraße ab. Einzelgebäude Fischers sind an seiner Straße nicht erhalten; deren klassizistisches Bild bestimmt heute Klenze durch Palais' (Moy, Arco-Zinneberg, Ludwig-Ferdinand, zu denen Métiviers Almeida-Palais zu stellen ist), doch vor allem durch die unvergleichlichen symmetrischen Plätze: den Wittelsbacher Platz, sowie den Königsplatz.

57 Wittelsbacher Brunnen: Abschluß des Maximiliansplatzes

Den Wittelsbacher Brunnen Adolf Hildebrands, Münchens berühmtesten Brunnen, geschaffen 1893 bis 1895, kann man in seiner herausgehobenen, städtebaulich gliedernden Lage aus zwei Perspektiven sehen: als Abschluß des Maximiliansplatzes, oder als stadtarchitektonischen Bildriegel für den locker gestaffelten Lenbachplatz. Mit Doppelbecken und Doppelschalen, mit eigenständig zur ruhenden Symbolfiguren ein ein neuklassisches Meisterwerk. Den Wittelsbacher Brunnen ließ die Stadt München zur Erinnerung an die Fertigstellung der Quellwasserleitung aus dem Mangfalltal errichten.

58 Das ›Brunnenbuberl‹ am Karlstor

Seit 1971 ist die Neuhauser Straße Fußgängerzone. Wo sie am Karlstor anlangt, fand im Zuge ihrer Neugestaltung auch das ›Brunnenbuberl‹ von Matthias Gasteiger (1895), das seinen angestammten Ort im südlichen Teil des Karlsplatzes wegen der Verkehrsumbauten für den Altstadtring hatte räumen müssen, wieder einen Platz. Vom benachbarten Karlstor, dem früheren Neuhauser Tor, sind nur die Vortürme und der sie verbindende Bogendurchgang erhalten geblieben. Auf dem Bild sieht man den Torbau in neugotischer Form, die 1861 Arnold Zenetti dem alten Kern gegeben hat.

59 Der Nornenbrunnen im Eschenhain beim Maximiliansplatz

Ein passenderer Platz als der Eschenhain vor der ehemaligen Festungsanlage Münchens hätte 1968 für die Neuaufstellung von Hubert Netzers Nornenbrunnen (1907) nicht gefunden werden können, nachdem der Brunnen 1964 zusammen mit dem ›Brunnenbuberl‹ wegen der Verkehrsumbauten am Karlsplatz entfernt werden mußte. Sowohl die Strenge des Hains wie auch die in der Nähe stehende jugendstilartige Fassade der Neuen Börse von Friedrich von Thiersch (1899) steigern als seine Umgebung die Wirkung dieses Brunnens, der sich vom Neuklassizismus eines Wittelsbacher Brunnens abkehrt.

60 Künstlicher Sternhimmel über Münchens Silhouette

Das Zeiß-Planetarium des Deutschen Museums befindet sich im Mittelpunkt einer halbkugelförmigen Kuppel mit einem Durchmesser von 15 Metern. Das Gerät mit seinen 158 Projektoren kann darin 8900 Fixsterne sichtbar machen. Durch Zeitraffung kann man astronomische Vorgänge zeigen, die sonst nur im Laufe von Jahren zu verfolgen wären. In der Silhouette von München sind von links nach rechts wiederzuerkennen: Türme und Schiff der Frauenkirche, Alter Peter, Rathausturm, Olympia-Fernsehturm, der Turm der Salvatorkirche, Kuppel und Türme der Theatinerkirche, die Türme der Ludwigskirche.

61 Am Deutschen Museum – Turm und Sammlungsbau

1903 wurde das Deutsche Museum für Meisterwerke der Naturwissenschaft und Technik durch Oskar von Miller (1855–1934) gegründet. Heute ist es das größte Museum seiner Art mit jährlich rund 1,5 Millionen Besuchern. Aus einem Architekturwettbewerb des Jahres 1905 gingen die Entwürfe Gabriel von Seidls als beste hervor. 1906 wurde der Grundstein zum Sammlungsbau gelegt, die Einweihung des Hauses fand 1925 statt. Der Sammlungsbau auf der Isarinsel wurde 1928 bis 1932 um den Bibliotheksbau und 1928 bis 1935 um den Kongreßsaalbau durch German Bestelmeyer erweitert.

62 Amerikanischer Raumfahrer in der Mercury-Raumkabine

Das Deutsche Museum besitzt eine originalgetreue Nachbildung jener Mercury-Raumkabine, die, entwickelt 1958 bis 1961 im Auftrag der NASA,

in den Jahren 1962 bis 1963 im Einsatz war, und mit deren Hilfe es damals schließlich gelang, die Erde im bemannten Raumflug in 34 Stunden und 20 Minuten 22 mal zu umrunden. Während der Flugzeit konnte der Pilot seine Stellung mit angezogenen Beinen nicht verändern; der Druckanzug war gegen eine zu starke Erhitzung versilbert. Der Schlauch, seitlich am Helm befestigt, diente der Sauerstoffzuleitung. Durch das Mikrofon konnte Verbindung mit der Erde gehalten werden.

63 Kohlegewinnung mit Pickel und Schaufel

Diese naturgetreue Darstellung eines Arbeitsplatzes unter Tage in einem oberbayerischen Pechkohlebergwerk stellte 1903, als das Deutsche Museum gegründet wurde, die Realität auf diesem Gebiet dar. Die Bergleute muß man sich 700 Meter tief unter der Erde arbeitend vorstellen. Ihr Arbeitsplatz, ein ausgekohlter Hohlraum, der im Bergbau auch heute noch ›Streb‹ genannt wird, erreichte hier selten mehr als eine Höhe von 70 Zentimetern, entsprechend der durchschnittlichen Mächtigkeit der kohleführenden Schicht, des ›Flötz‹.

64 Alte Pinakothek Saal V: Holländer des 17. Jahrhunderts

Nach dem Wiederaufbau des Galeriegebäudes sind 1957 die Säle und Kabinette im Obergeschoß der Alten Pinakothek im wesentlichen so angeordnet wiedereröffnet worden, wie es Leo von Klenze 1826 bis 1836 vorgesehen hatte. Im 19. Jahrhundert galt die Alte Pinakothek, deren Ausstellungsräume von vornherein für Bilder aus dem wittelsbachischen Gemäldebesitz bestimmt waren, als die schönste und fortschrittlichste Galerie Europas. Saal V ist der Holländischen Malerei des 17. Jahrhunderts gewidmet, dem bevorzugten Sammelgebiet des pfälzischen Kurfürsten Johann Wilhelm, dessen höchst qualitätvolle Düsseldorfer Bildersammlung 1806 nach München gebracht wurde.

65 Bayerisches Nationalmuseum – Tiroler Bauernstube um 1770

Das Museum, ein einzigartiges Ensemble von heute rund 200.000 Objekten, entstand auf Initiative König Maximilians II., der seit 1853 in der Herzog-Max-Burg eine ›historische Sammlung‹ aus dem Besitz des Hofes zusammentragen ließ, die Art ›Wittelsbacher Museum‹. Es erhielt durch ihn 1855 den Namen ›Bayerisches Nationalmuseum‹. Als Beispiel der Volkskunst wird auch diese Tiroler Stube gezeigt, die völlig vertäfelt ist und an den Wänden und der Decke reiche Bemalung aufweist. Die Einrichtung stammt aus dem Thannheimer Tal und ist um 1770 entstanden.

66 Am Haus der Kunst: Henry Moore's ›Große Liegende‹

Der 1933 bis 1937 errichtete NS-Repräsentationsbau von Paul Ludwig Troost an der Prinzregentenstraße ist, da im Kriege nicht zerstört, nach 1945 bis heute Schauplatz wichtigster Ausstellungen und im Westflügel zur Unterkunft für die Staatsgalerie moderner Kunst geworden. Moore's ›Große Liegende‹, 1959 für die Staatsgalerie erworben, kennzeichnet seit einigen Jahren den Eingang zu den berühmten Münchner Sammlungen der Kunst des 20. Jahrhunderts.

67 Bayerisches Nationalmuseum an der Prinzregentenstraße

Der Bau des Bayerischen Nationalmuseums (1894–1900) von Gabriel von Seidl reiht sich als Architekturschöpfung des Historismus Klenzes berühmten öffentlichen Sammlungsbauten des Glyptothek (1830) und der Alten Pinakothek (1836) gleichrangig an. Seidl gelang es, bei freier Verfügung über historische Stilarten einen Gebäudekomplex zu komponieren, der immer eigenständig bleibt. Der Bau macht durch seine Außenerscheinung seinen Zweck als Sammlungsbau für kunst- und kulturhistorische Objekte aus allen Epochen der abendländischen Geschichte anschaulich.

68 Herit Ubechet, ›Hausherrin und Sängerin im Tempel‹

Die Staatliche Sammlung Ägyptischer Kunst im Nordflügel der Residenz am Hofgarten bewahrt unter ihren Schätzen auch den bemalten Holzsarg für eine Frau namens Herit-Ubechet; eine Schriftzeile auf dem Deckel nennt ihren Titel: »Die zu Osiris gewordene Hausherrin und Sängerin im Tempel des Amun-RE, des Königs der Götter«. Der Sarg aus Maulbeerfeigenholz, der Herit-Ubechet in der Mumiengestalt des Totengottes Osiris darstellt, wurde in den Priestergräbern von Deir el-Bahari/Theben-West aufgefunden. Er stammt aus der Epoche der 21. Dynastie, aus der Zeit um 1000 v. Chr.

69 Großer schlafender Satyr – der ›Barberinische Faun‹ der Glyptothek

Ursprünglich mag diese überlebensgroße Figur als Weihegeschenk in einem griechischen Heiligtum des Dionysos unter freiem Himmel gestanden haben. Unbekannt ist der Name des Bildhauers, den man als einen der größten der europäischen Kunstgeschichte bezeichnet hat. Vielleicht stammte der Künstler aus Athen. Das Marmorbildnis des Fauns ist wohl um 220 v. Chr. gemeißelt worden. Wiederaufgefunden wurde die stark beschädigte Figur, an der nur das Haupt fast unversehrt erhalten war, in Rom zwischen 1624 und 1641 in der Nähe der Engelsburg; sie stand dort bis 1799 im Palazzo Barberini.

70 Die Glyptothek – Musterbau eines klassizistischen Museums

Für antike Skulpturen, die vom Haus Wittelsbach schon seit dem 16. Jahrhundert systematisch gesammelt wurden, entstanden in München zwei Museumsbauten von programmatischer Bedeutung und mustergültiger architektonischer Form: zur Zeit der Renaissance das Antiquarium und 1816 bis 1830 die Glyptothek am Königsplatz von Leo von Klenze. Die eingeschossige Vierflügelanlage um einen Innenhof mit doppelreihiger jonischer Säulenvorhalle präsentiert sich seit 1972 innen schmucklos. Beachtlich vor allem die Neuaufstellung der Figuren vom Westgiebel des Aphaia-Tempels in Ägina.

71 Die Antikensammlung – aus der Perspektive der Propyläen

Der Sammlungsbau gegenüber der Glyptothek, in seiner äußeren Erscheinung nach Klenzes Glyptothek-Prinzipien gestaltet, entstand als Kunst- und Industrieausstellungsgebäude nach Plänen Georg Friedrich Zieblands 1838 bis 1848. Nach der innen völlig veränderten Wiederherstellung durch Johannes Ludwig 1962 bis 1967 erhielt der spätklassizistische Ausstellungsbau eine dem ideal gedachten Königsplatz angemessene Zweckbestimmung: nämlich Münchens Antikensammlung aus wittelsbachischem Besitz aufzunehmen, vermehrt durch die Sammlungen Loeb und von Schoen.

72 Keltische Achsnägel – ›Gute Form‹ vor 2000 Jahren

Die Prähistorische Staatssammlung, Museum für Vor- und Frühgeschichte (1977 Eröffnung des architektonisch und museumstechnisch interessanten Neubaus von Werz, Ottow und Partnern) zeigt unter den Bodenfunden aus der ehemaligen Keltenstadt Manching bei Ingolstadt auch diese beiden Achsnägel, die künstlerisch hochwertiges Gebrauchsgut darstellen. Die technische Zeichnung gibt den Sitz eines Achsnagels an. Man datiert die schmiedeeisernen Vogelkopfnägel in die Blütezeit der Latène-Kultur um 100 bis 50 v. Christus.

73 Die Neue Sammlung: Ludwig Mies van der Rohe, Stuhl, 1926

In einem Seitentrakt des Bayerischen Nationalmuseums an der Prinzregentenstraße hat die Neue Sammlung ihre bereits wieder viel zu engen Depots und Räume für Wechselausstellungen. Der offizielle Name lautet ›Staatliches Museum für angewandte Kunst‹. Nach dem Krieg hat sich das Museum aus der 1925 gegründeten ›Gewerbeabteilung‹ des Nationalmuseums verselbständigt, die aus der ›Vorbildersammlung‹ für gute Gebrauchsform der Münchner Gruppe des Deutschen Werkbunds (1907 in München gegründet) hervorgegangen war. Die Sammlung will Erzeugnisse präsentieren, »die geschmacksbildend und beispielhaft sind für gut gestaltete Produktformen«.

74 Jesuitenkirche St. Michael – ein ›Schöpfungsbau‹

Die Michaelskirche, deren entwerfender Architekt noch nicht ermittelt werden konnte, stellt mit ihrem freitragenden Tonnengewölbe über einem mächtig dimensionierten Raum den größten Renaissancebau nördlich der Alpen dar. 1583 fand die Grundsteinlegung statt, und bereits 1587/88 war die phänomenale Einwölbung vollendet. In einem zweiten Bauabschnitt ab 1593 übernahm Friedrich Sustris die Leitung. 1597, gerade hundert Jahre nach der Frauenkirche, wurde diese Programmkirche der triumphierenden Gegenreformation geweiht. Den Hochaltar entwarf Friedrich Sustris 1589.

75 Bruderschaftskirche St. Michael in Berg am Laim

In Berg am Laim (Grundstein 1737, Fertigstellung der Kirche 1758, der Ausstattung 1771) stellte Johann Michael Fischer, der bedeutendste Baumeister des altbayerischen Kirchen-Rokokos (32 Kirchen, 23 Klöster), drei überkuppelte Zentralräume unterschiedlicher Größe und Höhe in eine Flucht. Damit hat auch München teil an den das 18. Jahrhundert charakterisierenden Raumlösungen, die Lang- und Zentralraum miteinander zu vereinigen suchten. Der genialen Raumkomposition fügt sich die Ausstattung J. B. Zimmermanns und Straubs durch Altäre, Figuren, Kuppelfresken und Stuckdekorationen mitartikulierend ein.

76 Die Theatinerkirche – italienischer Akzent im Stadtbild

Die ehemalige Hofkirche St. Kajetan bringt den italienisch barocken Typus der basilikalen Kreuzkuppelkirche mit Doppelturmfassade nach München. Ihren Bau gelobte 1659 die Kurfürstin Henriette Adelaide für den Fall der glücklichen Geburt eines Thronerben. Als 1662 Max Emanuel geboren war, beauftragte die Fürstin sofort Agostino Barelli aus Bologna mit der Planung der Kirche. Ihn löste 1669 der Graubündener Enrico Zuccalli ab, der die Zweiturmfassade entwarf. 1688 war die Kuppel vollendet. Die Fertigstellung der Fassade durch die beiden Cuvilliés' aber ließ bis 1768 auf sich warten.

77 Die Ludwigskirche – romantische Kirchenarchitektur

Den nördlichen Teil der Ludwigstraße, der von Friedrich von Gärtner geplant wurde, beherrscht seine Ludwigskirche, erbaut zwischen 1829 und

1844. Der in seiner Farbigkeit vorzüglich restaurierte Innenraum demonstriert, wie man nach der Profanierungswelle durch die Säkularisation seit 1803 das alte Zusammenspiel von kirchlicher Bau- und Bildkunst schöpferisch und romantisch erneuern wollte. Der weite Innenraum vermittelt einen mittelalterlichen Eindruck, stilistisch auf der Schwelle von der Romanik zur Gotik stehend, allerdings eher italienisch als deutsch empfunden.

78 St. Lukas – Kirchenbau im Zeichen des Historismus

Zwei beherrschende Kirchen entstanden um die Jahrhundertwende unmittelbar am Isarkai und antworteten gleichsam den um Jahrzehnte älteren neugotischen Kirchen in den Vorstädten Au, Haidhausen und Giesing jenseits der Isar. Es sind dies die Kirchen St. Maximilian (1895–1908) von Heinrich von Schmidt und St. Lukas (1893–1896) von Albert Schmidt. Der überkuppelte Zentralraum von St. Lukas, auf einem Grundriß in Form des griechischen Kreuzes konzipiert, löst mit ansteigenden Zuhöreremporen die Anforderungen, die ein evangelischer Predigtraum an die Architektur stellt; am Außenbau dominieren romanische Stilelemente, im Inneren solche der rheinischen Frühgotik.

79 St. Birgitta: Gotteshaus aus vorgefertigten Bauelementen

Die Pfarrkirche St. Birgitta in München-Unterhaching (Fasanenpark) ist Hauptteil eines Gemeindezentrums, das Franz Xaver Gärtner 1971 entworfen hat. Nach außen tritt die Kirche im Miteinander großflächig verglaster Gebäudekomplexe um einen Innenhof als fensterloser Würfel in Erscheinung. Im Inneren zielt der Lichteinfall von oben auf die Altarinsel. Der Bau, dessen Innenraum durch exemplarische Einfachheit einen hohen Grad von meditativer Geschlossenheit erreicht, gehört zu den bemerkenswertesten Kirchengebäuden Münchens in nachkonziliarer Zeit.

80 Auer Dulten – dreimal jährlich Jahrmarkt

Das alte deutsche Wort Dult heißt Fest, Kirchenfest; der Name wurde dann auf die Märkte übertragen, die seit dem Mittelalter nicht selten mit Kirchenfesten verbunden waren. Von den drei Dulten auf dem Mariahilfplatz in der Au – heute Trödel-, Antiquitäten-, Geschirrmärkte mit dem Flair der guten alten Zeit – wurden die Mai- und die Herbstdult 1796 vom Kurfürsten Karl Theodor genehmigt. Die Sommerdult, die weit über die Mitte des 15. Jahrhunderts hinaus sowohl als Handelsmesse für alle Waren, die in München nicht hergestellt wurden, Bedeutung hatte, wie auch als eine Art Volksfest, geht auf das 13. Jahrhundert zurück.

81 Alte Sendlinger Dorfkirche – Schauplatz der ›Mordweihnacht‹ 1705

Das Denkmal des legendären Schmieds von Kochel (1906–1911) erinnert an die Sendlinger Mordweihnacht 1705, als die kaiserlich-österreichischen Truppen den Bauernaufstand der Ober- und Niederbayern zur Befreiung Münchens von eben diesen kaiserlichen Truppen aus Wien hier blutig niederschlugen. Von den schlecht ausgerüsteten Bauern sollen etliche hundert niedergemacht worden sein, unter ihnen ihr legendärer Anführer, der Schmied Balthes von Kochel. Auch die alte gotische Dorfkirche ist dabei zerstört worden; das heutige Alt-St.-Margaret wurde 1711/12 von Wolfgang Zwerger d.J. erbaut und bewahrt in der Apsis noch ein Glasgemälde von 1493.

82 ›Eilles-Hof‹ – Spätgotik um 1500

An spätgotischen Architektur-Ensembles ist München nicht mehr sehr reich. Dieser dreigeschossige Binnenhof stellt heute das einzige Beispiel seiner Art dar, das einen Eindruck von spätgotischer Profanarchitektur in München um 1500 gibt. In drei Obergeschossen umlaufen ehedem offene Lauben (Altanen) den engen Binnenhof eines gotischen Hauses an der Residenz-Straße, das im 18. Jahrhundert zum Püttrich-Regelhaus (Frauenkloster) gehört hatte. Von besonderem Reiz sind die Backsteinbrüstungen mit der x-förmigen Vergitterung. 1971 wurde dieser Hof restauriert und durch Passagen als öffentlicher Weg freigegeben.

83 Alte Haidhauser ›Herberge‹ – Eigenheim der ›Häusler‹

1854 wurden die rechts der Isar gelegenen Orte Au (im Tal) sowie Haidhausen und Giesing (auf dem Hochufer) in die werdende Großstadt (1852: 94 380 Einwohner) eingegliedert. Die Bevölkerung der nun als ›Vorstädte‹ bezeichneten Siedlungen (21 000 Einwohner) glich sich seit dem 17. Jahrhundert sozial immer stärker: es waren Kleinhändler und Kleingewerbler, unselbständige und nicht zünftige Handwerker, Tagwerker, die dort wohnten. Sie bauten sich diese typischen kleinen Häuser mit Eigentumswohnungen unter gemeinschaftlichem Dach.

84 Ehemalige Dorfkirche St. Georg in Bogenhausen

Wie die alte Sendlinger Dorfkirche am linken Hochufer der Isar liegt, südlich der Altstadt, so die ehemalige Dorfkirche Bogenhausens (eingemeindet 1892) auf dem Steilufer rechts der Isar, im Nordosten Münchens. Der äußerlich einfache Bau der ehemaligen Dorfkirche, deren Turm mit der Doppelhaube (1771) bis weit hinauf das gotische Mauerwerk übernommen hat, bietet im Innern eine vorzügliche Ausstattung des ausgehenden Rokokos mit Altären und Figuren von Johann Baptist Straub und Ignaz Günther (1770–1773). Den

Neubau der Kirche hat wahrscheinlich Stadtmaurermeister Balthasar Trischberger 1766 bis 1768 errichtet.

85 Wohnstraße des Adels in Barock und Rokoko

In alter Atmosphäre erhalten gebliebene Wohnquartiere sind in der Münchner Altstadt seit der Gründerzeit und den Zerstörungen des 2. Weltkriegs selten geworden. Neben der Damenstift- und Herzogspitalstraße kann insbesondere die Kardinal-Faulhaber-Straße im Blick vom Salvatorplatz auf die Domtürme beanspruchen, den altstädtischen Charakter einer › Adelsstraße‹ bewahrt zu haben. Hier stehen noch zwei bedeutende Adelspalais: das ehem. Palais Holnstein (jetzt Erzbischöfliches Palais), von François Cuvilliés (1733–1737) und das Palais Portia, das Enrico Zuccalli 1693 entworfen hat.

86 Letzter Rest der mittelalterlichen Stadtmauer

In der Jungferturmstraße zwischen Maximilians- und Salvatorplatz überstanden letzte Reste der inneren Stadtmauer und des Jungfernturms die Zeit seit dem Mittelalter. Das Gemäuer stammt teils von der zweiten Befestigung Münchens, die von 1285 bis 1315 unter Ludwig dem Bayern um die seit der Gründung stark gewachsene Stadt angelegt wurde (sie sollte den Umriß der Altstadt bis gegen 1800 festlegen), andernteils sind hier Mauerreste des Jungfernturms von 1493 erhalten, der bei der Schleifung der mittelalterlichen Stadtmauern und der barocken Bastionen 1804 abgebrochen wurde.

87 Das Alte Stadtschreiberhaus – Altmünchner Fassadenmalerei

Daß hier zwei gotische Häuser zusammengefaßt sind, läßt sich noch an den zwei außenseitigen Halbgiebeln mit Aufzugsvorrichtungen erkennen. Typisch für das alte Münchner Bürgerhaus, das im Stadtbild jetzt nur mehr vom ›Weinstadl‹ vertreten wird, ist das mittlere Einfahrtstor zu den ebenerdigen Gewölben. Hinter dem Anwesen sind ein typischer Laubenhof und die einzige gotische Spindeltreppe Münchens erhalten. Die Fassadenmalerei, die ursprünglich 1552 Hans Mielich angebracht hatte, gibt dem Haus den Anschein eines stattlichen Renaissance-Gebäudes. Im Haus war früher der Amtssitz der Stadtschreiberei (seit 1550).

88 Gunetzrhainerhaus – bürgerliches Künstlerhaus

Das private Münchner Bürgerhaus und das adelige Stadtpalais gehen vom Barock bis zum Klassizismus (rd. 1650–1830) mannigfache Verbindungen in der Fassadengestaltung ein, vor allem im Stuckdekor, der nun mehr und mehr die Fassadenmalerei ablöst, wie sie vom späteren Mittelalter bis in die Mitte des 17. Jahrhunderts bei der Gestaltung der Fassadenreihen der Bürgerhäuser vielgeübter Münchner Brauch war. Johann Baptist Gunetzrhainers Haus am Promenadeplatz (nach 1726) zeigt französisch beeinflußten Putz- und Stuckdekor. Konsoltragendes Gebälk und betonte Mitte der Front bringen etwas von seiner Stellung als Hofbaumeister zur Geltung.

89 Bemerkenswertestes neugotisches Wohnhaus Münchens

Die Regelbauweise in München ist der verputzte Ziegelbau. Nur relativ wenige Häuser treten als Rohbacksteinbauten im Straßenbild hervor. Am bemerkenswertesten unter ihnen erscheint heute in München das dreigeschossige neugotische Haus in der Stollbergstraße. Das zinnenbekrönte Haus des Maurermeisters Martin Windwart von 1857/58 mit seinem dreiachsigen Mittelteil und reichem plastischen Schmuck stellt eine vom Maximilianstil unbeeinflußte, ›klassisch‹-neugotische Stilvariante von eigenständiger Phantasie dar.

90 Volkstümlicher Jugendstil in der Schwanthalerstraße

1973 wurde die Fassade, die zu den am reichsten dekorierten des Münchner Jugendstils gehört, in der originalen Farbigkeit (vorerst unter Ausnahme des Erdgeschosses) wiederhergestellt. Haus und Fassade entwarf 1905 August Zeh, ein Architekt, der damals mit seinen volkstümlich-›bodenwüchsigen‹ Fassadengestaltungen, die aus ›Deutscher Renaissance‹ entwickelt waren, Beachtung fand. Zu dem originellen Fassaden-System mit Figurenreliefs gehören auch Inschriften, die die Haltung des Architekten verkünden. Das Schriftband am Balkongitter lautet: »WAHRE KUNST IST EINE BLUETH GEWACHSEN AUS DEM VOLKSGEMUETH ANNO DOMINI 1905«.

91 Königinstraße: Brunnenforum vor funktioneller Fassade

1913 vollendeten Oswald E. Bieber und Wilhelm Hollweck in der Königinstraße einen Verwaltungsbau für die Münchener Rückversicherung mit schloßähnlicher Anordnung um einen offenen Säulenhof. Diesem monumentalen Bauwerk versetzt gegenüber ließ die gleiche Bauherrin 1965 durch Hans Maurer und Ernst Denk ein zweites Bürohaus erbauen, dem wiederum ein artikulierter Freiraum zugeordnet werden konnte: ein Brunnenforum, das der offenen Kolonnade des Säulenhofs antwortet. Den Brunnen schuf Georg Brenninger.

92 Jugendstilfassade am Harras Nr. 5

Das Haus ›Am Harras‹ in Sendling, das diese großflächige originelle Jugendstilfassade zeigt, wurde 1905 errichtet. 1964 fielen die alten Fenster der Modernisierung zum Opfer. Unser Bild zeigt die rechte Hälfte der Fassade. Das große Relief einer ›Blattmaske‹, eines ›Drachens‹, ist eine Meisterleistung des floralen, spielerisch symbolisierenden Jugendstils; es konnte noch kein Künstler dafür namhaft gemacht werden. Formal erinnert gerade der Drache stark an die erste Jugendstil-Fassade in München am ›Atelier Elvira‹ (1898) in der Von-der-Tann-Straße, das in den 30er Jahren abgebrochen wurde.

93 Künstlerhaus und Künstlerkirche: Ä. Q. Asam

Unter Altmünchens Künstlerhäusern des 18. Jahrhunderts sticht Ägid Quirin Asams (1692–1750) Wohnhaus in der Sendlinger Straße durch die Stuckfassade hervor, die der Bildhauer dem 1733 erworbenen spätgotischen Haus gab. Jahre zuvor hatte er bereits drei Nachbaranwesen gekauft, um ein Gelübde erfüllen zu können: dem Heiligen Johann Nepomuk, der eben 1729 heiliggesprochen worden war, eine Privatkirche zu erbauen. 1733/34 konnte er den ungewöhnlich schmalen und hohen Raum errichten (Fassade 1746). Charakteristisch ist die Nachbarschaft christlicher Frömmigkeit neben Figuren des profanen griechisch-römischen Mythos'.

94 Städtische Galerie – die ›florentinische‹ Villa Lenbachs

Der ›Malerfürst‹ Franz Lenbach (1836–1904) ließ sich auf der Höhe seines Ruhmes nach 1887 eine ›Residenz‹ im italienischen Stil mit Ateliertrakt bauen. 1924 ging die Villa samt Einrichtung und den Sammlungen Lenbachs in den Besitz der Stadt über, die hier und in einem von Hans Grässel 1927 bis 1929 errichteten dritten Bauwerk die Städtische Galerie aufbaute. Neben älterer Münchner Malerei dokumentiert die Galerie in einzigartiger Weise die Malergruppe des ›Blauen Reiter‹; durch die ›Gabriele-Münter-Stiftung‹ ist sie neuerdings auch zur größten Kandinsky-Sammlung Deutschlands geworden.

95 Stuck-Jugendstilmuseum – Musikzimmer in der Villa Stuck

Der Maler Franz Stuck (1863–1928), Sohn eines Müllers im Niederbayerischen, wurde als ›Malerfürst‹ Nachfolger Franz Lenbachs. Seit 1895 Akademieprofessor, besuchten seine Klasse zeitweise Paul Klee und Wassily Kandinsky. An seiner eigenen Villa (1897/98) in der Prinzregentenstraße kann man ihn nicht nur als Maler, sondern auch als sezessionistisch-neuklassizistischen Architekten, als Kunstgewerbler und Innenarchitekten und als Plastiker (»Amazone« vor dem Portikus der Villa Stuck, 1897) in seiner jugendstilhaften Gesamterscheinung als Künstler erfassen.

96 Maler in München – heute

Irgendwo in der ›Kunststadt‹ München, in irgendeinem beliebigen Wohnblock irgendeines Stadtviertels, nicht jedoch in Schwabing, findet sich dieses Arbeitermilieu des Malers Rudolf Büder. Wer eben male, könne doch überall malen: das möchte keine Absage an München, vielleicht aber an sein Klischee sein. Es definiert ›Kunststadt München‹ nur einfach konkreter, so scheint es. Bildtitel Büders lauten: Kosmisches Band, Apokalyptisches Lamm, Ikarus, Adamerschaffung.

97 Schwabing – wo?

Schwabing, 1890 nach München eingemeindet, das Stadtviertel nördlich des Siegestors, um die Jahrhundertwende der bereits legendäre Aktions-Ort künstlerischen Aufbruchs in die Moderne. Schwabing – ein Zustand? Jedenfalls herrscht das Wechselspiel der Situationen, doch aus der traumhaften Titelrolle haben sich die Menschen hier noch nicht verdrängen lassen. Und trotz der Kommerzialisierung des Viertels und des Vordringens der internationalen Vergnügungsindustrie liegt über dem Großstadtquartier noch immer etwas vom ›Prinzip Hoffnung‹.

98 Oktoberfest – ›die Lichterstadt von oben‹

»Man fühlt sich sanft emporgehoben/ Und sieht die Lichterstadt von oben«, reimt Eugen Roth über die Bergfahrt in einer Achterbahn auf dem Oktoberfest. Jedenfalls ist »d'Wies'n«, wie der Münchner das Riesen-Volksfest bündig nennt, in der Nacht so schön wie am Tage. Die ersten 16 Bogenlampen erhellten die Wies'n-Nacht 1885 allerdings, um lichtscheues Gesindel zu vertreiben. Aber 1901 ist das anders geworden. Seither liefern die Städtischen Werke den Strom gerade zum Flanieren bei Nacht.

99 Auf dem Oktoberfest – Hochstimmung im Bierzelt

Den ersten Schritt von der Bierbude zum Bierzelt – einem Leinwandzelt, wie man es noch heute überall in Bayern auf den kleineren Provinz-Volksfesten findet – wagte 1886 der Donisl-Wirt Josef Graf. Der Bierkonsum lag in diesem Jahr bei 5800 Hektolitern. Der Verzehr der 141. Wies'n im Rekordjahr 1975 in Zahlen: 4 455 700 Liter Bier, 30 904 Liter Wein, 11 435 Liter Schnaps, 502 755 Brathendl, 446 030 Schweinswürstl, 2 446 Zentner Fische, 34 907 Stück Schweinshaxen, 38 Ochsen, 26 Hirsche und 28 Wildschweine. Die Gemütlichkeit hat's überstanden!

100 Elefantennummer im Circus Krone

Den Circus Krone gibt es in München seit 1919. Nun gehört er schon zur Stadt wie das Oktoberfest. Aus seinen Anfängen 1902 hat sich das Familienunternehmen rasch zu einer weltweit bekannten Attraktion entwickelt. Mit dem Circus-Krone-Bau von 1962 besitzt München den einzigen festen Zirkusbau in der Bundesrepublik. Jedes Familienmitglied der Krones pflegt seine Spezialität. Die Chefin des Hauses, Frieda Sembach-Krone, ›arbeitet‹ mit Elefanten. Sie haben die Ehre, die Wappentiere des Circus Krone zu sein.

101 Tierpark Hellabrunn – am Flamingoweiher

Erst 1905 gelang es, für München einen Tierpark zu projektieren, wie ihn andere Großstädte längst besaßen. Ein ideales Grundstück fand sich in Thalkirchen; seinen Namen ›Hellabrunn‹ erhielt der Tierpark von einem kleinen Lustschloß, das einst hier gestanden hatte. 1911 konnte ein Teil der Anlagen eröffnet werden. Emanuel von Seidl schuf dafür phantasievolle Architekturen, von denen das Elefantenhaus, die ›Löwenterasse‹ und das Kassenhäuschen noch heute bestehen. Die landschaftliche Lage und die weiträumigen Freigehege, die teilweise nur von Wassergräben begrenzt sind, machen Hellabrunn zu einem der reizvollsten Tierparks Europas. Auf einer Fläche von 36 Hektar leben fast 4.000 Tiere (knapp 600 Arten).

102 Großer Teich und Alpinum im Botanischen Garten

Der Botanische Garten, 1808 gegründet und ursprünglich vor dem Lenbachplatz angelegt, wurde 1908 nach Nymphenburg verlegt und dort 1914 eröffnet, weil die Rußschwaden des nahegelegenen Hauptbahnhofs und die Abgase der Stadt den Pflanzen ans Leben gegangen waren. An seiner alten Stelle entstand 1854 das Kunst- und Industrieausstellungsgebäude, der berühmte Glaspalast (abgebrannt 1931). Das ›Alpinum‹ pflegt besonders die Pflanzen der weiteren Umgebung Münchens, aber auch der Schmuckhof, der Rhododendron-Hain oder die Farnschlucht sind Attraktionen des Botanischen Gartens, der zu den schönsten Europas zählt.

103 Schloß Nymphenburg – ein Blick aus dem Festsaal in den Park

Kurfürst Ferdinand Maria erwirbt zum 1. Geburtstag des Erbprinzen 1663 seiner Gemahlin die Schwaige Kemnat, damit sie sich dort eine fürstliche Villa auf dem Lande bauen könne. Agostino Barelli wird mit der Planung beauftragt, Enrico Zuccalli führt die Arbeiten ab 1674 fort. Beim Tod der Kurfürstin 1676 stand nur der heutige würfelförmige Mittelpavillon. Der durch zwei Geschosse reichende ›Steinerne Saal‹ erhielt seine jetzige architektonische Gestaltung durch Zuccalli und Effner im ersten Viertel des 18. Jahrhunderts und wurde zuletzt 1755/57 unter Leitung von François Cuvilliés durch den 75jährigen Johann Baptist Zimmermann stukkiert und ausgemalt.

104 Nymphenburger Park – Quellnymphe und Flußgott an der Großen Kaskade

Von 1701 an ließ Kurfürst Max Emanuel durch Carbonet und später Girard den Nymphenburger Garten zur weiten Barock-Anlage ausbauen. Mit als erstes schuf man 1701 in der Mittelachse einen ›holländischen‹ Kanal, dessen Wasser von der Würm abgezweigt wurde. 1717 legte Hofbaumeister Effner die Große Kaskade beim Eintritt des Würmkanals in das Parkgelände an (Marmorfassung nach 1768 von Cuvilliés). Aus dieser späteren Zeit stammen auch die meisten der Marmorstandbilder. Nur die beiden Liegefiguren der Quellnymphe und des Flußgottes von Giuseppe Volpini – angeblich Isar und Donau – wurden bereits 1717 bis 1719 aufgestellt.

105 Nymphenburger Park: Großes Parterre und Kanalachse

Seit 1715 entwickelte Girard im Auftrag Max Emanuels eine weitläufige französische Anlage, einen Boskettgarten mit Parkburgen und Klause, von der die Mittelachse mit Kanal und das Große Parterre noch bestehen. In den Jahren 1769 bis 1785 wurden im Parterre Vasen und Götterfiguren aus Marmor aufgestellt. Auf unserem Bild stehen sich vor der Fontäne Jupiter (nach einem Modell Ignaz Günthers von 1765) und Juno (nach einem Modell von J. B. Straub 1765) gegenüber, hinter der Fontäne Proserpina und Pluto (nach Modellen J. B. Straubs von 1772); alle wurden von Dominikus Auliczek 1772 bis 1778 ausgeführt.

106 Nymphenburger Park: Englischer Landschaftsgarten

Das strenge Liniengefüge, das den französischen Barockgarten Max Emanuels bestimmte, wurde unter Max I. Joseph seit 1804 durch den Hof-gartenintendanten Friedrich Ludwig Sckell in eine naturnahe Anlage im englischen Stil verwandelt. Vor den Parkburgen legte man Seen an, wie hier vor der Badenburg (von Joseph Effner 1725–1728), behielt aber bei der Umgestaltung die Mittelachse des Gartens, die vom Kanal eingenommen war, ebenso bei, wie zwei barocke Diagonalachsen in Form von Schneisen durch die Landschaftsteile, wie auch das Parterre zu Füßen der gartenseitigen Freitreppe des Schlosses.

107 Schloß Blutenburg: ›Blütenburg‹ der Spätgotik

Der spätgotische Herzogssitz Schloß Blutenburg wurde 1438/39 durch Herzog Albrecht III. zu einem Wasser- und Jagdschlößchen um- und zum Teil neugebaut. Seine ›Blüte‹ erlebte Blutenburg zwischen 1467 und 1501, als Herzog Sigismund den Sitz zu seinem Lieblingsaufenthalt machte. Zu einem Juwel spätgotischer Kunst im Münchner Raum wurde die Schloßkapelle St. Sigismund, wohl durch Lukas Rottaler 1488 erbaut. Zur wertvollen Ausstattung gehören der Flügelaltar von Jan Polack (1491), die Figurengruppe der 12 Apostel mit Madonna und auferstandenem Christus vom Blutenburger Meister aus dem Umkreis Erasmus Grassers und die Glasbilder (1497). 1680/81 wurde der Wohntrakt neu errichtet.

108 Schloß Schleißheim: Eingangsseite des Mitteltrakts

Das Neue Schloß in Schleißheim (Grundsteinlegung 1702, Rohbau 1704, Ausbau ab 1719, Stillstand der Arbeiten 1727) tritt anspruchsvoll im Sinne einer Repräsentation des absolutistischen Fürstenstaates auf. Bauherr war der ›Blaue Kurfürst‹ Max Emanuel, der Türkensieger, beflügelt durch die erhoffte Anwartschaft auf die Kaiserkrone; die Planungen Enrico Zuccallis begannen 1693. Obwohl 1699 durch den Tod des Erbprinzen große Hoffnungen zunichte geworden waren, begann man den Hauptflügel zu erstellen; ab 1719 hatte Joseph Effner, dem wir die Fassade verdanken, die Leitung des Schloßbauunternehmens.

109 Schloß Schleißheim: Säulen-Vestibül

Am Innenausbau des Neuen Schlosses Schleißheim waren die besten Kräfte beteiligt, die München zu dieser Zeit aufzubieten hatte: als Kunsthandwerker Cuvilliés, Pichler, Dubut, Volpini, Bader und J. B. Zimmermann, als Maler C. D. Asam, Amigoni, Wink und Stuber. Aus dem Säulenvestibül mit seinen fünfzehn bemalten Flachkuppeln führt die dreiläufige Treppe hinauf in den zweigeschossigen Festsaal; auf der anderen Seite schließt sich der Speisesaal an. Vorgelegt ist der Säulenhalle ein schmaler Gartensaal, dem im Obergeschoß, hier aber in der ganzen Breite des Mittelbaus, die barocke Gemäldegalerie entspricht.

110 Der Alte Hof – Ursitz der Wittelsbacher in der Stadt

Der Alte Hof bezeichnet die Stelle, an der wahrscheinlich bereits Herzog Heinrich der Löwe einen Verwaltungsbau angelegt hatte. 1255 stieg der Alte Hof zur Stadtresidenz der oberbayerischen Wittelsbacher auf. Heute stellt seine Südwestecke mit Torturm, Burg- und Zwingerstock das einzige spätmittelalterliche Architekturensemble Münchens dar. Es zeigt sich in dem Erscheinungsbild, das es zwischen 1460 und 1470 erhalten hatte, als hier die nichtregierenden Herzöge Sigismund und Christoph Hof hielten. Unter Ludwig dem Bayern 1328 bis 1347 war der Alte Hof Kaiserresidenz.

111 Ruhmeshalle, Bavaria, Theresienwiese: ein Königsplatz für das Volk

Im Oktober 1810 wurde zwischen der Altstadt und dem Dorf Sendling auf einer Wiese die Vermählung des Kronprinzenpaares Ludwig und Therese mit einem Pferderennen gefeiert. Daraus entstand das Münchner Oktoberfest. Da ursprünglich nicht nur an ein Bier- und Vergnügungsfest gedacht war, sollte eine Symbolfigur des neuen Bayern und eine Ruhmeshalle für ›ausgezeichnete Bayern‹ als Bildungskulisse in einem höheren Sinne erzieherisch wirken. Ludwig Schwanthaler entwarf die Figur der Bavaria, den Bronze-Guß besorgte die Kgl. Erzgießerei ab 1843. 1850 wurde das Standbild enthüllt.

112 Der bayerische Löwe

Schon die ersten Entwürfe, die Agostino Barelli 1663 für die Kuppel der Theatinerkirche macht und am kurfürstlichen Hof einreicht, zeigen das Motiv des Löwen als Wetterfahne über der Laterne. Den Löwen führt zum ersten Mal Otto II., der Erlauchte, im wittelsbachischen Wappen, nachdem er 1229 die Regierung als Pfalzgraf bei Rhein angetreten hatte. Die Pfalzgrafen trugen den Löwen als Amtswappen. Als Otto dann 1231 auch Herzog von Bayern wird, überträgt er den Löwen als wittelsbachisches Wappentier nach Bayern.

Explanation of Plates

1 Baroque boundary stone in the English Garden

The boundary stone listed as No. 13 in the City Jurisdiction Ratification of 1724, but only erected near its present site in 1728, shows the coat-of-arms of Munich in the form of a Baroque votiv pedestal: the relief of a monk with arms lifted, the left holding a bible, the right raised in the act of swearing an oath. In the panel on the reverse side the lozenge-patterned coat-of-arms of the Bavarian electoral territory is engraved.

2 Munich – city in front of the mountains

›Föhn‹, the warm wind from the south, makes Munich's geographical situation apparent. In fact the actual distance to the mountains is at least 70 kilometers (45 miles). The steep slope of the chain of mountains to the right is formed by the Zugspitzmassif. In front of the mountain panorama the Old City of Munich can be seen with its abundance of towers. In a row from the left, the tower of the Gothic church of St. Peter, altered in Baroque times, and under its nickname ›Alter Peter‹ a widely known symbol of Munich, the tower of the neo-Gothic New Rathaus (Town Hall), twin-towers and cupola of the mid-Baroque Theatiner church of St. Kajetan, nave and twin-towers of the late-Gothic cathedral and parish church of Our Lady (Frauenkirche) – the Frauentürme (Lady Towers) under their ›Italianate bonnets‹ compete with Alter Peter for the honour of being Munich's symbol – and lastly the slender tower and spire of the late-Gothic Salvator church, previously the cemetery church of the parish of Our Lady. Next to the façade of the Theatiner church, as a conclusion to Ludwigstraße, is the Feldherrnhalle (Cenotaph).

3 Sendlinger Tor – looking toward Munich from the south

From the old Sendlinger gate (pre 1318) only the two hexagonal flanking-turrets and the walls of the fortified bailey on the city side remain. The main tower was pulled down in 1808, and the remainder restored in 1860; the arch between the turrets was built only in 1906 by Wilhelm Bertsch to replace three gateways. Above the roofs of the buildings in the Old City the Munich churches with their towers can be ticked off in a row.

4 The Siegestor – a new Schwabinger gate

According to character and date of construction Leopoldstraße, Schwabing's boulevard and main axis, belongs to Ludwigstraße and is now its suburban approach. Already in 1840 wall-like rows of poplars had been planted on both sides. Since 1850 the Siegestor (Victory gate) from Friedrich von Gärtner has stood at the junction of the two streets, a symbolic monument and at the same time the northern city gate. The old Schwabinger gate was pulled down in 1817; in its place Gärtner's Feldherrnhalle (Cenotaph) at the south end of Ludwigstraße marks the transition from semi-classical city expansion to the old town.

5 Karlstor-Rondell – the remains of ›Stachus‹

The Isar gate (1337) in the east and the Neuhauser gate (1302) in the west, which was renamed Karl's gate in 1791 after the Elector Karl Theodor, were the main gates of Munich on its ›economic artery‹, the east-west axis, for more than 500 years. The most recent renovations took place in 1972 with the opening of the pedestrian zone. Since 1968 the half-circle in front of the gate replaces the old Karlsplatz-Stachus, sacrificed in 1964 to the expansion of the ring-road around the old city. Karlsplatz got its name ›Stachus‹ from a restaurant in front of the gate which was run in 1755 by a certain Eustachius Föderl.

6 Isartor – bulwark from the time of Munich's emperors

From 1270 to 1330 Munich grew to five times its previous size. Under Ludwig of Bavaria, (1294–1347, from 1314 King, from 1328 Emperor) as the first permanent capital of a mediaeval emperor, it was given a second fortification in the years between 1302 and 1315 which determined the size of the city until about 1800 and permitted the population once more to quadruple its size within the limit of these defences. The four main gates were already built by 1318, according to a bill of payment in the city records, when the Tal district was again enlarged in the direction of the river in a wedge-shaped area as far as the Isar gate (1337). Since its rebuilding in 1957 and the restoration in 1971 the original fortification with its main tower and octagonal flanking-turrets which are joined by walls into a bailey can once again be recognized. The fresco between the flanking-turrets by Bernhard Neher (1835) shows the entrance of Ludwig of Bavaria into Munich in 1322 after his victory over the rival king Frederic the Fair of Austria. In 1959 Hannes König established the Valentin Musäum in the left turret, to which a Weiß-Ferdl room in the second turret was added in 1972.

7 Patrona Bavariae – Munich's Mariensäule

With the erection of the statue of the Virgin Mary in the centre of Munich's Marienplatz in 1678, the Elector Maximilian I officially placed himself and his country under the patronage of the Queen of Heaven. The gilded metal statue was made just after 1590 by Hubert Gerhard, and stood from 1618 to 1638 on the High Altar of the Church of Our Lady (Frauenkirche). The madonna wears a crown and carries a sceptre as the sign of her sovreignty; the Christchild holds the orb. Owing to its significance, the monument is separated from the rest of the Marienplatz by a square balustrade as a sacred domain. The renovation and re-erection in 1970 was financed by a Munich citizen, the master-locksmith Georg Bergmaier.

8 Looking toward the Old Rathaus

Marienplatz, until 1854 simply called the market-place or corn market, is the heart of Munich. Its ground-plan remains unchanged since Henry the Lion who raised the status of the settlement to that of a market-town in 1156. The hall building of the Old Rathaus (Town Hall) was renewed from 1470 to 1474 by Jörg von Halsbach, the builder of the Frauenkirche, on the same site on which a Town Hall building had stood since at least 1310. In 1974 the tower of the Old Rathaus was reconstructed in the form which is traceable to 1493. In this way a prospect was recovered which can count as one of the most revered in Munich's history.

9 Munich's Marienplatz

Munich's Marienplatz is named after the statue of the Virgin Mary in its centre which was erected as a thank-offering on behalf of the Elector Maximilian I in 1638. The northern side of the Platz, which formerly consisted of 24 old Munich burgher-houses, is taken up since 1909 in its whole width by the neo-Gothic Rathaus (Town Hall) by Georg von Hauberrisser. The building was begun in 1867, and although it rather intrudes on the original proportions it has in the meantime risen to become a symbol of Munich with its tower and Glockenspiel.

10 Munich's centre: architectural sights around Marienplatz

A bird's-eye view elucidates the structure of the centre of the city. On the Marienplatz, the centre of Munich for more than 800 years, stands the Mariensäule (since 1638). To the east the Platz is enclosed by the Old Rathaus (1474): soon after the founding of the market a city-gate and customs-house for the salt transports from Reichenhall and Hallein was erected here. Slightly to the south rises the ›Alte Peter‹. Between the Rathaus complex and St. Peter's lies the former Hospital Church of the Holy Ghost in Tal, and on the north side of Marienplatz the tower and west front of the New Rathaus rise into the picture (completed 1909).

11 An architectural picture from Old Europe in Munich

The speciality of this Munich scene with the Old Academy, the Church of St. Michael, the Church of the Augustines and the towers of the Frauenkirche lies perhaps in the historical importance of the expression of a strongly religious attitude in architecture – the group of buildings spans the period from roughly 1450 to 1600 – in which this strength was translated into spatial expression without losing any of its power. The establishment of the pedestrian zone in Munich's oldest main thoroughfare, Neuhauserstraße, has made it possible since 1972 to experience afresh the original human proportions of this ensemble.

12 Theatinerstraße without traffic – a recaptured architectural picture

In 1975 the broad stretch of pedestrian zone between Karls- and Marienplatz (opened in 1972) was expanded to include Theatinerstraße; this elegant shopping area leads from the narrower Old City to the royal Ludwigstraße. The visitor, no longer disturbed by traffic, can feast his eye on an architectural picture which is unmistakably Munich. The view to the north, with the mid-Baroque Theatiner church contrasting with the Romantic-historicizing Ludwig's church, is from the beginning of Theatinerstraße, with a glimpse to the east into Maximilianstraße.

13 By the Salome fountain – pedestrian zone Neuhauserstraße

In 1972 the pedestrian zone between Karlsrondell and Marienplatz, the area around the Frauenkirche and Weinstraße was opened to the public (architects: B. Winkler and S. Meschederu). The musical scene in the picture is taking place at the Salome fountain (which was made by Hans Wimmer in 1962 in memory of Richard Strauß). On this former site of the Jesuit College the famous Jesuit theatre was performed in the C17. In the background the ›Augustinerbräu‹ with its neo-Renaissance façade, built in 1897 by Emanuel Seidl. In the interior of this restaurant Old German and neo-Baroque rooms from the turn of the century have been preserved in their original form.

14 The Glockenspiel in the New Rathaus tower

Every day at eleven o'clock the hour of the Glockenspiel strikes on Marienplatz. The donor of the Glockenspiel, the fourth largest in Europe, was Consul Rosipal. On the lower of the two platforms of the oriel on the fifth and sixth floors (1908) the Schäfflertanz is shown, which is performed publicly every seven years in remembrance of the plague in Munich. The scene on the upper floor is a reminder of the most splendid celebration of the Renaissance era in Munich, the two weeks of feasting to celebrate the wedding of Duke Wilhelm V to Renata of Lorraine in 1568.

15 The ›Frauentürme‹ (Lady Towers) – like ›Alter Peter‹ a symbol of Munich

Since the end of the Middle Ages a friendly competition has taken place in Munich between its tower symbols. The appearance of the Frauenkirche (church of Our Lady), dedicated in 1494, is unforgettably determined by the domed roofs, locally known as ›Italianate bonnets‹ which were added only in 1526. They are heralds of a new era, the Renaissance. The latest opinions even suppose an oriental-Venetian influence in their design. How the originally-planned Gothic spires would have looked no-one will really know.

16 The Frauenkirche – late-Gothic hall for 20,000 souls

In 1458 the planning of a new building was commenced in place of the Romanesque Church of Our Lady which had served as a second Parish Church in addition to St. Peter since 1271. From 1468 onwards a mighty late-Gothic hall-church of the Landshut type was erected under the city foreman Jörg von Halsbach, 31 meters high and 108 meters long: in those days church-building was a type of communal self-expression. The building was consecrated in 1494; since 1821 it serves as cathedral church for the archbishops of Munich and Freising. The architectural restoration after considerable war-damage was completed in 1957.

17 St. Peter – a Gothic building in Baroque attire

The Gothic interior of the basilica of St. Peter was given Baroque attire by Hans Heiß in 1654; a hundred years later the nave was reworked by Ignaz Gunetzrhainer. The free-standing columned architecture of the High Altar with its late Gothic statue of St. Peter by Erasmus Grasser (1517) receives a marvellously plastic effect through the light-suffused trefoiled Baroque apse of the east choir, which was erected from 1630 to 1636 by Isaak Pader and Hans Heiß in place of the Gothic choir. The four apostles under the throne are by Ägid Quirin Asam. The rebuilding of the church was carried out between 1950 and 1954.

18 St. Peter – Munich's first church

The church of St. Peter with its foundations on the same site (pre 1050) is over a century older than the city of Munich (founded 1158). Excavations at the time of the rebuilding in 1952 have proven this. The first church on this site was a basilica with a twin-towered west front; in 1278 it was decided to erect a new Gothic building. The nave and tower bases of this previous twin-towered construction remain from that time (consecration 1294). In 1327 the twin-towered façade of St. Peter's fell victim to the flames of a city fire. The present tower was erected between 1607 and 1621, and the early-Baroque trefoiled apse of the choir between 1630 and 1636.

19 A ›speciality‹ of Old Munich – the Viktualienmarkt

The word ›victualia‹ is Mediaeval Latin, and means ›food‹. In German, unlike English, the use of the word derived from this root has died out. In the course of time however the combination ›Viktualienmarkt‹ (food-market) has become a special local expression, a catchword for Munich's atmosphere. Since 1807 the Viktualienmarkt is to be found at the foot of the Peter's Hill on the grounds of the former Hospital of the Holy Ghost. It developed from a modest beginning to its present size. Previously food-stuffs were offered for sale at the Marienplatz, which retained the name Market Place until 1854. Since 1976 the Old Rathaus tower once again belongs to the silhouette of the Viktualienmarkt, reconstructed by Erwin Schleich after the original had been destroyed by bombs.

20 Shrove Tuesday at the Viktualienmarkt

The Munich Fasching is a local mixture of various Munich traditions and can hardly be compared with the Rhineland carnival. It has grown out of the Court Feasts of the C18 and the artists festivities of the C19, both crossed with the old Bavarian country festival traditions. At the Viktualienmarkt in the shadow of ›Alter Peter‹, where each year a maypole is set up as it is in the country districts, the Fasching ends in a merry-making of the citizens.

21 A Munich Beer-garden

Munich beer has reached international fame. But it is at its best drunk here in summer in a beer-garden under the chestnut trees. There are beer-festivals four times a year in Munich: in March the Lenten beer is tapped, the ›Salvator‹, which turns fasting into just the opposite, in May the strong ›Bockbier‹, in summer one goes to the cellars and then comes the Octoberfest. Before the days of modern refrigeration techniques the beer was kept in cellars outside the city; chestnut trees were planted for shade. In the C19 the genial practice of sitting in the beer-gardens was adopted.

22 Octoberfest beer-wagon drawn by four horses on the ›Platzl‹

What was still taken for granted in Munich during the years following the war has now become rarity for parades: namely that beer is delivered with horse-drawn wagons in wooden barrels. The present-day Hofbräuhaus on the Platzl, a meeting-place for visitors from far and wide, where even residents of Munich are to be found, dates from the year 1905: at that time it was built in ›Old Munich‹ style. To the right of the picture is the restaurant ›Platzl‹ where peasant theatre and folk drama is still produced: the famous Weiß Ferdl appeared here for many years.

23 The monk in the seal – a reference to Munich's past history

The city of Munich carries a monk in its seal and coat-of-arms, who acts as a so-called ›rhetorical symbol‹ since the placename (München or Mönchen = by the monks) is thereby symbolised. The placename itself points to the original status of Munich before its official ›founding‹: to the settlement of monks on Petersbergl (Peter's Hill), which was maintained either by the Benedictines from Tegernsee or the Premonstratensians from Schäftlarn. The picture shows the third City Seal, established to be that used by the Council from Dec 6 1304 to April 6 1398: the monk in profile is set in a Gothic triangular escutcheon.

24 Former city arsenal – City Museum since 1873

»Der Stadt Haus am Anger« (City House on the Common), as the former city arsenal was once named, is still today a serviceable building of artistically mastered dimensions with an orderly style of façade. The building, with corn-lofts under the high roof, was erected from 1491 to 1493 by Lukas Rottaler, city foreman in succession to Jörg von Halsbach, the architect of the Frauenkirche. At the time of its construction the façade was painted by Jan Polack. The vaulted hall on the ground floor is the only secular late-Gothic room which has been preserved in Munich to this day.

25 Middle-class living-room of 1850 in the Munich City Museum

In 1873 the City Council decided to establish »a permanent historical exhibition of the city of Munich«. This decision is set forth in the Foundation Charter of the Munich City Museum (in the former civilian arsenal, opened in 1888) which was only given this title after 1956. The furnishing of the ›period rooms‹, in which domestic style in Munich from 1700 to 1900 is presented, began in the early 30s. The living-room of 1850, photographed in the mirror, was donated to the museum by Wilhelm Krug.

26 From the puppet-theatre collection in the City Museum

The puppet-theatre collection, which – alongside the documents of city history – forms a unique specialized museum within the City Museum, was collected since 1939 by Ludwig Krafft. The picture shows from above left to bottom right: Circus Act, mechanical figures by Christoph Joseph Tschuggmall (early C19); Punch and Policeman, puppets by Toni Schmid (C19-20); angel and devil, figures by Josef Wackerle (1922); showman and music-hall figure by Hans Schichtl-Rulyans (C20).

27 Maximilian's Bridge over the Isar

During the C19, between 1823 and 1905, four mostly stone bridges were built across the Isar whereas previously since the foundation of Munich (1158) only one main bridge, later known as Ludwig's Bridge, had joined the city with the eastern communities Au, Haidhausen and Giesing. The picture shows the second stone bridge of the series, Maximilian's Bridge, built to plans by Arnold Zenetti between 1857 and 1864, or more exactly the first part to the Prater island. The stone balustrade was added in 1906 when the bridge was renovated. It is ornamented with Art Nouveau floral designs.

28 The ›Friedensengel‹ (Angel of Peace) – scenic viewpoint above the Isar

From 1891 onwards Prinzregentenstraße was laid out along the south side of the English Garden to the Isar, a street which was intended to have an open natural character. Its starting point in the west was already determined by the Prince Carl Palace; at the opposite end, on the other side of the bridge, as optical terminus of the street a terraced park was laid out on the east bank of the Isar. Since 1899 the Peace Memorial with its Angel of Peace rises from this observation point, which was donated by the City of Munich as a thank-offering for 25 years of peace (1871–1896).

29 By the Isar

The Isar does not only flow through the city area between high walls but can also at low water build dead channels and pebble banks in its natural river-bed. Here, looking towards the south, Ludwig's Bridge, to the left lies the Müller Public Baths designed by Karl Hocheder (1896–1901), to the right the ›Chalk island‹ with its Father Rhine fountain by Adolf von

Hildebrand (1897–1903) which was erected in 1919; in the background on the ›Museum Island‹ the tower and Congress Hall of the Deutsche Museum.

30 View into Ludwigstraße through the Siegestor

The triple-arched memorial originally dedicated »to the Bavarian Army«, which Friedrich von Gärtner built between 1843 and 1852 as a free imitation of the Constantine Arch in Rome, bears on its south side, amid well-preserved marks of war-damage, a new inscription: »Dedicated to victory. Damaged by war. An exhortation to peace«. Vis-à-vis to the ›Florentine‹ loggia of the Feldherrnhalle, it forms the northern architectural finish to the complete structure of Ludwigstraße. Since 1827 the northern part of Ludwigstraße is orientated to the italian neo-Classical: Max-Joseph Foundation (1837), Georgianum (1835) and the University opposite (1835–1840) are the most pronounced representations of this style.

31 Munich's most beautiful place without a name

In 1841 to 1844 King Ludwig I had the city end of Ludwigstraße ›confined‹ by the ›Feldherrnhalle‹ (Cenotaph) of Friedrich von Gärtner, which was designed after the Loggia dei Lanzi in Florence. In this way an area was formed between two main streets of the Old City, Residenz- and Theatinerstraße which although even to this day without a name is nevertheless able to compete with Munich's most beautiful places. The reason for the immense liveliness of this remarkable scene lies surely in the lack of uniformity in the ensemble which consists of the Royal and Electoral Residence, the Feldherrnhalle and Baroque façade of the Theatiner church, together with glimpses into the narrower streets of the Old City.

32 Ludwigstraße, an architectural State gesture

The architectural energy of Ludwigstraße (1817–1852) is best felt when one looks from the steps of the Feldherrnhalle towards the north, where the Siegestor completes this street with a well-planned accent. The first part of Ludwigstraße was built in the neo-Classical style by Leo von Klenze before 1827. The ›Bazaar‹ building in the foreground right belongs since 1826 to the recessed Odeonsplatz opposite, with Odeon (1826–1828) and Leuchtenberg Palace (1816–1821). Ten years after the completion of the **street** the equestrian statue of Ludwig I by Max Widnman (1862) was erected.

33 Bronze monument to King Max I Joseph

This monument, erected in 1835, has for the development of the arts in Munich during the monarchy not only its place as a monument and artistic creation but also another significance particular to Munich. It seemed to King Ludwig I that a renewal of the arts was not possible without a revival of the Renaissance technique of metal-casting. This monument was the first to be cast in the Royal Foundry, rebuilt after 1826 by Johann Baptist Stiglmaier. The seated figure is by the Berlin sculptor Christian Daniel Rauch, the architectonic lay-out of the terraced platform and the high plinth were contributed by Leo von Klenze.

34 In the Hofgarten looking towards the banqueting-hall section of the Residence

From both north and south three paths lead through the square of tall hedges which enclose the parterre of the Hofgarten with its temple and four fountains. Those from the side lead to the new basins with central fountains which were added to the lay-out during the restoration of the Hofgarten to its original form after the war. At one time fourteen fountains flowed in the Hofgarten. Looking into the picture from the far side of the Hofgartenstraße on the south side is a section of Klenze's façade of the banqueting-hall and Hofgarten wing of the Residence (1832–1842) surmounted by the Residence tower in the Fountain Court (1612).

35 The Hofgarten parterre with temple and fountain

The Hofgarten was laid out from 1613 to 1617 under Maximilian I as a Renaissance garden in Italian style. The restoration after the war is a modified version of the original. The Hofgarten temple, built in 1615, is crowned by a more than lifesize statue of Bavaria by Hubert Gerhard (1594). The picture looks toward the west where the ›Bazaar‹ building divides the Hofgarten from Odeonsplatz. Arcades surround the garden on this side as in the northern gallery building. In the 50s linden trees were planted on three sides of the inner square of the Hofgarten parterre.

36 Allegories from the ›Herzkabinett‹ of the Residence

With the installation of the appartments for the Electress Henriette Adelaide, mistress of Nymphenburg and for whom the Theatiner church was built, mid-Baroque interior decoration also made its appearance in the Residence (carried out by Barelli and Pistorini 1665–1667). The oriel next to the former bed-chamber is a cabinet with literary-inspired decoration. It deals with an affectedly sensitive allegorisation of Love's Joys and Sorrows, with reference to the contents of the French novel ›Clélie‹ by Madame de Scudéry which had been published shortly beforehand.

37 The Antiquarium – museum of the Renaissance

In the Antiquarium of the Residence Munich possesses one of the most important secular Renaissance rooms and in addition one of the earliest independent museum buildings north of the Alps. The ground floor ›vaults‹ (1565–1571) were designed to house the collection of antiquities, the upper floor the ducal library. The architect was Wilhelm Egkl; preliminary designs had been provided by Jacopo Strada of Mantua. From 1586 to 1600 Wilhelm V had the vaults altered into a banqueting-hall by Friedrich Sustris. The whole surface of the ceiling was covered with grotesque paintings, allegories and views of Bavarian towns.

38 The ›Green Gallery‹ – Electoral art-collection and Rococo hall

The ›Green Gallery‹ was built for the Elector Carl Albrecht (1725–1745, after 1742 Emperor), during whose reign the transition from late-Baroque to ›the most beautiful Rococo in Europe‹ took place in Munich. One can see this transition in the ›Rich Rooms‹ in the Grotto Court section of the building, a suite of stately rooms of the highest quality, to which the ›Green Gallery‹ belongs (1733–1734 by François Cuvilliés). The interior work, begun in 1726 by Joseph Effner, was partly destroyed in the Residence fire and then resumed from 1730 to 1737 under the direction of Cuvilliés.

39 The Emperor's Courtyard of the Residence – restoration of architectural decoration

Duke Maximilian I (1597–1651) built this section of the Residence during the years 1611 to 1619, previous to his elevation to the Electorate, in dimensions which surpassed the Imperial residence in Vienna. The planning, which the Duke influenced considerably, was carried out by Hans Krumper, Maximilian's sculptor and Director of the Arts, further Peter Candid, the painter, and Heinrich Schön the younger as building expert. The façade decoration of the east section, which contains the ›Trier Rooms‹, was renewed according to old designs by Hermann Kaspar in 1977; in 1958 he had already designed the façade on the Residenzstraße in a more simple form.

40 Opera festival: the portico of the National Theatre

The façade of the Munich opera house, the National Theatre, is defined by the two-storey portico; the architrave has been enlivened since 1972 by the figures of Apollo and the Nine Muses by Georg Brenninger. Above this lies the gable of the auditorium and stage adorned by the Pegasus of Ludwig Schwanthaler (1835). The former Court and National Theatre, planned by Karl von Fischer, was opened in 1818. In 1825 a second opening took place since a fire catastrophe had destroyed the new house in 1823. The rebuilding was directed by Leo von Klenze after Fischer's original plans, but he also added the second gable to the façade. The third opening took place in 1963.

41 Opera interval in the Blue Foyer (Ionic hall)

From the entrance hall with its four pillars a double white marble staircase ascends to the two Blue Foyers, called Ionic halls, which are alike to the last ornamental detail. Between these side foyers in the middle axis of the building and on a level with the King's box is the King's Hall. Jean Baptiste Métivier designed the decoration of the Blue Foyers in 1824/1825. For many years the Friends of the National Theatre have donated portrait busts of famous composers and conductors for these stately rooms. In the picture the clear-cut portrait of Giacomo Puccini by Friedrich Koller (1974).

42 View from the King's box: ovation for the Rosenkavalier

In festive harmony of red, gold and white and in all its neo-Classical stucco decoration the auditorium of the National Theatre has risen again from the bombed ruins (1963). The picture gives an idea of the way in which Karl von Fischer's neo-Classical interior (1818) has been reconstructed in its exemplary clarity. The circular auditorium with its five cantilever galleries is visible in its whole span at the cornice; like a billowing canvas only anchored at a few points, a low dome-shaped roof completes the high cylindrical room.

43 Theatre at Gärtnerplatz – the people's opera of Munich

The home of the Grand Opera has a little, more popular sister: the Theatre at Gärtnerplatz (built in 1864/65 to plans from Franz Michael Reifenstuel). On the occasion of its centenary it was decided to renovate the theatre; under Hans Heid's direction this was carried out from 1968 to 1969, bearing in mind the original design. The result was a masterly achievement which can in its own way compare with the restoration of the National Theatre. The picture shows the final act of Purcell's ›Faery Queen‹ (1692) in the production and set by Jean-Pierre Ponelle (1976).

44 Regained: the painted ceiling of Gärtnerplatz Theatre

The Theatre at Gärtnerplatz was renovated without much feeling in 1937, in the course of which the painted ceiling disappeared under a new coat of paint. Its restoration in 1968/69 belongs to the most important results of preservation in Munich. Eugen Napoleon Neureuther, a pupil of Cornelius, had designed the delicate decoration in 1864. Elmar Albrecht was able to restore it from the original plans.

45 Matinée in the Cuvilliés Theatre

In 1958 a place was found in the Apothecaries' wing of the Residence in which to erect that jewel of interior decoration, the Residence Theatre of François Cuvilliés (1751–1755), which had been stored in safety during the war. In the days of the Court the pit-boxes were reserved for the city aristocracy, the nobility sat in the first tier, the gentry in the second and the third tier was filled by court-officials. Today opera and drama performances take place as well as chamber-music concerts (in the picture the conductor Wolfgang Sawallisch at the piano).

46 The forum on Maximilianstraße and the Maximilianeum

Halfway to the Isar Maximilianstraße (1853–1875) broadens into a park-like forum. The middle is flanked by two public buildings which represent in particular the character of the ›Maximilian style‹: to the right the first building for the Bavarian National Museum, now the Ethnological Museum, built from 1858 to 1865 by Eduard Riedel, to the left the Government Offices of Upper Bavaria which the creator of Maximilianstraße, Heinrich Bürklein, built between 1856 and 1864. A continuation of street-planning across the Isar was achieved by Bürklein's Maximilianeum (1857–1874) on the far side of the river, as a transverse scenery-like prospect in the form of an architectural sham.

47 In Maximilianstraße looking towards the Maximilianeum

The style of Maximilianstraße is based on Gothic elements of national sentiment, which at the time of its construction in 1853 did not intend historicism but merely the beginning of an aspired style for the future. The picture shows clearly the conclusion of the street by the transverse Maximilianeum set on the high bank, its situation disguising the fact that Maximilianstraße was intended to join the Old City with the suburb Haidhausen, included in the borough 1854.

48 The park-like forum of Maximilianstraße

Gardens are laid out along the sides of the street in the forum of Maximilianstraße which are inspired by English landscape-garden style. In this way they harmonize with the continuation across the river; the banks of the Isar on both sides of the Maximilianeum were also laid out in this landscape style (Maximilian's and Gasteig Parks 1856–1861). The buildings – here the Ethnological Museum of Eduard Riedel (1858–1865) – hide themselves romantically behind the gardens.

49 The Schauspielhaus – a unique Art Nouveau theatre

The opening in 1901 of Richard Riemerschmid's ›Playhouse‹ in the Maximilianstraße was not only an event for Munich in the realm of theatre-architecture. One could now claim to have the first modern theatre in all Europe consequent in its interior design and homogeneous decoration. Its overall planning followed the idea of ›Arts and Crafts‹ in the Art Nouveau. In 1970/71 the theatre was restored by Reinhard Riemerschmid according to the old plans, and even the stage-curtain was copied from a photograph of the original.

50 The Olympic tent-roof – symbol of a gay Munich

The city of exceptional town architecture obtained in 1972, through the tent-roof over the stadium by Günther Behnisch, another symbol which can stand for the continuation of the special artistic traditions of this city and for the character of its life. Technically fascinating, the tent-shapes of acrylic glass fulfill the function of roofing as well as forming an architectonic group. They are suspended roofs which silently absorb scenic forms from the nearby surroundings, even the foothills of the Munich area.

51 The Olympic village – pedestrian entrance looking from the Underground

A ›residential mountain‹ for 12,000 people was developed to the north of the Olympic Park in 1972 as the Olympic village. This model-suburb is more like a small satellite-town than a residential area for athletes. Notable in this quarter, which still has a disquieting effect on many of Munich's citizens even today on account of its high residential density, is the separation of vehicular and pedestrian traffic in different levels, so that the residential level of the whole area is one vast pedestrian zone.

52 The Olympic stadium – capacity 75,500 onlookers

Humane proportion, combination of architecture and landscape, lightness and gayness, these were the most important basic ideas in the planning of the lay-out for the XXth Olympic Summer Games of 1972 in Munich. Architects and landscapes gardeners formed a rolling terrain with a lake, the artificial landscape of the Olympic Park, out of the flat Oberwiesenfeld, formerly drill-ground and then Munich's first airport, and the rubble hills which the war and then the building of the Underground and City-railway had left behind. From the forum one descends to the stadium, 54% covered, a third of which is below ground level.

53 Silhouette of Munich – view from Monopteros

From the round temple of Monopteros in the English Garden looking towards the south, from which direction the Föhn (the warm wind from the south) sometimes blows over the city from the mountains, the Old City of Munich is drawn into a silhouette which still qualifies for a description from the C18: Munich, the Teutonic Rome. In the centreground shines the Karl Theodor meadow; the name is a reminder of the Elector who authorised the lay-out of the English Garden on the advice of Benjamin Thompson (alias Duke Rumford).

54 The beer-garden around the Chinese tower in the Enlish Garden

In 1972 the English Garden was opened to the public as ›Karl Theodor Park‹. At that time it stretched roughly to the Kleinhesseloher Lake. The Chinese tower and the buildings in its vicinity date from this pioneer time which already catered for the needs of refreshment-seeking promenaders. Next to the Chinese tower built by Joseph Frey in 1789 (reconstructed after war-damage in 1952) the Restaurant in Chinese style and the Rumford House, as officer's mess, were built from 1790–1791. At that time the restaurant was a wooden construction like the observation tower and was only copied from the original in stone in 1912.

55 The garden temple Monopteros

On an artificial hill, built from the excavation of the Kleinhesseloher Lake in the English Garden, the Monopteros of Leo von Klenze (1837–1838) stands like a tall slender crown, a Grecian-inspired rotunda with Ionic columns – typical for Munich's neo-Classicism. From this point the stroller through the English Garden enjoys one of the most beautiful views of the Old City. Simultaneously an observation point and itself a point of interest, this ornamental building marks the period of ›sentimental‹ (in contrast to ›naive‹) landscape-garden design in the English style.

56 Briennerstraße looking towards the obelisk and Propylaea

Part of the course of this street is identical with that of the former Baroque ›Dukes' Way‹ to Nymphenburg. Like Ludwigstraße which similarly points in the direction of Schleißheim Palace, it begins in the inner city at Odeonsplatz. Munich's ›Strahlenplätze‹ (radiating places) take their pattern from Fischer's Karolinenplatz in Briennerstraße. Individual buildings by Fischer are no longer to be seen in his street, whose present neo-Classical appearance Klenze determined by Palaces (Moy, Arco-Zinneberg, Ludwig-Ferdinand and in addition Métivier's Almeida Palace), but above all by the incomparable symmetrical places: the Wittelsbachplatz as well as Königsplatz.

57 The Wittelsbach fountain: conclusion of Maximiliansplatz

Munich's most famous fountain, the Wittelsbach fountain created from 1893 to 1895 by Adolf Hildebrand, can be seen in its prominent site from two aspects: as conclusion of Maximiliansplatz or as architectonic screen for the loosely echeloned Lenbachplatz. With its double basins and double-tiered chalice, and symbolic statues placed symmetrically to the overflow basin yet retaining their independent repose, it is a masterpiece of neo-Classicism. The Wittelsbach fountain was erected by the City of Munich to commemorate the completion of the pipe-line from the Mangfall Valley.

58 The ›Fountain-lad‹ at Karlstor

Since 1971 Neuhauserstraße is a pedestrian zone. Where it reaches Karlstor the ›fountain-lad‹ by Matthias Gasteiger (1895), which had to be moved from its original site to the south of Karlsplatz due to the alterations for the Old City ring-road, found a new home in the course of the replanning. From the neighbouring Karlstor, the former Neuhauser Gate, only the outer towers and the archway connecting them remain. In the picture the gate appears in its neo-Gothic form which Arnold Zenetti gave to the old remains in 1861.

59 The Fountain of the Fates in the ash-grove near Maximiliansplatz

A more suitable place than this ash-grove could not have been found in 1968 for the re-erection of the Fountain of the Fates by Hubert Netzer (1907) which, together with the Fountain-lad, had to be moved from Karlsplatz owing to the street-widening. Both the austerity of the grove and the Art Nouveau façade of the New Exchange by Friedrich von Thiersch (1899) as surroundings increase the effect of the fountain, which turns away from the neo-Classicism of the Wittelsbach fountain.

60 *Artificial starry sky above a silhouette of Munich*

The Zeiß planetarium of the German museum is to be found in the centre of a half-spherical cupola with a diameter of 15 meters. The apparatus with its 158 projectors can make 8,900 fixed stars visible. Astronomical processes can be demonstrated by means of quick motion which can otherwise be followed only during the course of years. In the silhouette of Munich can be recognized from left to right: towers and nave of the Frauenkirche, Alter Peter, Rathaus tower, Olympic television-tower, tower of the Salvator church, dome and towers of the Theatiner church, towers of the Ludwig church.

61 *The Deutsche Museum – tower and exhibition building*

The German museum for masterpieces of natural science and technology was founded by Oskar von Miller (1855–1934). Today it is the largest museum of its kind with about 1.5 million visitors per year. The design by Gabriel von Seidl won an architectural competition in the year 1905. The foundation stone of the exhibition building was laid in 1905 and the formal opening took place in 1925. The exhibition building on the Isar island was extended by the library building between 1928 and 1932, and the congress hall, 1928–1935, both designed by German Bestelmeyer.

62 *American astronaut in the Mercury space-cabin*

The German museum possesses an exact copy of the Mercury space-cabin, developed between 1958 and 1961 for NASA, which was in use from 1962–1963; with its help it was eventually possible for a manned space-craft to orbit the earth 22 times in 34 hrs 20 mins. During the flight it was impossible for the pilot to alter his cramped position; the pressure-suit was silvered against overheating. The tube on the side of the helmet was the oxygen feed. Contact to the earth could be maintained by microphone.

63 *Mining coal with pick and shovel*

This lifelike representation of work underground in an Upper Bavarian bituminous coal-mine shows the reality of the situation in 1903 when the German museum was founded. One must imagine the miners working at a depth of 700 meters below the surface. Their place of work, an already mined coal-face, seldom reached a height of more than 70 cms, corresponding to the average thickness of the coal seam.

64 *Alte Pinakothek Room V: Dutch painters of the C17*

After the rebuilding of the gallery, the rooms and cabinets in the upper storey of the old Pinakothek were re-opened essentially in the arrangement which Leo von Klenze had proposed from 1826 to 1836. In the nineteenth century the Pinakothek, whose exhibition rooms from the very beginning were intended for pictures from the Wittelsbach Collection, was held to be the best and most progressive gallery in Europe. Room V is devoted to Dutch painting of the C17, the favourite field of interest of the Elector Palatine Johann Wilhelm, whose Düsseldorf Collection of paintings of the highest quality was brought to Munich in 1806.

65 *Bavarian National Museum – Tyrolian peasants' room circa 1770*

The museum, a unique collection of about 200,000 objects, was created on the initiative of King Maximilian II who since 1853 had formed a historic collection in the Herzog-Max-Burg out of Crown possessions, a sort of ›Wittelsbach museum‹. In 1855 it was given the name Bavarian National Museum. This Tyrolian peasants' room is also shown as an example of folk-art; it is completely panelled and richly decorated both on walls and ceiling. The furnishing comes from the Thannheimer valley and was made in about 1770.

66 *At the Haus der Kunst (House of Art): Henry Moore's ›Reclining Figure‹*

The National Socialistic representational building by Paul Ludwig Troost, erected from 1933 to 1937 on Prinzregentenstraße, has been from 1945 to this day the scene of important exhibitions; the west wing has become a make-shift home for both the State Gallery of Modern Art and the New Pinakothek, since it remained undamaged during the war. Moore's ›Reclining Figure‹, acquired for the State Gallery in 1959, marks the place where degenerate art was denounced in 1937, the entrance to the famous Munich collection of paintings of the C19 and C20.

67 *Bavarian National Museum in Prinzregentenstraße*

As a creation of architectural historicism, the Bavarian National Museum building by Gabriel von Seidl (1894-1900) can be put on a level with Klenze's famous museums, the Glyptothek (1830) and the old Pinakothek (1836). Freely applying historic styles, Seidl managed to compose a complex which remains independent in all parts. Through its exterior the building demonstrates its function as a museum for objects of art and cultural history from all eras of European history.

68 *Herit-Ubechet, »mistress and singer of the temple«*

The State Collection of Egyptian Art in the north wing of the Residence on the Hofgarten preserves among its treasures the painted wooden coffin of a woman called Herit-Ubechet; an inscription on the lid gives her title: »The mistress and singer of the temple of Amun-RÊ, King of the Gods, who has become Osiris«. The sycamore coffin, which pictures Herit-Ubechet as the mummified Osiris, was found in the priests' graves of Deir el-Bahari/Thebes-West. It is from the time of the 21st dynasty, 1,000 B.C.

69 *Sleeping satyr – the ›Barberinic faun‹ of the Glyptothek*

Originally this more than life-size statue may have stood in the open-air as an offering in a Greek shrine to Dionysos. The name of the artist, who has been described as one of the greatest in the history of European art, is unknown. Perhaps the artist was an Athenian. The marble likeness of a faun was carved around 220 B.C. The badly damaged statue, only the head of which was almost intact, was rediscovered between 1624 and 1641 near the Castle of St. Angelo; it stood in Rome until 1799 in the Palazzo Barberini.

70 *The Glyptothek – prototype of a neo-Classical museum*

Two buildings of programmatic significance and ideal architectural form were erected in Munich for ancient sculpture which had been systematically collected by the House of Wittelsbach since the C16: the Antiquarium at the time of the Renaissance and from 1816–1830 the Glyptothek on Königsplatz by Leo von Klenze. The interior of the single-storey quadrangular building around an inner court with a double-rowed Ionic portico is unornamented since 1972. Worthy of particular notice is the new presentation of the figures from the west tympanum of the Aphaia temple in Aegina.

71 *The Collection of Antiquities – view from the Propylaea*

The museum opposite the Glyptothek and with its exterior designed on the lines of Klenze's Glyptothek was built as an art and industrial exhibition hall from plans by Georg Friedrich Ziebland (1838–1848). After the complete alteration of the interior during restoration by Johannes Ludwig from 1962 to 1967, the late neo-Classical exhibition hall was given a function ideally suited to Königsplatz: namely to house Munich's Wittelsbach Collection of antiquities, augmented by the collections of Loeb and von Schoen.

72 *Celtic linchpins – good styling 2000 years ago*

The prehistoric Collection, museum of pre- and early history (the new building, of architectural and technical interest as a museum, by Werz, Ottow and partners, was opened in 1977), displays these two linchpins from the excavations of the former Celtic settlement Manching near Ingolstadt, which demonstrate an artistically valuable accessory. The technical diagram shows the position of the linchpin. The wrought-iron pins with bird's heads are from the La-Tène culture, 100–50 B.C.

73 *The New Collection: Mies van der Rohe, chair, 1926*

In a side wing of the Bavarian National Museum on Prinzregentenstraße the New Collection has its depositories and rooms for alternating exhibitions which are already much too small. The official name is ›State Museum for Applied Art‹. After the war the ›Handcraft Section‹ of the National Museum, founded in 1925, which had grown out of the ›collection of examples‹ of good practical form of the Munich section of the German Arts and Crafts Society (founded in Munich, 1907), became an independent museum. The collection presents products »which encourage good taste and are exemplary for well-designed product styling«.

74 *The Jesuit church of St. Michael – an exemplary building*

The church of St. Michael, whose architect has not yet been established, represents with its free-standing barrel-vaulting above a room of vast dimensions the largest Renaissance building north of the Alps. In 1583 the foundation stone was laid and already in 1587/88 the phenomenal vaulting had been completed. In a second phase of building after 1593, Friedrich Sustris took over the direction. In 1597, exactly one hundred years after the Frauenkirche, this programmatic church of the triumphal counter-reformation was consecrated. The High Altar was designed by Friedrich Sustris (1589).

75 *The fraternity church of St. Michael in Berg am Laim*

In Berg am Laim (foundation stone 1737, completion of the church 1758, decoration 1771) Johann Michael Fischer, the most important builder of old-Bavarian ecclesiastical Rococo (32 churches, 23 monasteries), arranged three centralized domed rooms of varying size and height one after the other. With this Munich also had its share in the architectural solutions characteristic of the C18, which sought to combine longitudinal and centralized rooms with one another. The genial composition is emphasised by the interior of Zimmermann and Straub in the form of altars, statues, ceiling frescos and stucco decoration.

76 The Theatiner church – an Italian accent in the townscape

The former church of St. Kajetan brings the Italian-Baroque type of cruciform domed basilica with twin-tower façade to Munich. The Electress Henriette Adelaide made a vow to erect a church in the happy event of her giving birth to a hereditary heir. When Max Emanuel was born in 1662, the Electress immediately commissioned Agostino Barelli to plan the church. In 1669 he was replaced by the Grison Enrico Zuccalli, who designed the twin-tower façade. In 1688 the cupola was completed, but the façade had to wait until 1786 when it was finished by the two Cuvilliés.

77 Ludwig's church – romantic ecclesiastical architecture

The northern section of Ludwigstraße which was planned by Friedrich von Gärtner is dominated by his Ludwig's church, built between 1829 and 1844. The interior, excellently restored in its colours, demonstrates the desire to renew the old combination of the ecclesiastical arts of building and painting which followed the wave of desecration by secularisation after 1803. The broad interior gives a Mediaeval impression, standing on the verge between Romanesque and Gothic styles, but definitely more Italian than German.

78 St. Lukas – ecclesiastical building under the sign of Historicism

Two imposing churches were erected at the turn of the century right on the Isar bank, an answer as it were to the earlier neo-Gothic churches in the suburbs Au, Haidhausen and Giesing on the far side of the Isar. They are the churches of St. Maximilian (1895–1908) by Heinrich von Schmidt and St. Lukas (1893–1896) by Alfred Schmidt. The domed centralized room of St. Lukas, whose ground-plan is in the form of a Greek cross, solved the architectural demands of an Evangelical type of pulpit-room by terraced galleries; the exterior is mainly Romanesque style, the interior Rhenish early-Gothic.

79 St. Birgitta: place of worship built of prefabricated elements

The parish church of St. Birgitta in München-Unterhaching (Fasanenpark) is the main part of a parish centre which Franz Xaver Gärtner designed in 1971. The church, part of a complex of extensively glassed buildings around a courtyard, appears from outside as a windowless cube. Inside the light falls from above onto the altar. The building, whose interior reaches a high degree of meditative unity through its exemplary simplicity, belongs to the most notable ecclesiastical buildings in Munich since the Council of Rome (1962–1965).

80 Auer Dulten – thrice-yearly fair

The old German word ›Dult‹ means festival, religious festival; the name was then transferred to the market-fairs which since the Middle Ages had quite often been associated with the church festivals. Of the three fairs on the Mariahilfplatz in the Au – nowadays junk, antique and crockery markets with a flair from the good old days – the May and Autumn fairs were authorised in 1796 by Elector Karl Theodor. The Summer fair, which until the second half of the C15 was important as a trade-fair for all goods which were not produced in Munich as well as a kind of public festival, has its origins in the C13.

81 The old village church of Sendling – scene of the ›Christmas massacre‹ in 1705

The monument (1906–1911) to the legendary smith of Kochel is a reminder of the Christmas massacre of 1705 when the Imperial Austrian troops from Vienna put down the Peasants' Revolt of Lower and Upper Bavaria in a bloody battle to free Munich from these same troops. Some hundreds of the badly-armed peasants are said to have been slaughtered, among them their legendary leader, the smith Balthes of Kochel. The old village church was also destroyed at the same time; the present Old St. Margaret's was built by Wolfgang Zwerger the younger in 1711/1712 and preserves in the apse a glass painting from 1493.

82 ›Eilles Court‹ – late-Gothic circa 1500

Munich is not very rich in late-Gothic architectural ensembles. This three-storey inner court is the only example of its kind which gives an impression of late-Gothic secular architecture in the Munich of 1500. In the three upper storeys galleries run around the narrow courtyard of a Gothic house in Residenzstraße, which had belonged to Püttrich-Regelhaus (a nunnery) in the C 18. Particularly charming is the x-formed brick balustrading. In 1971 the courtyard was restored and made open to the public.

83 Old Haidhauser dwellings – home of the ›cottagers‹

In 1854 the villages lying to the right of the Isar, Au (in the valley) also Haidhausen and Giesing (on the high river-bank), were incorporated into the growing city (1852: 94,380 inhabitants). The population of the communities now known as suburbs (21,000 inhabitants) had become increasingly of the same class level since the C 17: the people who lived there were small tradesmen and small merchants, employed craftsmen, those who did not belong to the Guilds and casual workers. They built themselves these typical small houses with independently owned appartments under a communal roof.

84 The former village church of St. George in Bogenhausen

Like the old village church of Sendling on the high left bank of the Isar, south of the Old City, so the former village church of Bogenhausen (incorporated 1892) lies on the steep right bank of the Isar in Munich's north-east. The simple exterior of the church, the tower of which has a double cap (1771) and to a large extent Gothic walls, offers an excellent late-Rococo interior with altars and statues from Johann Baptist Straub and Ignaz Günther (1770–1773). The re-building of the church was probably carried out by the City Masterbuilder Balthasar Trischberger from 1766 to 1768.

85 Residential street of the nobility in Baroque and Rococo

Residential buildings which have retained their old atmosphere are a rarity in Munich's Old City since the Gründer era (Late Victorian) and the destruction of the 2nd World War. In addition to Damenstiftstraße and Herzogspitalstraße, the Kardinal-Faulhaber-Straße can claim to have retained the Old-City character of a ›street of the nobility‹. Here, looking from Salvatorplatz to the cathedral towers, stand two important palaces of the nobility: the former Holnstein Palace (now the Archbishop's Palace) by François Cuvilliés (1733–1737) and the Portia Palace which Enrico Zuccalli designed in 1693.

86 The last remains of the Mediaeval town wall

In Jungfernturmstraße, between Maximilians- and Salvator-Platz, the last remains of the inner town wall and the Jungfernturm (Maidens' tower) have withstood the times since the Middle Ages. The walls originate partly from the second fortification of Munich built from 1285 to 1315 around the city which had grown considerably since its foundation. (They served to mark the boundary of the Old City until about 1800). In addition the remains of the Jungfernturm of 1493 are preserved, which was pulled down in 1804 during the razing of the mediaeval city walls and the Baroque bastions.

87 The old Town Clerk's house – façade decoration of Old Munich

From the two outer half-gables with hoisting-bar one can recognize that here two Gothic houses have been joined together. Typical of the Old Munich burgher-house, which is now only represented by the ›Weinstadl‹, is the gateway in the middle to the ground-floor vaults. A typical arcaded courtyard and the only remaining Gothic spiral staircase in Munich are preserved behind the building. The façade decoration, which was originally done by Hans Mielich in 1552, gives the house the appearance of a stately Renaissance building. The house was formerly the Office of the Town Clerk (after 1550).

88 Gunetzrhainer house – bourgeois artist's house

The private houses of the Munich bourgeoisie and the city palaces of the nobility undergo manifold combinations in the design of their façades from Baroque to Classicism (ca. 1650–1830), particularly in stucco decoration, which increasingly replaced the painted façade ornamentation customary in Munich from the late Middle Ages until the middle of the C17 in the design of the frontages of burgher houses. Johann Baptist Gunetzrhainer's house on Promenadeplatz (after 1726) shows plaster and stucco decoration with a French influence. The consoles supporting the cornices and the emphasized middle block acknowledge his position as Court Director of Building.

89 The finest neo-Gothic house in Munich

The regular type of building in Munich is the roughcast brick. Only relatively few houses stand out as natural brick buildings in the street scene. The most noticeable among them in Munich today is the three storeyed neo-Gothic house in Stollbergstraße. The pinnacled house of the masterbuilder Martin Windwart from 1857–1858 with its three bay centre block and rich ornamentation shows a ›classical‹ variation of neo-Gothic, of independent creativity not influenced by the Maximilian style.

90 ›Traditionally-rooted‹ Art Nouveau in Schwanthalerstraße

In 1973 the façade, which is one of the most richly decorated of Munich's Art Nouveau, was restored in its original colourfulness (at the present with the exception of the ground floor). The house and façade were designed in 1905 by August Zeh, an architect who at that time was noted for his façade designs ›deeply rooted in national traditions‹ which were developed from ›German Renaissance‹. Inscriptions which make known the sentiments of the architect also belong to the ornamental façade design with its figure reliefs. The words stretched across the balcony railings read thus: »True art is a blossom which grows out of the soul of the people ANNO DO-MINI 1905«.

91 Königinstraße: fountain forum in front of a functional façade

In 1913 Oswald E. Bieber and Wilhelm Hollweck completed an administrative building in Königinstraße for the Munich Rückversicherung (an Insurance company) with a palace-like arrangement around a colonnaded courtyard. Diagonally opposite this monumental building the same company had a second office block built in 1965 by Hans Maurer and Ernst Denk, which also adjoins a distinct open space: a fountain court, which corresponds to the colonnade of the courtyard. The fountain is by Georg Brenninger.

92 Art Nouveau façade – am Harras No. 5

The house with this widespaced imaginative Art Nouveau façade, ›Am Harras‹ in Sendling, was built in 1905. In 1964 the old windows were sacrificed to modernisation. The picture shows the right half of the façade. The large relief, a ›leaf-mask‹ in form of a ›dragon‹, is a masterpiece of foliate, whimsically symbolic Art Nouveau; the artist is unknown. In particular the form of the dragon is a reminder of the first Art Nouveau façade in Munich, ›Studio Elvira‹ (1898) in Von-der-Tann-Straße which was pulled down in the 30s.

93 Artist's house and artist's church: Ä. Q. Asam

Among Old Munich's artists' houses of the C18 that of Ägid Quirin Asam (1692–1750) in Sendlingerstraße stands out on account of its stucco façade which the sculptor gave to the late-Gothic house he had acquired in 1733. Several years previously he had already bought three adjoining properties in order to fulfil a vow: to build a private church to St. Johann Nepomuk who had been canonized in 1729. In 1733/34 he was able to erect the unusually narrow, high building (façade 1746). Characteristic is the proximity of christian piety and statues from the profane Greek-Roman mythology.

94 City Art Gallery – Lenbach's ›Florentine‹ Villa

At the height of his fame (after 1887), the ›painter prince‹ Franz Lenbach (1836–1904) had a ›residence‹ in Italian style with an atelier wing built for himself. In 1924 the villa, complete with Lenbach's furnishings and collections, was handed over to the city which built up a City Art Gallery here, adding a third wing designed by Hans Grässel in 1927–1929. In addition to Munich painters of earlier generations, the gallery documents in a unique way the painter-group ›Blauer Reiter‹; through the Gabriele Münter bequest it now possesses the largest Kandinsky collection in Germany.

95 Stuck Art Nouveau museum – music-room in the Villa Stuck

The painter Franz Stuck (1863–1928), son of a miller in Lower Bavaria, became successor to Franz Lenbach as ›painter prince‹. After he became an Academy professor in 1895, his class was attended from time to time by Paul Klee and Wassily Kandinsky. In his own villa (1897/98) in Prinzregentenstraße one sees him not only as a painter but in his complete typically Art-Nouveau capacity as artist: a secessionist neo-Classical architect, a craftsman and interior designer, and a sculptor (›Amazone‹ in front of the portico of Villa Stuck, 1897).

96 Artist in Munich – today

Somewhere in the ›city of art‹ Munich, in some appartment block of some quarter of the city, but not in Schwabing, the work-environment of the painter Rudolf Büder is to be found. Whoever can paint, can paint anywhere: that is not supposed to be a repudiation of Munich but perhaps of a cliché. It defines ›city of art, Munich‹ a little more concretely, or so it would seem. The titles of Büder's works: cosmic band, apocalyptic lamb, Icarus, Adam's creation.

97 Schwabing – where?

Schwabing, incorporated into Munich in 1890, the part of the town north of Siegestor, the almost legendary scene of action of the artistic breakthrough into the Modern at the turn of the century. Schwabing – a frame of mind? At any rate the interplay of the situation dominates, but the people here have not yet let themselves be pushed out of the leading rôle. In spite of the commercialisation of the area and the invasion by the international amusement industry, a bit of the ›principle of hope‹ still lies over this metropolitan quarter.

98 Oktoberfest – ›the city of lights from on high‹

»Here one is gently borne to the sky/ And sees the city of lights from on high«, rhymed Eugen Roth about the climb on the Big Dipper at the Oktoberfest. At any rate ›d Wies'n‹ (Bavarian for ›the meadow‹) as the people of Munich call this huge fair, is just as beautiful by night as by day. The first 16 arclamps lit the Wies'n at night in 1885, to scare away members of the underworld it is true. But in 1901 things changed. Since then the City Works supply electricity for gadding about at night.

99 At the Oktoberfest – high spirits in a beer-tent

The first step from beer-stand to beer-tent – a canvas marquee such as one finds everywhere in Bavaria at small provincial fairs – was made in 1886 by the landlord of the Donisl, Josef Graf. In that year the beer consumption was 5,800 hektolitres (127,600 galls). During the record year of the 141st Wies'n, in 1975, the consumption was: 4,455,700 litres of beer, 30,904 litres of wine, 11,435 litres of spirits, 502,755 barbecued chicken, 446,030 pork sausages, 2,446 cwt of fish, 34,907 Schweinshaxen (pork knuckles), 38 oxen, 26 deer and 28 wild boars. Geniality survived it all!

100 Elephant act in Circus Krone

Circus Krone exists in Munich since 1919. It now belongs to the city as much as does the Oktoberfest. From its beginning in 1902 this family business quickly developed into a world-famous attraction. In the Circus Krone building from 1962, Munich possesses the only permanent circus premises in the Federal Republic. Each member of the Krone family has his speciality. The ›boss‹ of the house, Frieda Sembach-Krone, ›works‹ with elephants. They have the honour of being the heraldic animals of the Krone Circus.

101 Hellabrunn Zoo – the flamingo pond

Only in 1905 did Munich begin to plan a zoological garden like other towns had possessed for a long time. An ideal piece of ground presented itself in Thalkirchen; the zoo got its name ›Hellabrunn‹ from a small pleasure-seat which had once stood here. In 1911 part of the grounds could be opened. Emanuel von Seidl created imaginative architecture of which the elephant house, the ›lion's terrace‹ and the ticket-booth are still standing. The setting and the roomy open-air enclosures, some of which are merely surrounded by ditches, make Hellabrunn one of the most attractive zoos in Europa. Almost 4,000 animals (nearly 600 species) live in an area of 36 hektars (89 acres).

102 The large pond and alpine garden in the Botanical Gardens

The Botanical Garden, founded in 1808 and originally laid out in front of the Lenbachplatz, was moved to Nymphenburg in 1908 and opened there in 1914 as the smuts from the nearby railway-station and the fumes from the city had threatened to kill the plants. On its old site in 1854 the art and industrial exhibition building, the famous glass-palace was erected (burned down in 1931). The ›alpine garden‹ cultivates in particular the plants of Munich's wider surroundings, but also the ornamental court, the rhododendron copse or the fern glade are attractions of the Botanical Gardens which counts as one of the most beautiful in Europe.

103 Nymphenburg Palace – a view from the banqueting-hall into the park

On the first birthday of the hereditary heir in 1663, the Elector Ferdinand Maria bought his wife the Schwaige Kemnath, so that she could build herself a noble villa in the country. Agostino Barelli was commissioned to plan it and Enrico Zuccalli continued the work after 1674. At the Electress's death in 1676 only the now cubic-shaped middle section was standing. The ›stone hall‹ which extends two storeys was given its present architectonic form by Zuccalli and Effner in the first quarter of the C18, and was eventually stuccoed and painted under the direction of François Cuvilliés by the 75-year-old Johann Baptist Zimmermann in 1755/57.

104 Nymphenburg Park – water-nymph and river god at the great cascade

From 1701 onwards the Elector Max Emanuel had the Nymphenburg garden laid out in a widespread Baroque style by Carbonet and later Girard. Among the first creations in 1701 was a Dutch canal in the middle axis, the water for which was taken from the Würm. In 1717 the Court Director of Building, Effner, constructed the great cascade at the entrance of the Würm canal into the park (marble version after 1768 by Cuvilliés). Most of the marble statues also originate from this time. Only the two reclining figures of the water-nymph and the river-god by Giuseppe Volpini – ostensibly Isar and Danube – had already been erected from 1717 to 1719.

105 Nymphenburg Park: main parterre and canal axis

After 1715, by order of Max Emanuel, Girard developed an extensive French garden, a shrubbery with pavillions and retreats, of which the middle axis with the canal and the main parterre still remain. In the years 1769 to 1785 vases and marble statues of gods were erected. The picture shows Jupiter (after a model by Ignaz Günther in 1765) and Juno (after a model by J. B. Straub 1765) standing opposite one another in front of the fountain. Behind the fountain are Proserpina and Pluto (after models by J. B. Straub from 1772); all were carried out by Dominikus Auliczek from 1772 to 1778.

106 Nymphenburg Park: english landscape-garden

The strictly drawn lines which dictated the French Baroque garden of Max Emanuel were transformed into a natural lay-out in the English style under Max Joseph by the Court Director of Gardens, Friedrich Ludwig Sckell, after 1804. Lakes were formed in front of the pavillions, as here in front of the Badenburg (by Joseph Effner 1725–1728), but in the re-designing the middle axis of the garden, taken up by the canal, was kept, likewise two Baroque diagonal axes in the form of alleys through the landscape and also the parterre at the foot of the outside staircase on the garden side of the palace.

107 Blutenburg Castle: ›Blütenburg‹ of the late-Gothic

The late-Gothic dukes' seat Blutenburg Castle was rebuilt and partly newly constructed by Duke Albrecht III as a moated hunting-lodge in 1438/1439. Blutenburg ›flowered‹ between 1467 and 1501 as favourite residence of Duke Sigismund. The castle chapel of St. Sigismund became a jewel of late-Gothic art in the Munich area, built by Lukas Rottaler in 1488. To the costly interior belong the altar piece with side wings by Jan Polack (1491), the group of the twelve apostles with Madonna and the risen Christ by the ›Blutenburg Master‹ from the circle around Erasmus Grasser and the glass paintings (1497). The residential part was rebuilt in 1680/1681.

108 Schleißheim Palace – entrance to the middle section

The New Schleißheim Palace (foundation stone laid 1702, frame 1704, finishing from 1719, cessation of work 1727) appears as a pretentious representation of the absolute principality. The ›Blue Elector‹ Max Emanuel, conqueror of the Turks, had it built, inspired by his expectancy of the Imperial Crown; the planning by Enrico Zuccalli began in 1693. Although his great hopes were dashed by the death of the hereditary prince in 1699, the building of the main wing was commenced; from 1719 onwards the direction was in the hands of Joseph Effner, to whom we also owe the façade of the palace.

109 Schleißheim Palace: pillared vestibule

The best possible talents which Munich had to offer at that time were involved in the interior finishing of the New Schleißheim Palace: as craftsmen Cuvilliés, Pichler, Dubut, Volpini, Bader and J. B. Zimmermann, as painters C. D. Asam, Amigoni, Wink and Stuber. A triple flight of stairs leads from the pillared vestibule with its fifteen painted shallow domes up to the two-storeyed banqueting-hall; the dining-room adjoins on the other side. A narrow garden-hall lies in front of the vestibule; likewise in the upper storey, but here the whole length of the middle section, is the Baroque portrait gallery.

110 The Alte Hof – original town-seat of the Wittelsbach family

The Alte Hof (Old Royal Court) marks the place where Duke Heinrich the Lion had already erected an administrative building. In 1255 the Alte Hof rose to be the town residence of the Wittelsbach family. Today its south-west corner with gate-tower, old castle and fortifications is the only architectural ensemble of the late Middle Ages in Munich. It appears in the form which it was given between 1460 and 1470, when the non-reigning dukes Sigismund and Christoph held court here. Under Ludwig the Bavarian, from 1328 to 1347, the Alte Hof was the Imperial Residence.

111 Pantheon, Bavaria, Theresienwiese: a Königsplatz for the people

In October 1810 the wedding of Crown Prince Ludwig to Therese was celebrated with horse-races in a meadow between the Old City and village of Sendling. This was the origin of the Munich Oktoberfest. Since it was not intended merely as a beer and amusement festival, a symbolic statue of the new Bavaria and a Pantheon for ›outstanding Bavarians‹ was supposed to have an educational effect as a background to cultivate the mind to higher things. Ludwig Schwanthaler designed the statue of Bavaria which was cast in the Royal Foundry in 1843. The statue was unveiled in 1850.

112 The Bavarian Lion

The first design which Agostino Barelli made for the cupola of the Theatiner church in 1663 and offered to the Electoral court shows the motif of a lion as weather-vane above the lantern. Otto II carried the lion for the first time in the Wittelsbach coat-of-arms, after he had commenced his reign as Count Palatine of the Rhine in 1229. The lion was the official coat-of-arms of the Counts Palatine. When Otto became also Duke of Bavaria in 1231, he transferred the lion to Bavaria as Wittelsbach heraldic animal.

Explication des illustrations

1 La stèle baroque de la Trève politique dans le jardin Anglais

La borne inscrite en 1724 sous le numéro 1 sur la liste de ratification de la Trève politique ne fut érigée qu'en 1728 près de son emplacement actuel; sous la forme d'une stèle votive de style baroque, elle montre le sceau et les armes de Munich: en relief un moine, les bras levés, la main gauche portant la bible, la droite prêtant serment. Au verso on a creusé au ciseau le blason rhombique de l'électorat bavarois.

2 Munich, ville devant les montagnes

Le foehn rend évidente la situation géographique de Munich. Certes la distance réelle entre Munich et les montagnes est au moins de 70 km. Devant ce panorama montagneux on embrasse d'un coup d'oeil la vieille ville riche en tours. En partant de la gauche s'alignent le clocher de la Peterskirche, qui est devenue l'emblème bien connu de Munich sous le nom de ›Alter Peter‹, la tour du nouvel hôtel de ville, les clochers jumeaux et le dôme de la Theatinerkirche, la nef et les clochers doubles de la Frauenkirche – ses clochers disputent à Saint-Pierre l'honneur d'être l'emblème de Munich – et finalement le clocher élancé de la Salvatorkirche.

3 Sendlinger Tor – vue du sud sur Munich

De la vieille Sendlinger Tor (d'avant 1318) il subsiste encore aujourd'hui les deux tours d'angle hexagonales et, en direction de la cité, les murs de l'ancienne cour de défense. La tour principale fut démantelée en 1808, les vestiges des remparts restaurés en 1860; mais la voûte entre les tours ne fut bâtie qu'en 1906 par Wilhelm Bertsch à la place de trois passages. Au-dessus des toits de la cité on peut ›lire‹ comme sur une ligne les églises munichoises avec leurs clochers et leurs dômes.

4 Le Siegestor – un nouveau Schwabinger Tor

La Leopoldstraße, lieu de flânerie et axe principal de Schwabing, fait partie à cause de ses conceptions architecturales et de la date de sa construction, de la Ludwigstraße dont elle est maintenant la voie d'accès suburbaine. Déjà en 1840 elle reçut sur chaque côté sa plantation de peupliers serrés comme un mur. A la jonction se dresse depuis 1850 le Siegestor (porte de la victoire) de Friedrich von Gärtner, qui voulait être à la fois monument symbolique et porte nord de la ville. En 1817 on avait démoli l'ancien Schwabinger Tor; à sa place la Feldherrnhalle de Gärtner marque depuis 1844 à l'extrémité sud de la Ludwigstraße la transition entre l'agrandissement urbain (style du classicisme) et la vieille ville.

5 Le rond-point du Karlstor – reste du ›Stachus‹

L'Isartor (1337) à l'est et le Neuhauser Tor (1302) à l'ouest baptisé en 1791 en Karlstor après l'électeur Karl Theodor, étaient depuis plus de 500 ans les portes principales sur son ›artère commerciale‹, l'axe est-ouest. En 1972 eut lieu la dernière restauration lors de l'inauguration de la zone réservée aux piétons. Depuis 1968 le demi-rond devant le Karlstor remplace l'ancien Karlsplatz-Stachus qu'on avait dû sacrifier en 1964 à la ceinture de la cité. Le Karlsplatz emprunte le nom de Stachus à une auberge que tenait devant la porte en 1755 un certain Eustachius Föderl.

6 L'Isartor – rempart de l'époque impériale à Munich

Entre 1270 et 1330 Munich devint cinq fois plus grand qu'il était à l'origine. Sous Louis de Bavière (1294–1347, roi dès 1314, empereur dès 1328) Munich, en qualité de première résidence fixe d'un empereur médiéval, reçut de 1302 à 1315 autour de son noyau une deuxième enceinte qui limitait les contours de la cité jusqu'en 1800 environ et qui permettait à Munich de quadrupler sans nombre d'habitants à l'intérieur de cette fortification. D'après une facture municipale, les quatre portes principales sont déjà bâties en 1318, quand la banlieue Tal s'agrandit encore d'un quartier en forme de fuseau jusqu'à l'Isartor (1337) en direction du fleuve. Depuis la reconstruction en 1957 et la restauration en 1971, l'Isartor fait reconnaître les fortifications originelles à tour principale et tours d'angle octogonales, reliées par des murailles à une cour de défense. La fresque de Bernhard Neher (1835) entre les tours d'angle représente l'entrée de Louis de Bavière à Munich en 1322 après sa victoire sur son rival, le roi Frédéric le Beau d'Autriche. En 1959 Hannes König installa dans la tour gauche le musée Karl Valentin, auquel on ajouta une salle ›Weiß Ferdl‹ (célèbre comique munichois) dans la deuxième tour.

7 Patrona Bavariae – La ›Mariensäule‹ de Munich

En érigeant en 1638 la ›Mariensäule‹ (colonne de Marie) au milieu du Marienplatz munichois, l'électeur Maximilien I se plaçait lui et son peuple officiellement sous la protection de la reine du ciel. La statue en bronze, déjà faite après 1590 par Hubert Gerhard, se trouvait entre 1618 et 1638 sur le maître-autel de la Frauenkirche. La Madone porte couronne et sceptre en signe de sa souveraineté, l'enfant Jésus tient le globe. En raison de son importance ce monument, ›enceinte sacrée‹, est séparé de la place par une balustrade carrée. Un Munichois, le maître serrurier Georg Bergmaier finança sa rénovation et sa nouvelle érection en 1970.

8 Vue sur l'ancien Rathaus

Le Marienplatz, nommé simplement place du marché ou ›Schrannenplatz‹ jusqu'en 1854, est le coeur de Munich. Il a gardé le même tracé depuis qu'Henri le Lion l'éleva au rang de marché en 1156. Entre 1470 et 1474 Jörg von Halsbach, architecte de la Frauenkirche, refit la salle de l'ancien Rathaus, après qu'un hôtel de ville se fut trouvé au même endroit depuis 1310 au moins. En 1974 on refit le beffroi sous la forme attestée en l'année 1493. On recouvra ainsi une vue qui compte parmi les plus vénérables de l'histoire de Munich.

9 Le Marienplatz munichois

Le nom de Marienplatz provient de la Mariensäule (colonne de Marie) que le prince électeur Maximilien Ier fit ériger au centre en action de grâces, en 1638. Le côté nord fermé jadis par 24 maisons bourgeoises avec porche de l'ancien Munich est occupé sur toute sa largeur par l'hôtel de ville néogothique de Georg von Hauberrisser depuis 1909. En 1867 on entreprit la construction; elle dérange beaucoup les anciennes proportions, c'est sûr, mais elle est devenue entre-temps avec son beffroi et son carillon une des caractéristiques de Munich.

10 Centre-ville: formes architecturales autour du Marienplatz

Une vue à vol d'oiseau permet d'éclaircir la situation architecturale du noyau urbain. Sur le Marienplatz, centre-ville depuis plus de 800 ans, s'élève la Mariensäule (à partir de 1638). A l'est la place est close par le bâtiment de l'ancien hôtel de ville (1474); peu après la fondation du marché, il y avait ici une porte et la douane pour le sel transporté depuis Reichenhall et Hallein. Un peu à l'écart au sud se dresse Saint-Pierre. Entre le complexe de l'hôtel de ville et Saint-Pierre se trouve ›im Tal‹ (rue) l'ancienne église du Saint-Esprit; au nord du Marienplatz s'élèvent la tour et l'aile ouest du nouvel hôtel de ville (achevé en 1909).

11 Architecture munichoise de l'ancienne Europe

La caractéristique de cette rue munichoise avec l'Ancienne académie, la Michaelskirche, l'Augustinerkirche et les ›Frauentürme‹ (clochers de l'église Notre-Dame) tient peut-être à ce que l'importance historique d'une attitude solidement religieuse – l'ensemble embrasse environ une durée de 1450 à 1600 – s'est exprimée dans des constructions en lesquelles ces forces se sont entièrement transposées en langage spatial. Grâce à l'aménagement d'une zone réservée aux piétons dans la plus ancienne grand-rue de Munich, la Neuhauser Straße, on peut refaire l'expérience des dimensions de cet ensemble qui étaient originellement adaptées à l'homme.

12 La Theatinerstraße sans voitures – aspect architectural retrouvé

Le secteur étendu de la zone piétonnière entre le Karlplatz et le Marienplatz (inauguré en 1972) s'étendit aussi en 1975 à la Theatinerstraße; cette élégante rue de magasins mène du coeur de la ville à la royale Ludwigstraße. Un ensemble architectural typiquement munichois s'offre aux yeux du visiteur qui n'est plus dérangé par la circulation. Avec le parallèle entre la Theatinerkirche de style haut baroque et la Ludwigskirche de style romantique et qui souligne l'histoire, la vue au nord se complète au début de la Theatinerstraße par une vue à l'est sur la Maximilianstraße.

13 Salomebrunnen – zone pour piétons dans la Neuhauser Straße

En 1972 la zone piétonnière entre le rond-point du Karlsplatz, le Marienplatz, les environs de la cathédrale et la Weinstraße fut ouverte au public; les architectes étaient B. Winkler et S. Meschederu. La scène musicale de notre photo se passe près du Salomebrunnen (fontaine qui fut érigée en 1962 à la mémoire de Richard Strauß par Hans Wimmer). A cet endroit de l'ancien collège des Jésuites s'était produit au 17e siècle le célèbre théâtre des Jésuites. A l'arrière-plan voici l'›Augustinerbräu‹, dont la façade néo-Renaissance fut faite en 1897 par Emanuel Seidl. A l'intérieur de cette brasserie, on trouve conservées à l'état originaire des pièces de style ancien allemand et néo-baroque, datant du tournant du siècle.

14 Le carillon de la tour du ›Neues Rathaus‹

Chaque jour à 11 heures sur le Marienplatz sonne le carillon. Le consul Rosipal fit don de ce carillon, le quatrième d'Europe pour la grandeur. Sur la scène inférieure de la loggia au 5e étage (1908) on montre la danse des tonneliers; celle-ci est représentée publiquement à Munich tous les sept ans depuis 1638 en mémoire de la peste. La scène supérieure de la loggia au 6e étage commémore la somptueuse fête de l'époque Renaissance à Munich: ces festivités qui durèrent quinze jours à l'occasion du mariage du duc Wilhelm V et de Renata de Lothringen en 1568.

15 Les ›Frauentürme‹ – emblème de Munich au même titre que l'›Alte Peter‹

Depuis la fin du moyen âge une concurrence pacifique règne à Munich entre les clochers qu'il a pour emblème. La toiture en dôme qui caractérise de façon inoubliable l'aspect de la Frauenkirche consacrée en 1494 se fit certes attendre jusqu'en 1526. Elle est messagère de l'ère nouvelle, de la Renaissance, des ›temps modernes‹. Depuis peu on suppose même des influences orientales et vénitiennes dans les formes de cette toiture. Qel effet auraient eu les flèches gothiques prévues à l'origine, on ne saurait plus en juger.

16 La Frauenkirche – salle de style gothique tardif pour 20 000 âmes

En 1458 on commença à projeter un nouvel édifice à la place de la Marienkirche romane, qui depuis 1271 servait à Munich de deuxième église paroissiale, à côté de Saint-Pierre. A partir de 1468 et sous la direction du maître municipal Jörg von Halsbach, s'éleva un hall imposant de style gothique tardif à la manière de Landshut, qui atteint une hauteur de 31 mètres et une longueur de 108 mètres; construire des églises était à l'époque une sorte d'interprétation personnelle de la communauté. L'édifice fut inauguré en 1494; depuis 1821 il tient lieu de cathédrale pour les évêques de Munich et de Freising. La restauration architecturale, après les graves dégâts causés par la guerre, fut achevée en 1957.

17 St. Peter – salle gothique revêtue de baroque

Hans Heiß donna en 1654 un revêtement baroque à l'intérieur gothique de la basilique Saint-Pierre; cent ans après ce revêtement fut encore une fois remanié dans la grande nef par Ignaz Anton Gunetzrhainer. Grâce à la disposition en forme de feuille de trèfle du choeur est, créé entre 1630 et 1636 par Isaak Pader et Hans Heiß à la place du choeur gothique, l'architecture de colonnes triomphales sans support du maître-autel, enrichie de la statue de style gothique tardif représentant Saint-Pierre (Erasmus Graser, 1517), obtient un effet plastique grandiose. Les quatre pères de l'église au-dessus du trône sont dus à Ägid Quirin Asam. La reconstruction de cette église dura de 1950 à 1954.

18 St. Peter – église la plus ancienne de Munich

L'église Saint-Pierre fondée au même emplacement (avant 1050) a plus d'un siècle que la localité de Munich (attestée en 1158). Des fouilles pratiquées pendant sa reconstruction l'ont prouvé en 1952. La première église à cet endroit était une basilique dont la façade à l'ouest comportait des clochers doubles; en 1278 on décida de la rebâtir en style gothique. Les nefs et les tronçons de clocher de l'ancienne construction à deux clochers proviennent de cette époque (consécration en 1294). En 1327 un incendie dans la cité détruisit également la façade à clochers jumeaux de Saint-Pierre. La flèche actuelle du clocher fut créée entre 1607 et 1621, le choeur en forme de feuille de trèfle, de style haut baroque, entre 1630 et 1636.

19 Spécialité de l'ancien Munich – le marché aux victuailles

Le mot étranger Viktualien (victuailles) vient du latin médiéval et signifie tout simplement denrées comestibles. Depuis 1807 le marché aux victuailles se trouve au bas du Petersbergl, sur l'emplacement de l'ancien hôpital du Saint-Esprit. Après des débuts modestes, il attint ses dimensions actuelles. Autrefois les denrées alimentaires étaient offertes sur le Marienplatz qui s'appelait jusqu'en 1854 Marktplatz. Depuis 1966 la tour de l'ancien hôtel de ville fait aussi partie de la silhouette du Viktualienmarkt; elle fut reconstruite par Erwin Schleich après la destruction de l'original par les bombes.

20 Mardi gras sur le marché aux victuailles

Le ›Fasching‹ munichois est un mélange local de diverses traditions munichoises et on ne peut que difficilement le comparer au carnaval rhénan. C'est un produit du cru dans lequel se croisent les fêtes de la cour et celles des artistes du 19e siècle avec les usages cérémonieux ruraux de l'ancienne Bavière. Sur le marché aux victuailles, à l'ombre de Saint-Pierre, là où chaque année le mai est dressé comme à la campagne, le ›Fasching‹ se termine en liesse des citadins.

21 ›Biergarten‹ munichois (brasserie en plein air)

La bière munichoise a atteint une célébrité internationale. Mais la meilleure façon est de la boire en été dans une brasserie en plein air sous les marronniers. Quatre fois l'an ont lieu à Munich des fêtes de la bière. En mars on met en perce les tonneaux de la bière de carême, ›Salvator‹ qui achève le carême; en mai c'est le ›Maibock‹; en été ›on va à la cave‹; puis vient la fête d'octobre. Avant l'ère de la technique moderne de réfrigération, on entreposait la bière dans des caves devant la ville; les marronniers dispensaient de l'ombre. C'est là qu'au 19e siècle s'introduisit en été l'agrément de ces ›Biergärten‹.

22 ›Platzl‹ – voiture à quatre chevaux pour transporter la bière pendant la foire d'octobre

Ce qui allait de soi à Munich des années encore après la guerre est devenu maintenant une rareté réservée aux cortèges: à savoir le fait que

la bière est transportée dans des tonneaux de bois et par des chevaux. L'actuel Hofbräuhaus am Platzl, que fréquentent des clients de tous pays et où l'on trouve même encore des Munichois, date de 1905 et fut alors bâti en style ancien munichois. Sur la photo à droite voici l'auberge ›Platzl‹ qui abrite aujourd'hui encore un théâtre populaire et paysan; c'est ici que le célèbre Weiß Ferdl s'est produit sur scène pendant des décennies.

23 Le moine sur le sceau – allusion aux antécédents de Munich

La ville de Munich possède sur son sceau et ses armoiries un moine qui est comme un ›signe parlant‹; en effet il symbolise le nom de lieu de Munich (bei den Mönchen = chez les moines). Le nom de lieu même fait allusion à la position de départ de Munich avant sa fondation officielle: la colonie de moines sur le Petersbergl (petite éminence) qu'entretenaient soit les bénédictins de Tegernsee soit les prémontrés de Schäftlarn. Notre photo montre le troisième sceau urbain, que le ›Rat‹ utilisa du 6 décembre 1304 au 6 avril 1398, les documents en font foi. Le moine de profil est placé dans un bouclier gothique triangulaire.

24 Ancien arsenal municipal – musée municipal depuis 1873

›Der Stadt Haus am Anger‹ – ainsi s'appelait jadis l'ancien arsenal municipal – est aujourd'hui encore un bâtiment utilitaire aux dimensions que l'architecte a artistiquement maîtrisées et à la façade bien ordonnée. L'architecte de cet édifice construit de 1491 à 1493 avec des greniers à céréales sous le toit élevé, était Lukas Rottaler, successeur de Jörg von Halsbach, architecte de la Frauenkirche. A l'époque de la construction la façade avait été peinte par Jan Polack. Le hall à piliers au rez-de-chaussée est aujourd'hui la seule salle profane de style gothique tardif qui ait subsisté à Munich.

25 Salon bourgeois vers 1850 au musée municipal

Le magistrat de la ville décida en 1873 de fonder »une exposition historique permanente de la ville de Munich«. Ce décret représente l'acte de fondation du musée municipal (inauguré en 1888 dans l'ancien arsenal civil) – d'ailleurs il ne porte ce nom que depuis 1956. L'ameublement des ›pièces de style‹ qui présentent le style d'habitation des Munichois de 1700 à 1900 remonte aux années 30. Le salon photographié dans le miroir, qui date de 1850 environ, est un don au musée de Wilhelm Krug.

26 La collection de théâtres de marionnettes au musée municipal

A côté des témoignages de l'histoire de la cité, la collection de théâtres de marionnettes est comme un musée spécialisé au sein du musée municipal; unique en son genre, cette collection a été assemblée depuis 1939 par Ludwig Kraft. La photo montre de haut en bas et de gauche à droite: ›Numéro de cirque‹, figures mécaniques de Christoph Joseph Tschuggmall (début du 19e siècle); Kasperl (Polichinelle) et le gendarme, poupées de Toni Schmid (19e et 20e siècles); l'ange et le diable, figures de Josef Wackerle (1922); marionnettes de forain et de music-hall (20e siècle) de Hans Schichtl-Rulyans.

27 La Maximilianbrücke sur l'Isar

Au 19e siècle, entre 1823 et 1905, on construisit sept ponts sur l'Isar, presque tous en pierre; auparavant depuis la fondation de Munich (1158), un seul pont principal – plus tard la Ludwigsbrücke – reliait la ville aux communes à l'est: Au, Haidhausen, Giesing. La photo montre le deuxième pont en pierre de cette série, la Maximilianbrücke conçue par Arnold Zenetti entre 1857 et 1864, à vrai dire le premier segment jusqu'au Praterinsel. En restaurant le pont, on ajouta le parapet en pierre. Ses ornements ont les formes florales de l'Art nouveau.

28 Le ›Friedensengel‹ – point de vue scénique au-dessus de l'Isar

A partir de 1891 on traça la Prinzregentenstraße qui longeait la lisière sud du jardin Anglais et qui devait prendre un caractère ouvert et naturel en menant à l'Isar. Son point de départ à l'ouest était déjà prévu au Prinz-Carl-Palais; en face de celui-ci on aménagea pour terminer la rue ›optiquement‹ de l'autre côté du pont des jardins en terrasses sur la pente escarpée de l'Isar. Depuis 1899 se dresse sur ce belvédère le monument de la paix avec l'ange pacificateur, offert par la ville de Munich pour rendre grâce d'une paix de 25 années (1871–1896).

29 Sur les bords de l'Isar

L'Isar coule à travers le territoire de la ville non seulement entre des quais élevés mais aussi il peut se former dans son lit, quand le niveau de l'eau est très bas, des bancs de gravier et des eaux stagnantes. On aperçoit au sud la Ludwigsbrücke, à gauche se trouve le Müllersche Volksbad (bains publics) de Karl Hocheder (1896–1901), à droite voici la ›Kalkinsel‹ (îlot) avec le ›Vater-Rhein-Brunnen‹ (fontaine) édifié par Adolf von Hildebrand (1897–1903); à l'arrière-plan, sur la ›Museumsinsel‹, voilà la tour et la salle des congrès du Deutsches Museum.

30 Vue sur la Ludwigstraße à travers le Siegestor

Ce monument architectural à trois arceaux que Friedrich von Gärtner édifia de 1843 à 1852 en s'inspirant librement de l'arc de Constantin à Rome, porte depuis 1958 une nouvelle inscription gravée sur le côté sud qui garde les traces visibles des dégâts causés par la guerre: »Dédié à la victoire. Détruit par la guerre. Exhortant à la paix.« Ce monument vis-à-vis de la loggia ›florentine‹ de la Feldherrnhalle sert au nord de fermeture architectonique pour tout le complexe de la Ludwigstraße. La partie nord de cette rue s'oriente depuis 1827 sur le style roman italien; le Max-Joseph-Stift (1837), le Georgianum (1835) et en face l'université (1835-1840) représentent le plus nettement ce style.

31 La plus belle place de Munich sans nom

Le roi Louis Ier chargea Friedrich von Gärtner de fermer la Ludwigstraße côté ville par la Feldherrnhalle (1841-1844), inspirée de la Loggia dei Lanzi de Florence. Entre deux grandes rues de la cité, la Residenzstraße et la Theatinerstraße, fut donc créée une place qui certes n'a toujours pas de nom mais peut se mesurer aux plus belles places de Munich. C'est justement dans la discordance de l'ensemble (constitué par la Résidence des rois et des princes électeurs, la Feldherrnhalle et la façade baroque de la Theatinerkirche y compris les échappées de vue sur les étroites ruelles de la vieille ville) que réside l'intense vivacité de cette magnifique vue.

32 La Ludwigstraße – un acte de puissance publique et architectonique

On ressent le mieux l'énergie architecturale de la Ludwigstraße (1817-1852) lorsque, depuis les degrés de la Feldherrnhalle, on regarde vers le nord, là où le Siegestor, ce bel exemple d'urbanisme, termine cette rue de monuments, autre exemple d'urbanisme. La première partie de la Ludwigstraße fut réalisée sous des formes classiques jusqu'en 1827 sous la direction de Leo von Klenze. Les bazars au premier plan à droite font partie depuis 1826 de l'Odeonsplatz, qui s'est creusé en face avec l'Odéon (1826-1828) et le Leuchtenberg-Palais (1816-1821). Dix anx après l'achèvement de la Ludwigstraße Max Widnmann érigea la statue équestre de Ludwig I. (1862).

33 Monument de bronze pour le roi Max I. Joseph

Ce monument érigé en 1835 a pour l'évolution artistique de Munich à l'époque royale, en plus de sa position comme monument isolé une signification typiquement munichoise. Pour le roi Ludwig I. une rénovation artistique semblait impossible si on ne renouvelait pas la technique de la fonte du bronze de l'époque Renaissance. Ce monument fut le premier coulage de la fonderie royale de bronze, reconstruite à partir de 1826 par Johann Baptist Stiglmaier. La statue est l'oeuvre de l'architecte berlinois Christian Daniel Rauch, Leo von Klenze ayant contribué à la disposition architectonique de l'estrade à gradins et du piédestal élevé.

34 Dans le Hofgarten – vue sur la salle de fêtes de la Résidence

Trois chemins traversent du nord au sud la haie carrée et élevée du Hofgarten, dont elle entoure le parterre avec son temple et ses quatre fontaines. Les chemins latéraux conduisent aux nouvelles vasques avec la fontaine médiane qu'après la guerre on ajouta au jardin, quand on remania le Hofgarten en s'inspirant de sa forme primitive. Jadis quatorze fontaines coulaient dans le Hofgarten. De l'autre côté de la Hofgartenstraße au sud, apparaît dans le champ du Hofgarten une partie de la façade de la salle de fêtes et du complexe Hofgarten de la Résidence (Klenze, 1832-1842) que la tour de la Résidence (1612) au Brunnenhof surmonte.

35 Le parterre du Hofgarten avec temple et fontaine

De 1613 à 1617, sous le règne de Maximilien I, le Hofgarten fut arrangé en jardin Renaissance selon le goût italien. Sa transformation sous une forme plus simple après la guerre y fait allusion. Le temple du Hofgarten bâti en 1615 est couronné de la Bavaria, magnifique statue de Hubert Gerhard (1594), coulée en bronze et plus grande que nature. Sur la photo on voit la partie ouest, là où les bazars séparent le Hofgarten de l'Odeonsplatz. Des arcades entourent ici le jardin comme dans la galerie nord. Sur trois côtés du carré intérieur de ce parterre du Hofgarten, on a planté des tilleuls dans les années 50.

36 Allégories du ›Herzkabinett‹ de la Résidence

Avec la décoration des appartements pour l'électrice Henriette Adelaide, qui possédait Nymphenbourg et faisait bâtir la Theatinerkirche, le haut baroque pénétra aussi dans la Résidence pour l'architectonique intérieure (ornementation de Barelli et Pistorini, 1665-1667). La petite pièce en saillie à côté de l'ancienne chambre à coucher est, par sa décoration, un cabinet d'inspiration littéraire. Il s'agit d'une allégorisation précieuse et maniérée du mal d'amour et du désir, s'appuyant sur le contenu du roman français de salon ›Clélie‹, qui venait de paraître et dont l'auteur était Madame de Scudéry.

37 Antiquarium – musée Renaissance

Avec l'Antiquarium de la Résidence, Munich possède une des salles profanes Renaissance les plus importantes et en même temps un des premiers musées indépendants au nord des Alpes. La galerie voûtée du rez-de-chaussée (1568-1571) devait contenir la collection d'antiques, le premier

étage la collection des livres du duc. L'architecte était Wilhelm Egkl; les esquisses avaient été livrées par Jacopo Strada de Mantoue. Entre 1568 et 1600 Wilhelm V. chargea Friedrich Sustris de transformer la voûte en salle de fête. Toute la surface du plafond est recouverte de grotesques, d'allégories et de vues des villes bavaroises.

38 La ›Galerie Verte‹ – collection de tableaux des princes électeurs et salle de fêtes rococo

C'était le prince électeur Carl Albrecht (1726-1745, empereur depuis 1742), sous le règne duquel Munich passa du baroque finissant au »plus beau rococo d'Europe«, qui fit bâtir la ›galerie Verte‹. On peut remarquer cette transition dans les ›riches salles‹ du complexe Grottenhof, enfilade de pièces d'apparat satisfaisant les plus hautes exigences et qui comporte aussi cette ›galerie Verte‹ (bâtie par François Cuvilliés, 1733/34). Les travaux à l'intérieur, commencés en 1726 par Joseph Effner, furent anéantis en partie par un incendie de la Résidence en 1729; ils furent continués de 1730 à 1737 sous la direction de Cuvilliés.

39 Kaiserhof de la Résidence – peinture architecturale renouvelée

Le duc Maximilien I (1597-1651) fit construire cette partie de la Résidence entre 1611 et 1619 avant sa nomination d'électeur, dans des dimensions qui dépassaient la norme des bâtiments impériaux à Vienne. Le duc eut une influence profonde sur les plans auxquels participèrent Hans Krumper, sculpteur et intendant artistique de Maximilien, le peintre Peter Candid et l'expert de bâtiments, Heinrich Schön le Jeune. Jusqu'en 1977 la peinture de la façade de l'aile est, où se trouvent les ›Trier-Zimmer‹, fut restaurée d'après d'anciens modèles par Hermann Kaspar; il avait déjà fait en 1958 des projets plus simples pour la façade donnant sur la Residenzstraße.

40 Festival à l'Opéra – Portique à fronton du théâtre National

La façade de l'Opéra de Munich, le théâtre National, se définit par le porche à colonnes à deux étages; sur le fronton voici depuis 1972 les figures d'Apollon et des neuf muses, sculptées par Georg Brenninger. Au-dessus se dresse le fronton de la salle de spectacle et de la scène, pour lequel Ludwig Schwanthaler conçut en 1835 la glorification de Pégase. Le ›Hof- und National-Theater‹ d'alors conçu par Karl von Fischer ouvrit pour la première fois ses portes en 1818. En 1825 eut lieu après un incendie sa seconde inauguration. Leo von Klenze qui dirigeait la reconstruction tout en se basant sur les anciens plans de Fischer, ajouta pourtant à la façade le deuxième fronton. La troisième inauguration après les destructions de la guerre tomba en l'année 1963.

41 Entracte à l'Opéra dans le foyer Bleu (salle dite Ionique)

Depuis le hall à quatre colonnes de l'entrée, des escaliers en marbre blanc conduisent symétriquement aux deux foyers Bleus dits salles Ioniques, qui se ressemblent jusque dans les détails ornementaux. Entre ces deux foyers latéraux et au niveau de la loge royale se trouve au centre de la construction la salle royale. C'est Jean Baptiste Métivier qui conçut la décoration des foyers Bleus de 1824 à 1825. Les amis du Nationaltheater font depuis des années don des bustes de compositeurs et de chefs d'orchestre célèbres pour orner ces pièces de parade. La photo représente le portrait aux formes pures de Giacomo Puccini dont l'auteur est Friedrich Koller (1974).

42 Vue de la loge royale – applaudissements pour ›Le chevalier à la rose‹

En un triple accord solennel de rouge, d'or et de blanc, avec tout son décor classique en stuc, la salle de spectacle du Nationaltheater rescussita en 1963 sur les décombres laissés par les bombardements. Mais la photo fait aussi pressentir que la salle classique de Karl von Fischer (1818) fut reconstruite dans toute sa pureté exemplaire. On conçoit dans toute son ampleur à la corniche la rotonde vers laquelle convergent cinq balcons; suspendus comme une voile qui ne serait qu'amarrée, une coupole plate ferme la haute salle cylindrique.

43 Théâtre de la place Gärtner: Opéra populaire de Munich

L'histoire architecturale de Munich offre ceci de délicat qu'à côté de l'édifice pour le grand opéra se trouve une maison soeur d'un caractère plus populaire, capable de copier pour la banlieue de l'Isar les chefs-d'oeuvre produits près de la Résidence; il s'agit du théâtre de la place Gärtner, édifié de 1864 à 1865 d'après les plans de Franz Michael Reifenstuel. A l'occasion du centenaire, on décida de rénover le théâtre; de 1968 à 1969 Hans Heid dirigea et exécuta la restauration en s'inspirant de l'aspect original. Ainsi fut réalisée une rénovation capable à sa façon de se mesurer avec celle du théâtre National. Voici sur la photo l'acte final de ›La reine des fées‹, oeuvre d'Henri Purcell (1962) dans des décors et une mise en scène de J. P. Ponelle (1976).

44 Restauration des fresques du plafond au Gärtnerplatztheater

En 1937 en rénovant sans beaucoup de discernement le théâtre de la place Gärtner, on avait fait aussi disparaître les fresques du plafond sous une nouvelle couche de peinture. De 1968 à 1969 on les remit à jour et ceci est un des événements essentiels dans l'histoire de l'entretien des monuments à Munich. Eugen Napoleon Neureuther, élève de Cornelius, avait conçu cette belle peinture décorative en 1864. En se servant d'anciennes esquisses, Elmar Albrecht a pu maintenant les restaurer.

45 Matinée au Cuvilliés-Theater

Pour le Residenztheater de François Cuvilliés (1751–1755, inauguration en 1753) on trouva en 1958 à la cour des apothicaires de la Résidence un local dans lequel on installa les trésors d'architecture intérieure qui avaient été entreposés pendant la guerre. Les loges du rez-de-chaussée étaient au temps de la cour réservées à la noblesse citadine; au premier rang prenait place la haute, au second la petite noblesse; les officiers de la cour occupaient le troisième rang. Aujourd'hui on y joue des opéras, des pièces de théâtre et de la musique de chambre (comme sur la photo – au piano, le directeur musical en chef, Wolfgang Sawallisch).

46 Le forum de la Maximilianstraße et le Maximilianeum

A mi-chemin de l'Isar la Maximilianstraße (1853–1875) s'élargit et prend la forme d'un forum planté d'arbres et semblable à un parc. Deux édifices publics flanquent son centre: à droite le premier bâtiment pour le musée ethnologique, construit entre 1858 et 1865 par Eduard Riedel, à gauche le siège du gouvernement de la Haute-Bavière, bâti de 1856 à 1864 par l'auteur de la Maximilianstraße, Heinrich Bürklein. L'urbanisme va se propager de l'autre côté de l'Isar, où le Maximilianeum, crée par Bürklein de 1857 à 1874 est posé de travers sur l'autre rive comme un décor illusoire.

47 Dans la Maximilianstraße – vue sur le Maximilianeum

Le style de la Maximilianstraße s'appuie sur un sentiment national des éléments gothiques; en 1853, date de la construction, il n'historise pas encore mais est seulement le point de départ pour essayer d'atteindre un style futuriste. Sur la photo on voit nettement que la rue se termine par l'édifice surélevé et posé en travers du Maximilianeum; son emplacement masque le fait que c'est par la Maximilianstraße que la vieille ville allait être reliée à la banlieue Haidhausen incorporée à Munich en 1854.

48 Le forum – semblable à un parc de la Maximilianstraße

Sur le forum de la Maximilianstraße des jardins à l'anglaise accompagnent la chaussée; ainsi ils préparent le passage du fleuve. Les rives en pente de l'Isar de chaque côté du Maximilianeum furent aménagées à l'anglaise (Maximilians- und Gasteiganlagen de 1856 à 1861). Les bâtiments – ici le musée ethnologique d'Eduard Riedel (entre 1858 et 1865) – se blotissent derrière la verdure.

49 Le Schauspielhaus – singulier théâtre Art nouveau

Lorsque dans la Maximilianstraße le »Schauspielhaus« de Richard Riemerschmid fut inauguré en 1901, ce fut – en ce qui concerne l'architecture théâtrale et non seulement pour Munich - un événement. On pouvait dès lors se vanter de posséder le premier théâtre d'Europe conséquemment moderne dans sa décoration intérieure et ses décors uniformes. On l'avait réalisé dans l'esprit de l'art dit ›industriel‹, de l'Art nouveau. De 1970 à 1971 on restaura le théâtre d'après les anciens plans de Richard Riemerschmid; même le rideau de scène fut reproduit d'après une photo de l'original.

50 Toit olympique en pavillon – emblème d'un gai Munich

La ville d'un urbanisme hors classe a obtenu en 1972 avec le toit en pavillon de Günther Behnisch au-dessus du stade olympique un nouvel emblème qui peut continuer les remarquables traditions artistiques et exprimer la vitalité de Munich. Fascinant par leur technique, ces formes en pavillon de verre acrylique remplissent aussi bien les fonctions architecturales de la toiture que celles de l'ensemble architectonique. Ce sont des toitures ›flottantes‹; elles s'assimilent implicitement les formes de paysage des environs immédiats et même des contreforts alpins dans le voisinage de Munich.

51 Le village olympique – passage pour piétons depuis le métro

Une ›montagne d'habitations‹ pour 12 000 personnes, le village olympique, s'éleva en 1972 au nord du parc olympique. Ce modèle d'urbanisme ressemble davantage à une petite ville satellite qu'à une résidence pour sportifs. Dans ce quartier que beaucoup de Munichois redoutent encore maintenant à cause de sa densité urbaine très élevée, il faut remarquer la séparation sur les plans différents de la circulation des véhicules et de celle des piétons, si bien que le niveau des habitations se trouve à portée d'une zone entièrement piétonnière.

52 Le stade olympique – capable de contenir 75 500 spectateurs

Dimensions humaines, fusion d'architecture et de paysage, légèreté et gaieté, voilà qu'elles étaient les conceptions essentielles quand on projeta à Munich l'emplacement des Jeux de la XXe Olympiade en 1972. En utilisant la surface plate de l'›Oberwiesenfeld‹ qui fut d'abord champ d'exercices puis premier aérodrome de Munich et les décombres laissées par la guerre,

architectes et jardiniers paysagistes créèrent un terrain accidenté avec un lac: le paysage artificiel du parc olympique. Le stade est recouvert d'un toit à 54%; pour ⅓ c'est un stade dans lequel on descend depuis le forum.

53 La silhouette de Munich vue du Monoptéros

Du haut du temple monoptère du Jardin Anglais, au sud dans la direction d'où le foehn venu des montagnes souffle parfois sur Munich, la vieille ville devient une silhouette à laquelle semble encore convenir, sous certaines réserves, une épithète du 18e siècle: Munich, la Rome allemande. Au centre apparaît en clair la Karl-Theodor-Wiese (prairie); le nom rappelle le prince électeur qui accorda l'aménagement du jardin Anglais sur les conseils de Benjamin Thompson (alias comte Rumford).

54 Biergarten (brasserie en plein air) autour de la tour Chinoise

En 1792 le jardin Anglais fut ouvert au public sous le nom de ›Karl-Theodor-Park‹. Ce parc atteignait alors environ le niveau du Kleinhesseloher See (étendue d'eau). C'est de cette époque de pionniers que datent la tour Chinoise et les constructions avoisinantes qui assuraient déjà l'hospitalité au promeneur désireux de détente. A côté de la tour Chinoise élevée par Joseph Frey (reconstruite en 1952 après avoir été détruite pendant la guerre), Johann Baptist Lechner bâtit de 1790 à 1794 l'auberge Chinoise et le ›Rumfordhaus‹ pour servir de mess des officiers; l'auberge fut alors construite en bois comme le belvédère; ce n'est qu'en 1912 qu'elle fut reproduite en pierre conformément à l'original.

55 Le temple du Monoptéros

Sur une éminence artificielle, faite avec la terre creusée pour le Kleinhesseloher See dans le jardin Anglais, se dresse comme une mince et haute couronne le Monoptéros que Leo von Klenze érigea de 1837 à 1838; c'est un temple rond avec des chapiteaux ioniques, caractéristiques du classicisme munichois. Tout là-haut le promeneur dans le jardin Anglais jouit d'une des plus belles vues sur la vieille ville. Etre à la fois belvédère et accroche-oeil, voilà ce qui caractérise l'édifice de cette époque planté comme un décor dans un jardin à l'anglaise dessiné d'une manière ›sentimentale‹ – au contraire de ›naïve‹.

56 La Briennerstraße à la hauteur de l'Obélisque et des Propylées

Sur un segment le tracé de la rue est identique à l'ancienne chaussée du ›chemin princier‹ baroque qui menait à Nymphenbourg. Comme la Ludwigstraße qui vise à peu près le château de Schleißheim, la Briennerstraße commence au centre de la cité à l'Odeonsplatz. A Munich les places en forme d'étoile dérivent toutes du Karolinenplatz dans la Briennerstraße. Il ne subsiste pas de bâtiments particuliers de Fischer dans sa rue, dont l'aspect classiciste est défini par les palais de Klenze (Moy, Arco-Zinneberg et Ludwig-Ferdinand, auxquels il faut ajouter l'Almeida-Palais de Métivier), mais surtout par ses inégalables places symétriques: le Wittelsbacher Platz ainsi que le Königsplatz.

57 La fontaine des Wittelsbach qui ferme le Maximiliansplatz

La fontaine des Wittelsbach, la plus célèbre de Munich, créée entre 1893 et 1895 par Adolf Hildebrand, on peut la voir sous deux aspects: comme fermeture (notre photo) du Maximiliansplatz, ou bien comme verrou urbanistique et figuratif pour le Lenbachplatz peu compact et échelonné. Avec ses doubles bassins et vasques, avec ses statues allégoriques, gardant leur individualité, c'est un chef-d'oeuvre néo-classique. La ville de Munich fit ériger la fontaine pour commémorer l'achèvement de l'aqueduc qui amenait les eaux du Mangfalltal.

58 Le ›Brunnenbuberl‹ près du Karlstor

Depuis 1971 la Neuhauser Straße est zone pour piétons. A l'endroit où elle atteint le Karlstor et lors de sa rénovation, le ›Brunnenbuberl‹ (fontaine) de Matthias Gasteiger (1895), qu'on avait dû enlever de son emplacement originel au sud du Karlsplatz quand on détourna la circulation pour créer l'Altstadtring (ceinture de la cité), trouva une nouvelle place. Du Karlstor voisin, anciennement Neuhauser Tor, il n'est resté que les tours d'avant-garde et le passage voûté qui les relie. Sur la photo on voit le bâtiment au-dessus de la porte sous la forme néo-gothique qu'Arnold Zenetti a donnée en 1861 au noyau primitif.

59 Le Nornenbrunnen dans le bosquet de frênes près du Maximiliansplatz

En 1968 on n'eût pu trouver endroit plus approprié que ce bosquet de frênes pour réinstaller le Nornenbrunnen de Hubert Netzer (1907), après avoir dû l'enlever du Karlsplatz en 1964 à cause des travaux pour détourner le trafic. Aussi bien la rigueur du bosquet que la façade proche de la Nouvelle bourse (édifiée en 1899 par Friedrich von Thiersch dans le style 1900) intensifient par leur voisinage l'effet de cette fontaine qui s'écarte du classicisme de celle des Wittelsbach.

60 Voûte étoilée au-dessus de la silhouette de Munich

Le planetarium de Zeiß au Deutsches Museum se trouve au centre d'une coupole hémisphérique de 15 mètres de diamètre. L'appareil avec ses 158 projecteurs peut y faire apparaître 8900 étoiles fixes. Par un procédé d'accélération on peut montrer des phénomènes astronomiques qu'on ne pourrait observer que sur plusieurs années. Dans la silhouette de Munich on reconnaît de gauche à droite: les clochers et la nef de la Frauenkirche, l'église Saint-Pierre la vieille, la tour de l'hôtel de ville, la tour de télévision du centre olympique, le clocher de la Salvatorkirche, ceux de la Ludwigs-kirche.

61 Au Deutsches Museum – tour et bâtiment pour les collections

En 1903 le Deutsches Museum fut fondé par Oskar von Miller (1855–1934) pour abriter les chefs-d'oeuvre de la science et de la technique. C'est aujourd'hui le plus grand musée dans son genre, avec un million et demi de visiteurs par an. Lors d'un concours d'architectes en 1905, les plans de Gabriel von Seidl furent jugés les meilleurs. En 1906 on posa la première pierre du bâtiment pour abriter les collections; l'inauguration du musée eut lieu en 1925. Ce bâtiment pour collections sur l'île de l'Isar fut enrichi par German Bestelmeyer entre 1928 et 1935 de la salle des congrès et entre 1928 et 1932 de la bibliothèque.

62 Astronaute américain dans l'habitacle de Mercury

Le Deutsches Museum possède une copie conforme à l'original de cet habitacle de Mercury qui, mis au point entre 1958 et 1961 sur ordre de la NASA, fut utilisé de 1962 à 1963 et permit alors à un pilote de faire 22 fois le tour de la terre en 34 heures et 20 minutes. Pendant le vol spatial le pilote, les jambes repliées, ne pouvait changer sa position; sa combinaison d'astronaute était recouverte d'argent pour lutter contre un échauffement trop intense. Le tuyau fixé au côté du casque servait à l'apport d'oxygène. Grâce au microphone on pouvait rester en relation avec la terre.

63 Extraction de la houille avec le pic et la pelle

Cette présentation d'après nature du lieu de travail souterrain dans une mine de la Haute-Bavière montrait en 1903, date de la fondation du Deutsches Museum, la réalité dans ce domaine. On doit imaginer les mineurs travaillant sous terre à 700 mètres de profondeur. Leur lieu de travail, espace vide de houille que le mineur appelle aujourd'hui encore ›Streb‹, n'atteignait ici que rarement une hauteur de plus de 70 cm, ce qui correspondait à la richesse de la couche de charbon, dite ›Flötz‹.

64 Ancienne Pinacothèque, salle V: peintres hollandais du 17e siècle

Après la reconstruction de la galerie, on a réouvert au public les salles et cabinets au premier étage de l'ancienne Pinacothèque essentiellement dans l'arrangement projeté par Leo von Klenze de 1826 à 1836. Au 19e siècle la vieille Pinacothèque, dont les salles d'exposition furent dès le début destinées à recevoir les tableaux de la collection des Wittelsbach, passait pour la plus belle et la plus moderne galerie d'Europe. La salle V est consacrée à la peinture hollandaise du 17e siècle que l'électeur palatin Johann Wilhelm collectionnait de préférence; son excellente collection de tableaux de Düsseldorf fut transportée à Munich en 1806.

65 Musée national de Bavière – pièce paysanne du Tyrol vers 1770

Le musée, ensemble unique qui possède aujourd'hui environ 200 000 objets, est dû à l'initiative de Maximilian II; celui-ci avait fait assembler au Herzog-Max-Burg dès 1853, avec les possessions de la cour, une collection historique, une sorte de musée des Wittelsbach. Il lui donna en 1855 le nom de musée national de Bavière. Comme exemple d'art folklorique voici cette pièce tyrolienne, entièrement lambrissée et dont les murs et le plafond sont richement peints. L'ameublement provient du Thannheimertal (vallée) et date environ de 1770.

66 Haus der Kunst – ›La femme couchée‹ d'Henry Moore

Le bâtiment de parade, érigé entre 1933 et 1937 sous le nazisme par Paul Ludwig Troost dans la Prinzregentenstraße, n'avait pas été détruit pendant la guerre et est devenu à cause de ça depuis 1945 à nos jour le siège d'importantes expositions; son aile ouest abrite provisoirement les trésors communs de la Galerie nationale d'art moderne et de la nouvelle Pinacothèque. ›La femme couchée‹ de Moore, acquise en 1959 pour la Galerie nationale, marque depuis quelques années, à l'endroit où en 1937 l'›art dégénéré‹ était mis aux bans, l'accès aux célèbres collections munichoises d'art des 19e et 20e siècles.

67 Musée national de Bavière dans la Prinzregentenstraße

En tant que création architecturale de l'historisme, le musée national de Bavière (1894–1900) de Gabriel von Seidl est l'égal de la célèbre Glyptothèque (1830) et de l'ancienne Pinacothèque (1836) de Klenze. Seidl réussit, tout en utilisant librement les différents styles historiques, à composer un ensemble de bâtiments qui demeure toujours indépendant. Par son aspect extérieur cette construction montre qu'elle sert à abriter des collections d'objets d'art et de ceux qui ont trait à l'histoire de la civilisation pour toutes les époques de l'histoire occidentale.

68 Herit-Ubechet, »maîtresse et chanteuse du temple«

La collection nationale d'art égyptien installée dans l'aile nord de la Residenz am Hofgarten renferme entre autres trésors le sarcophage peint d'une femme nommée Herit-Ubechet; une inscription sur le couvercle décline son titre: »maîtresse et chanteuse du temple d-Amonn-Râ, roi des dieux«. Le sarcophage en bois de mûrier qui représente Herit-Ubechet sous forme de momie d'Osiris, dieu des morts, fut découvert dans les tombeaux des prêtres de Deir el-Bahari, à l'ouest de Thèbes. Il date de l'époque de la 21e dynastie vers l'an 1 000 av. J.-C.

69 Grand satyre endormi – ›Barberinischer Faun‹ de la Glyptothèque

Il se peut qu'à l'origine cette statue plus grande que nature se soit trouvée en plein air dans un sanctuaire grec de Dionysos. On ne connaît pas le nom de ce sculpteur, qu'on tenait pour un des plus grands de l'histoire de l'art européen. Peut-être l'artiste vient-il d'Athènes. L'effigie en marbre du faune dut être sculptée vers 220 av. J.-C. La statue très mutilée, dont seule la tête était presque intacte, fut redécouverte à Rome entre 1624 et 1641 près du château de l'Ange; elle y resta au palais Barberini jusqu'en 1799.

70 La Glyptothèque – modèle de musée classiciste

Pour les sculptures antiques collectionnées systématiquement par la maison des Wittelsbach depuis le 16e siècle, on construisit à Munich deux musées de signification programmatique et aux formes architectoniques exemplaires: à l'époque Renaissance, l'Antiquarium et entre 1816 et 1830 la Glyptothèque de Leo von Klenze sur le Königsplatz. Cette construction à quatre ailes et à un étage, qui entoure une cour intérieure avec un portique à deux rangées de colonnes joniques, se montre à l'intérieur sans ornementation depuis 1972. Il faut remarquer surtout la nouvelle mise en place des statues du fronton ouest du temple Aphaia à Egine.

71 La collection des antiques – vue des Propylées

Le musée en face de la Glyptothèque, dont l'aspect extérieur fut conçu d'après les principes de Klenze pour sa Glyptothèque, fut bâti entre 1833 et 1848 d'après les plans de Georg Friedrich Ziebland pour servir de hall d'exposition artistique et industrielle. Après que Johann Ludwig eut restauré et entièrement modifié l'intérieur de 1962 à 1967, ce palais de l'exposition d'un style classiciste tardif reçut sur la place Royale admirablement conçue une affectation appropriée: abriter la collection d'antiques de Munich provenant de la possession des Wittelsbach et enrichie des collections Loeb et von Schoen.

72 Esses celtiques – ›bonne forme‹ d'il y a plus de 2 000 ans

La collection préhistorique d'Etat, musée de la préhistoire (en 1977 fut inaugurée la nouvelle construction de Werz, Ottow et associés, intéressante en ce qui concerne l'architecture et la technique des musées) montre aussi parmi les fouilles pratiquées à Manching, ancienne localité celtique près d'Ingolstadt, ces deux esses, objets utilitaires d'une grande valeur artistique. Le dessin technique indique l'ajustement d'une esse. On pense que ces esses en fer forgé datent de 100 à 50 ans av. J.-C., en pleine floraison de la culture Latène.

73 La nouvelle collection – Ludwig Mies van der Rohe, chaise (1926)

Dans une galerie latérale du musée national bavarois de la Prinzregentenstraße, la nouvelle collection possède ses salles et ses dépôts déjà trop étroits pour les expositions alternantes. Le nom officiel est ›musée d'Etat pour l'art expérimental‹. Après la guerre le musée s'est rendu indépendant du ›secteur industriel‹ du musée national fondé en 1925, lequel était issu de la ›collection de modèles‹ pour de bonnes formes fonctionnelles du groupe munichois du ›Deutscher Werkbund‹ (fondé à Munich en 1907). La collection prétend montrer des produits »qui éduquent le goût et servent d'exemple pour la création de bonnes formes«.

74 L'église de jésuites St. Michael – création artistique modèle

La Michaelskirche, dont on ne sait toujours pas qui était l'architecte, est avec ses voûtes en berceau sans appui au-dessus d'une salle aux dimensions imposantes, le plus grand édifice Renaissance au nord des Alpes. En 1583 fut posée la première pierre et déjà en 1587/88 cette voûte phénoménale était achevée. Dès 1593 Friedrich Sustris dirigea la deuxième tranche des travaux. En 1597, cent ans exactement après la Frauenkirche, cette église au programme de la Contre-Réforme triomphante fut consacrée. Friedrich Sustris est l'auteur du maître-autel (1589).

75 Église de la congrégation St. Michael in Berg am Laim

A Berg am Laim (pose de la première pierre en 1737, achèvement de l'église en 1758, décoration en 1771) Johann Michael Fischer, le plus important architecte du rococo religieux ancien bavarois (32 églises, 23 couvents) aligna en enfilade trois espaces centralisés couronnés de coupoles différentes par la grandeur et la hauteur. Avec cette église Munich prend partie aux solutions caractéristiques du 18e siècle qui essayaient de combiner des nefs longitudinales avec des espaces centralisés. L'ornementation de Zimmermann et de Straub avec autels, statues, fresques des coupoles et décorations en stuc s'adapte et s'insère à cette géniale composition spatiale.

76 La Theatinerkirche – note italienne dans la physionomie de Munich

L'ancienne Hofkirche St. Kajetan introduit à Munich le type baroque italien de la basilique à coupoles en forme de croix avec façade à clochers jumeaux. L'électrice Henriette Adelaide fit en 1659 le vœu de la faire bâtir, en cas d'heureuse naissance d'un héritier du trône. Lorsque Max Emanuel naquit en 1662, l'électrice demanda aussitôt à Agostino Barelli de Bologne de dessiner les plans de l'église. En 1669 il fut remplacé par le Grison Enrico Zuccalli qui conçut la façade à clochers jumeaux. En 1688 le dôme était terminé, mais les deux Cuvilliés n'achevèrent la façade qu'en 1768.

77 La Ludwigskirche – romantique architecture religieuse

La partie nord de la Ludwigstraße conçue par Friedrich von Gärtner est dominée par sa Ludwigskirche bâtie entre 1829 et 1844. L'intérieur, dont les couleurs ont été admirablement restaurées, démontre comment après la vague de profanation causée par la sécularisation depuis 1803 on voulait renouveler la vieille combinaison d'architecture religieuse et d'art pictural, d'une façon créative et romantique à la fois. Le vaste intérieur fait une impression médiévale avec un style formant la transition entre roman et gothique, ressenti cependant plutôt à l'italienne qu'à l'allemande.

78 St. Lukas – église sous le signe de l'historisme

Deux églises dominantes furent bâties au tournant du siècle tout près du quai de l'Isar et font quasi réponse aux églises néo-gothiques, plus anciennes de plusieurs décennies et qui se trouvaient dans les banlieues Au, Haidhausen et Giesing de l'autre côté de l'Isar. Il s'agit de St. Maximilian (Heinrich von Schmidt, 1895–1908) et de St. Lukas (Albert Schmidt, 1893–1896). La nef centrale de St. Lukas, coiffée d'une coupole et dont le plan a la forme d'une croix grecque, résout par des tribunes montantes pour les auditeurs les exigences que soumet à l'architecture un prêche protestant; à l'extérieur dominent les éléments romans, à l'intérieur ceux du gothique primitif rhénan.

79 Sainte-Brigitte, église en éléments préfabriqués

L'église paroissiale Sainte-Brigitte de München-Unterhaching (dans le parc de la Faisanderie) est la partie principale d'un centre paroissial conçu en 1961 par Franz Xaver Gärtner. De l'extérieur l'église apparaît comme un cube aveugle dans un ensemble de bâtiments pourvus de vastes fenêtres et entourant une cour intérieure. A l'intérieur le jet de lumière tombe sur l'îlot de l'autel. Cet édifice dont l'intérieur atteint un niveau élevé de méditation et de recueillement par sa simplicité exemplaire, est une des églises les plus remarquables de Munich à l'époque postconciliaire.

80 Auer Dulten – foire trois fois l'an

Le vieux mot allemand ›Dult‹ signifie fête, kermesse; cette désignation s'étendit ensuite aux marchés qui, depuis le moyen âge coincidaient assez souvent avec les fêtes religieuses. Des trois ›Dulten‹ sur le Mariahilfplatz in der Au – aujourd'hui marchés de brocante, d'antiquités et de vaisselle avec l'ambiance du bon vieux temps – celles de mai et d'automne furent autorisées par l'électeur Karl Theodor. La ›Dult‹ d'été était de grande importance bien après la moitié du 15e siècle, en tant que foire commerciale pour tous les produits qui n'étaient pas fabriqués à Munich et aussi comme fête populaire; elle date du 13e siècle.

81 Vieille église villageoise à Sendling – théâtre du ›Noël sanglant‹ en 1705

Le monument (1906–1911) du forgeron légendaire von Kochel commémore le ›Noël sanglant‹ de Sendling en 1705, quand les soldats de l'empereur d'Autriche réprimèrent dans le sang la révolte des paysans de la Haute et de la Basse-Bavière, qui voulaient délivrer Munich justement de ces troupes impériales viennoises. Des centaines de ces paysans mal armés auraient été massacrés, parmi eux leur meneur légendaire, le forgeron Balthes von Kochel. L'ancienne église gothique du village fut aussi détruite à ce moment-là; l'actuelle église ›Alt-St. Margaret‹ fut construite entre 1711 et 1712 par Wolfgang Zwerger le jeune et abrite encore dans l'abside un vitrail de 1493.

82 ›Eilles-Hof‹ – gothique tardif vers 1500

Munich n'abonde plus guère en ensembles architecturaux de la fin du gothique. Cette cour intérieure à trois étages est aujourd'hui le seul exemple de son espèce qui puisse donner une idée de l'architecture profane de style gothique tardif vers 1500 à Munich. Sur trois étages supérieurs, des arcades ouvertes jadis entourent l'étroite cour intérieure d'une maison gothique de la Residenzstraße, qui avait appartenu au 18e siècle au Püttrich-Regelhaus (couvent de femmes). Les balustrades en briques, au grillage en forme de X ont un charme particulier. En 1971 on restaura cette cour et on en fit un passage ouvert au public.

83 Vieille auberge à Haidhausen – propriété des ›Häusler‹

En 1854 les localités situées à droite de l'Isar, Au (im Tal) ainsi que Haidhausen et Giesing (sur la haute rive) furent incorporées à Munich en train de s'agrandir (en 1852: 94 380 habitants). La population de ces agglomérations désormais appelées banlieues (21 000 habitants) s'égalisait socialement de plus en plus depuis le 17e siècle; ceux qui habitaient là étaient des détaillants et de petits industriels, des artisans ne travaillant pas à leur compte et ne faisant pas partie d'une corporation, des journaliers. Ils se faisaient construire ces petites maisons typiques à appartements en co-propriété sous un toit commun.

84 Ancienne église villageoise St. Georg à Bogenhausen

De même que l'ancienne église villageoise de Sendling se trouve sur la haute rive gauche de l'Isar au sud de la cité, de même se dresse celle de Bogenhausen (commune rattachée à Munich en 1892) sur la rive droite escarpée de l'Isar au nord-est de Munich. Cette ancienne église de village, simple à l'extérieur et dont le clocher avec son dôme doublement bulbeux (1771) a gardé presque jusqu'à sa pleine hauteur les murs gothiques, offre à l'intérieur une magnifique décoration de la fin du rococo avec des autels et des statues de Johann Baptist Straub et d'Ignaz Günther (1770–1773). Il se peut que le maître maçon Balthasar Trischberger ait reconstruit l'église de 1766 à 1768.

85 Rue d'habitation de la noblesse en baroque et en rococo

Les quartiers d'habitation qui ont gardé leur ancienne atmosphère sont devenus rares dans le vieux Munich, depuis l'époque de la révolution industrielle allemande et après les destructions de la deuxième guerre mondiale. A côté de la Damenstiftstraße et de la Herzogspitalstraße, la Kardinal-Faulhaber-Straße, si on regarde de la Salvatorkirche aux clochers de la Frauenkirche, peut surtout se vanter d'avoir gardé le caractère ›vieille ville‹ d'une ›rue de la noblesse‹. Il s'y trouvent encore deux palais importants: l'ancien palais Holnstein (à présent palais épiscopal) de François Cuvilliés (1733–1735) et le palais Portia créé par Enrico Zuccalli en 1693.

86 Derniers vestiges des murs moyenâgeux de la ville

Dans la Jungfernturmstraße, entre la Maximilianstraße et le Salvatorplatz, les derniers vestiges du mur intérieur de la ville et du Jungfernturm ont résisté au temps depuis le moyen âge. Les murailles proviennent d'une part de la deuxième enceinte de Munich, édifiée de 1285 à 1315 sous Louis de Bavière tout autour de la cité qui s'était beaucoup agrandie depuis sa fondation (cette enceinte devait fixer les contours de la cité jusqu'en 1800 environ); d'autre part ont subsisté ici des vestiges du Jungfernturm de 1493, qui avait été démolie en 1804 quand on démantela l'enceinte moyenâgeuse et les bastions baroques.

87 L'ancienne maison du greffier municipal – façade peinte du vieux Munich

On reconnaît encore aux deux demi-pignons extérieurs avec ses mécanismes de monte-charge qu'on a réuni ici deux maisons gothiques. La caractéristique de la vieille maison bourgeoise à Munich, qui n'y est plus représentée que par le ›Weinstadl‹, est la porte cochère située au milieu et qui mène aux voûtes du rez-de-chaussée. Derrière la maison il est resté une charmille et le seul noyau d'escalier gothique de Munich. Les peintures de la façade, faites à l'origine par Hans Mielich, donnent à la maison l'apparence d'un magnifique bâtiment Renaissance. C'était autrefois le siège officiel du greffier municipal (depuis 1550).

88 Gunetzrhainerhaus – maison d'artiste bourgeoise

A Munich, du baroque au classicisme (environ 1650–1830), la façade de la maison bourgeoise privée et celle du noble palais municipal se prêtent à des combinaisons variées, surtout dans la décoration en stuc; celle-ci remplace alors de plus en plus la peinture des façades qui, de la fin du moyen âge jusqu'à la moitié du 17e siècle, était très en usage pour orner les rangées de façades bourgeoises à Munich. La maison de Johann Baptist Gunetzrhainer sur le Promenadeplatz (après 1726) montre une influence française dans son crépi et ses décors en stuc. La charpente et le milieu très accentué de la façade font ressortir en quelque sorte que Gunetzrhainer était l'architecte de la cour.

89 La maison néo-gothique la plus remarquable de Munich

Le type d'architecture à Munich est en général la construction en briques recouverte d'un crépi. On voit peu de maisons construites en briques naturelles sans crépi. La plus remarquable de toutes à Munich semble être aujourd'hui la maison néo-gothique à trois étages de la Stollbergstraße. Cette maison à créneaux du maître maçon Martin Windwart (1857-58), dont la partie centrale est à trois axes et qui possède une riche décoration plastique, représente une variante de style classique-néo-gothique à fantaisie très personnelle.

90 Art nouveau populaire dans la Schwanthalerstraße

En 1973 la façade qui est une des plus richement ornées de l'Art nouveau munichois fut restaurée dans ses coloris originaux (d'abord sans le rez-de-chaussée). Maison et façade furent projetées en 1905 par August Zeh, architecte considéré à l'époque pour l'art de ses façades à caractère populaire et autochtone, inspiré de la ›Renaissance allemande‹. Des inscriptions qui indiquent la prise de position de l'architecte accompagnent l'ornementation de la façade avec figures en relief. Sur le grillage du balcon il y a l'inscription suivante: »L'art véritable est une plante issue de l'âme populaire anno domini 1905«.

91 La Königinstraße - forum avec fontaine devant une façade fonctionnelle

En 1913 Oswald E. Bieber et Wilhelm Hollweck achevèrent dans la Königinstraße pour la réassurance Munichoise un bâtiment administratif disposé comme un château autour d'une cour ouverte et entourée de colonnes. Cette même réassurance se fit bâtir en 1965 par Hans Maurer et Ernst Denk un deuxième bâtiment administratif auquel on put adjoindre aussi un espace libre: un forum avec fontaine qui répond à la colonnade ouverte de la cour. Georg Brenninger est l'auteur de la fontaine.

92 Façade Art nouveau Am Harras Nr. 5

La maison Am Harras à Sendling qui montre cette originale et large façade Art nouveau fut construite en 1905. En 1964 on sacrifia les anciennes fenêtres pour la moderniser. Notre photo montre la moitié droite de la façade. Le grand relief d'un ›Blattmaske‹, d'un ›dragon‹, est un chef-d'oeuvre de l'art 1900 aux motifs floraux et au symbolisme léger; on n'a pu encore nommer aucun artiste qui en fût l'auteur. Par ses formes le dragon rappelle beaucoup la première façade Art nouveau de Munich, celle de l'Atelier Elvira (1898) dans la Von-der-Tann-Straße, qui fut démoli dans les années 30.

93 Maison et église d'artiste: Ä. Q. Asam

Parmi les maisons d'artiste du vieux Munich au 18e siècle, celle d'Ägid Quirin Asam (1692-1750) dans la Sendlinger Straße se distingue par la façade en stuc que le sculpteur donna à cette maison de style gothique tardif qu'il avait acquise en 1733. Des années auparavant il avait acheté trois maisons voisines pour réaliser le voeu de construire une église privée à Saint Johann Nepomuk, canonisé en 1729. De 1733 à 1734 il réussit à construire la salle extrêmement étroite et élevée (façade en 1746). Il faut remarquer le voisinage de piété chrétienne et de statues du mythe profane gréco-romain.

94 La galerie municipale - villa ›florentine‹ de Lenbach

Le ›prince des peintres‹ Franz Lenbach (1836-1904) se fit bâtir au faîte de sa gloire après 1887 une résidence de style italien avec un atelier. En 1924 la villa - y compris l'ameublement et les collections de Lenbach - entra en possession de Munich qui y installa la galerie municipale ainsi que dans une troisième annexe construite entre 1927 et 1929 par Hans Grässel. A côté de tableaux munichois plus anciens, la galerie offre une documentation unique en son genre sur le groupe de peintres ›Le cavalier bleu‹; grâce à la fondation Gabriele Münter, elle renferme depuis peu la plus grande collection d'Allemagne de peintures de Kandinsky.

95 Le musée Art nouveau de Stuck - salle de musique dans la villa Stuck

Le peintre Franz Stuck (1863-1928), fils d'un meunier de Basse-Bavière, succéda à Franz Lenbach en qualité de ›prince des peintres‹. Depuis 1895 professeur d'académie, il eut temporairement pour élèves Paul Klee et Wassily Kandinsky. Sa propre villa (1897-98) dans la Prinzregentenstraße permet de voir en lui tous les aspects d'artiste de cet art 1900: non seulement peintre mais également architecte au style secessionniste et néoclassiciste, artisan d'art décoratif, ensemblier et sculpteur (Amazone devant le portique de la villa Stuck, 1897).

96 Peintres à Munich aujourd'hui

Quelque part dans la ›ville artistique‹ de Munich, dans n'importe quel pâté de maisons d'un quartier quelconque - mais pas à Schwabing - se trouve le milieu de travail pour le peintre Rudolf Büder. Qui peint peut bien peindre partout: ceci ne serait pas refuser Munich mais renoncer peut-être à son cliché. Cela définit ›Munich, ville artistique‹ seulement d'une façon plus concrète, semble-t-il. Les titres des tableaux de Büder sont les suivants: Cordon cosmique, Agneau de l'Apocalypse, Icare, Création d'Adam.

97 Schwabing - où?

Schwabing incorporé à Munich en 1890, quartier situé au nord du Siegestor (porte de la victoire), était au tournant du siècle le lieu d'action déjà légendaire pour un passage culturel dans l'art moderne. Schwabing - est-ce une façon d'être? Quoi qu'il en soit, les situations changent et pourtant les gens d'ici ne se sont pas laissé ravir le rôle merveilleux du personnage principal. Bien qu'on ait commercialisé et que l'industrie internationale du divertissement gagne du terrain, il y a encore dans ce quartier de métropole un peu du ›principe espoir‹.

98 Foire d'octobre - ›Lumières de la ville vues d'en haut‹

»On sent qu'on s'élève doucement/ Et on voit d'en haut les lumières de la ville«, rime Eugen Roth à propos des montagnes russes à la foire d'octobre. Quoi qu'il en soit, »d'Wies'n« - c'est ainsi que les Munichois appellent laconiquement cette gigantesque foire populaire - est aussi belle la nuit que le jour. Les premières lampes à arc éclairèrent l'obscurité de la foire dès 1885, afin de chasser la canaille qui fuit le jour. Mais cela changea en 1901; depuis lors la centrale municipale fournit assez de courant électrique pour une flânerie nocturne.

99 A la foire d'octobre - liesse sous la tente de la bière

Ce fut l'aubergiste du ›Donisl‹, Josef Graf, qui risqua le premier en 1886 le passage de l'échoppe à la tente - une tente en toile comme on en trouve encore partout en Bavière, lors des petites fêtes populaires de province. La consommation en bière était cette année-là de 5800 hectolitres environ. En l'année record 1975 on consomma: 4455700 litres de bière, 30904 litres de vin, 11435 litres d'eau de-vie, 502755 poulets à la broche, 446030 saucisses de porc, 2446 quintaux de poissons, 34907 pieds de cochons, 38 boeufs, 26 chevreuils et 28 sangliers. Et pourtant l'agrément n'en a pas souffert!

100 Numéro d'éléphants au cirque Krone

Le cirque Krone existe à Munich depuis 1919. De nos jour il fait partie de la ville comme la foire d'octobre. Depuis ses débuts en 1902 cette entreprise familiale s'est vite développée jusqu'à devenir une attraction de célébrité mondiale. Avec la construction pour le cirque Krone de 1962 Munich possède le seul siège fixe pour cirque de la république fédérale allemande. Chaque membre de la famille Krone cultive sa spécialité. La patronne, Frieda Sembach-Krone, ›travaille‹ avec les éléphants. Ils ont l'honneur d'être les animaux héraldiques du cirque Krone.

101 Jardin zoologique Hellabrunn - étang des flamants

Ce n'est qu'en 1905 qu'on réussit à projeter pour Munich un jardin zoologique que les autres cités possédaient depuis longtemps. On trouva à Thalkirchen l'emplacement idéal; le zoo reçut le nom d'Hellabrunn d'un petit château de plaisance qui se trouvait là jadis. En 1911 on put ouvrir au public une partie des jardins. Emanuel von Seidl créa des formes d'architecture pleines de fantaisie; il en reste aujourd'hui le bâtiment pour les éléphants, la terrasse pour les lions et le kiosque de la caisse. Le site et les vastes enclos en plein air, clôturés partiellement par des fossés remplis d'eau, font de Hellabrunn un des jardins zoologiques les plus attrayants d'Europe. Sur une superficie de 36 ha vivent presque 4000 animaux (environ 600 espèces).

102 Grand étang et ›Alpinum‹ au jardin botanique

Le jardin botanique fondé en 1808 et à l'origine planté devant le Lenbachplatz, fut déplacé à Nymphenbourg en 1908 et inauguré en 1914, car la suie de la gare centrale tout proche et les gaz d'échappement de la ville menaçaient la vie des plantes. A sa place on édifia en 1854 le bâtiment des expositions artistiques et industrielles, le célèbre palais en verre (incendié en 1931). L'›alpinum‹ cultive surtout les plantes des environs de Munich, mais aussi la cour ornée, le bosquet de rhododendrons ou la gorge de fougères sont les attractions de ce jardin botanique, un des plus beaux d'Europe.

103 Château de Nymphenbourg - de la salle des fêtes, vue sur le parc

Le prince électeur Ferdinand Maria acquit à l'occasion du premier anniversaire du prince héritier la Schwaige Kemnat afin que son épouse pût s'y faire construire une villa princière. Agostino Barelli fut chargé de dessiner les plans, Enrico Zuccalli poursuit les travaux à partir de 1674. A la mort de l'électrice en 1676 seul le pavillon central était bâti. Les apparences architectoniques actuelles du ›Steinernen Saal‹ à deux étages sont dues à Zuccalli et Effner (du premier quart du 18e siècle); finalement entre 1755 et 1757, sous la direction de Cuvilliés, Johann Baptist Zimmermann, âgé de 75 ans, l'orna de peintures et d'ouvrages en stuc.

104 Parc de Nymphenbourg - nymphe et divinités fluviales de la grande cascade

A partir de 1701 l'électeur Max Emanuel chargea Carbonet et plus tard Girard d'aménager le jardin de Nymphenbourg en vaste parc baroque. D'abord on créa en 1701 dans l'axe médian un canal ›hollandais‹ en dérivant les eaux de la Würm. En 1717 Effner, architecte de la cour, installa la grande cascade à l'entrée du canal de la Würm dans le parc (marbres de Cuvilliés après 1768). C'est de cette époque plus tardive que datent la plupart des statues en marbre. Seules les deux figures couchées de la nymphe et de la divinité fluviale, dues à Giuseppe Volpini - paraît-il l'Isar et le Danube - furent déjà placées entre 1717 et 1719.

105 Le parc de Nymphenbourg: grand parterre et axe du canal

Depuis 1715 Girard, pour le compte de Max Emanuel, travaillait à un vaste jardin à la française, avec bosquets, folies et ermitages; il en reste encore l'axe du canal et le grand parterre. Entre 1769 et 1785 on déposa sur le parterre des vases et des statues de divinités en marbre. Sur notre photo on voit face à face devant la fontaine Jupiter (d'après un modèle d'Ignaz Günther, 1765) et Junon (modèle de J. B. Straub, 1765); derrière la fontaine, Proserpine et Pluton (modèle de J. B. Straub, 1772); toutes ces statues furent réalisées par Dominikus Auliczek entre 1772 et 1778.

106   Le parc de Nymphenbourg: parc à l'anglaise

Le tracé sévère des lignes qui déterminait le jardin baroque à la française de Max Emanuel, fut tranformé, sous Max Joseph depuis 1804, par l'intendant des jardins royaux Friedrich Ludwig Sckell en un parc naturel à l'anglaise. Devant les folies on creusa des lacs comme ici devant la Badenburg (Joseph Effner 1725–1728); mais en transformant le jardin, on garda l'axe médian, celui du canal ainsi que deux axes baroques en diagonale qui traversaient le parc comme des haies et aussi le parterre au pied du perron du château, côté jardin.

107   Château Blutenburg – bijou du gothique tardif

Le château de Blutenbourg de style gothique tardif, siège ducal, fut en partie rénové et transformé entre 1438 et 1439 par le duc Albrecht III en un pavillon de chasse au bord de l'eau. Entre 1467 et 1501 Blutenburg était en pleine floraison, après que le duc Sigismund en eut fait son lieu de résidence préféré. La chapelle du château, St. Sigismund, bâtie en 1488 par Lukas Rottaler, devint un joyau de l'art gothique tardif à Munich. Sa précieuse décoration comporte l'autel de Jan Polack (1491), le groupe des douze apôtres avec la Madone et le Christ rescussité d'un maître de Blutenburg de l'entourage d'Erasmus Grasser et les vitraux (1497). Entre 1680 et 1681 on refit le bâtiment d'habitation.

108   Château de Schleißheim – entrée du bâtiment central

Le nouveau château de Schleißheim (pose de la première pierre en 1702, gros oeuvre en 1704, achèvement en 1727) remplit bien les exigences pour représenter une principauté absolutiste. Son bâtisseur était ›l'électeur bleu‹ Max Emanuel, vainqueur sur les Turcs et auquel l'espoir d'accéder à la couronne impériale avait donné des ailes; Enrico Zuccalli entreprit les plans en 1693. Bien que la mort du prince héritier en 1699 eût détruit de grands espoirs, on commença à construire l'édifice principal; à partir de 1719 Joseph Effner – auquel on doit aussi la façade – prit la direction des travaux.

109   Château de Schleißheim – vestibule à colonnes

Les meilleures capacités que Munich ait eues à l'époque participèrent aux travaux d'aménagement intérieur du nouveau château de Schleißheim; en tant qu'artisans d'art: Cuvilliés, Pichler, Dubut, Volpini, Bader et J. B. Zimmermann; comme peintres: C. D. Asam, Amigoni, Wink et Stuber. Un escalier à trois montants mène du vestibule à colonnes avec ses 15 coupoles peintes à une salle des fêtes à deux étages; de l'autre côté se trouve la salle à manger. Devant le vestibule à colonnes se trouve une étroite salle s'ouvrant sur le jardin, à laquelle correspond au premier étage, mais ici sur toute la largeur du bâtiment central, la galerie baroque de peintures.

110   Alter Hof – résidence d'origine des Wittelsbach à Munich

Alter Hof désigne l'emplacement où problablement le duc Henri le Lion avait déjà fait construire un bâtiment administratif. En 1255 l'Alter Hof devint la résidence urbaine des Wittelsbach de Haute-Bavière. Aujourd'hui l'angle sud-ouest avec sa tour d'entrée, ses bâtiments d'ancien château fort et d'enceinte est le seul ensemble architectural de la fin du moyen âge à Munich. Il se montre sous l'aspect qu'il reçut entre 1460 et 1470, alors que Sigismund et Christoph, ducs non-régnants, tenaient leur cour ici. Sous Louis de Bavière l'Alter Hof était résidence impériale de 1328 à 1347.

111   Ruhmeshalle, Bavaria, Theresienwiese: une place royale pour le peuple

En octobre 1810 on fêta par une course de chevaux le mariage du couple héritier Ludwig et Therese sur une prairie située entre la vieille ville et le village de Sendling. Voilà l'origine de la foire d'octobre de Munich. Comme au début on ne pensait pas seulement à une foire pour se divertir et boire de la bière, on voulut une figure symbolique de la nouvelle Bavière et un panthéon pour ›remarquables Bavarois‹, lesquels auraient une valeur éducative élevée en tant que ›coulisse culturelle‹. Ludwig Schwanthaler créa la statue de la Bavaria, la fonderie de bronze royale se chargea du coulage à partir de 1843. La statue fut inaugurée en 1850.

112   Le lion bavarois

Déjà les premières esquisses que fait Agostino Barelli en 1663 pour le dôme de la Theatinerkirche et qu'il présente à la cour de l'électeur, montrent le motif du lion comme girouette au-dessus de la lanterne. Otto II, l'Illustre, porte pour la première fois le lion dans les armes des Wittelsbach, après qu'il eut pris le pouvoir en tant que comte palatin en 1229. Le lion était le blason officiel des comtes palatins. Quand plus tard Otto devint aussi duc de Bavière, il introduisit le lion en Bavière comme animal héraldique.